零供关系法律规制研究

刘建民 等◎编著

知识产权出版社
全国百佳图书出版单位

图书在版编目（CIP）数据

零供关系法律规制研究/刘建民等编著. —北京：
知识产权出版社，2015.6
ISBN 978 - 7 - 5130 - 3547 - 7

Ⅰ. ①零…　Ⅱ. ①刘…　Ⅲ. ①零售业—经济法—研究—
中国　Ⅳ. ①D922.294.4

中国版本图书馆 CIP 数据核字（2015）第 123601 号

内容简介

买卖是最基本、最常见的市场经济活动，但我国买卖法规则相对滞后。随着我国市场经济的发展和市场利益格局的调整，零售商与供应商之间产生新的矛盾与磨合在所难免。近年来零售商收取通道费成为我国"零供"矛盾突出的焦点问题之一，引起经济学界、法学界对相关问题的争论。本书试图从工商关系、零供关系历史沿革、零售商盈利模式等多视角讨论通道费及零供关系的法律调整、"零供"矛盾冲突的问题，为推进买卖法及市场经济法治建设做一些有益的探索。

责任校对：董志英

责任编辑：蔡　虹　　　　　责任出版：刘译文

零供关系法律规制研究

刘建民 等 编著

出版发行：知识产权出版社 有限责任公司		网　　址：http://www.ipph.cn	
社　　址：北京市海淀区马甸南村 1 号		天猫旗舰店：http://zscqcbs.tmall.com	
责编电话：010 - 82000860 转 8324		责编邮箱：caihongbj@163.com	
发行电话：010 - 82000860 转 8104/8102		发行传真：010 - 82000893/82005070/82000270	
印　　刷：北京中献拓方科技发展有限公司		经　　销：各大网上书店、新华书店及相关专业书店	
开　　本：700mm×960mm　1/16		印　　张：15	
版　　次：2015 年 6 月第 1 版		印　　次：2015 年 6 月第 1 次印刷	
字　　数：260 千字		定　　价：45.00 元	
ISBN 978 - 7 -5130 - 3547 -7			

前　言

买卖是最基本、最常见的市场经济活动，但我国买卖法规则相对滞后。随着我国市场经济的发展和市场利益格局的调整，近年来零售商收取通道费成为我国"零供"矛盾突出的焦点问题之一，引起了经济学界、法学界对相关问题的争论。显现的争议焦点是围绕收取通道费是否构成滥用相对优势地位、是否妨碍市场公平竞争、是否损害消费者利益和中小企业利益等问题展开。其内在原因是因为随着我国市场经济的发展和市场利益格局的调整，零售商与供应商之间产生了新矛盾。而零售商收取通道费仅仅是我国"零供"矛盾突出的焦点问题之一。

课题组主要针对以下几个方面加强了研究：

1. 零供矛盾激化表面上是由零售商收取通道费引起的。有人认为，顺理成章的措施似乎应该是限制收取进场费，但政府直接插手经济活动恰恰是我国长期实行计划经济养成的习惯性思维。"零供"矛盾主要存在于买卖中双方当事人权利义务关系的调整，干预的方式可以有多种选择，政府干预应慎重。本课题从工商关系、零供关系历史沿革、零售商盈利模式等多视角讨论通道费及零供关系的法律调整、"零供"矛盾冲突问题，为推进买卖法及市场经济法治建设做一些有益的探索。

2. 零供关系历史沿革。零供关系主要反映为工商关系，即供应商、生产商、工厂或工业企业与商业企业（批发商、零售商等）的关系。

计划经济时期，我国商业企业盈利模式主要是进销差价。20 世纪 80 年代，制造行业一度盛行工业自销而引发"工商矛盾"。事实上，工业自销也需要投资建设流通渠道，同时存在市场风险。1988 年前后出现大批库存积压产品，随后开展全国性的治理整顿，给国人留下了深刻的印象及经验教训。20世纪 90 年代我国曾有过十点利的大讨论。即商业企业的利润大约只有十点，其余都让利给消费者。后来又过渡到了五点利、零点利即净价销售。随后商业企业的进销差价、批零差价开始出现负值。向上游供货商要利润即收取通道费逐渐成为一种流行的商业盈利模式。从此角度，可以认为零售商收取进场费是零售商与供应商双方利益博弈的结果。随着买方市场的形成，零售商获得快速发展，并逐渐控制分销渠道，成为渠道主导。在渠道主导权的转换过程中，零售商与供应商之间产生矛盾与磨合在所难免。

3. 商业盈利模式与通道费。从学界讨论的零售企业盈利模式看，一是产品进销差价，二是向上游供货商要利润即收取通道费用。有人认为沃尔玛长期致力于优化供应链获取商业利润，可称为降低物流成本获取商业利润的第三种模式，即"沃尔玛模式"。事实上在第一、第二种商业盈利模式中也可优化供应链降低物流成本。由于"家乐福"采取的是典型的向上游供应商要利润的方式，因而第二种模式又称为"家乐福模式"。

零售企业商业模式决定着零售企业的竞争优势。通过对商业模式分析对比，对于零售企业发展有着重要启示。采取立体化的盈利模式，逐步改变以进场费和类金融为主的盈利模式结构，注重渠道和谐发展，在科学定位的基础上，寻求自身差别化优势，有利于实现零售企业商业模式创新和综合竞争优势。

4. 供应商与零售商之间的交易主要是商品交换关系，应受民商法调整。处理"零供"矛盾的着力点是权利义务关系的调整。且应有工商关系、零供关系历史沿革、零售商盈利模式等多重思维。通过加强买卖法规则研究，加强完善商法、经济法相关问题的研究，以求完善之策。

5. 商业建设同时是一项民生工程、民心工程。应当发挥管理者的智慧，既要遵守市场经济民商法规则，又要满足民生工程、民心工程建设需要，以维护经济秩序。应围绕商业环境（硬环境、软环境）建设这一项民生工程、民心工程展开相关交叉学科、边缘学科课题研究。

本书为上海商学院重点课题《零供关系法律规制研究》的成果，对相关部门具有参考价值。希望学界更多同仁关注"零供"关系法律调整，共同推进买卖法及市场经济法治建设进程。

课题组负责人刘建民教授长期致力于商品流通法律、商业行规等方面法学理论及实务课题研究。刘建民教授制定研究方案、编写本书提纲、统稿及部分章节撰写；上海开放大学焦娇、复旦大学罗千、上海海事大学朱枫、上海商学院沈全等参与本课题研究和本书撰写。沈全、焦娇协助统稿。课题组成员段宝玫、申卫华、唐健盛、林沈节、李峰等亦参与课题研究和部分章节审稿、修订，做了大量工作。本书出版过程中，知识产权出版社的领导和编辑也给予大力支持，在此，一并表示感谢！

课题组

目　录

第一章 零供法律关系概述

一、零供法律关系的含义

零供法律关系是受法律调整规制的零售商与供应商之间的关系，包括特定零售商与供应商从接洽、商谈、订立合同并履行合同，以及出现违约、侵权等情形时发生的所有法律关系。本章论述难以涵盖零售法律关系的全貌，但可以发掘其中最核心、最根本的法律关系，以界定其法律关系之性质。

现实生活中，各类大大小小零售商为我们的正常生活提供了便利，但若将水果摊等零售商无一例外地纳入零供法律关系的规制中似无必要。法律界定首先应将零售商和供应商限制在一定范围内。

商务部、发展和改革委员会、公安部、税务总局和工商行政管理总局五部委于 2006 年发布的《零售商供应商公平交易管理办法》（以下简称《管理办法》）第 3 条规定："本办法所称零售商是指依法在工商行政管理部门办理登记，直接向消费者销售商品，年销售额（从事连锁经营的企业，其销售额包括连锁店铺的销售额）1000 万元以上的企业及其分支机构。本办法所称供应商是指直接向零售商提供商品及相应服务的企业及其分支机构、个体工商户，包括制造商、经销商和其他中介商。"本书暂且将零售商与供应商界定为如上范围作为探究零供法律关系的基础。

二、零供关系的法律性质

（一）是经济法律关系还是民商法律关系

《管理办法》是带有明显市场监管性质的法规，这使得零供关系之上笼罩着浓厚的经济法雾霾，让人难以窥测其私法上买卖关系的本质。经济法和民商法在纵横法律关系中的地位有别，明确民商法律关系的基础地位很有必要。

经济法只是就单纯民商法规制可能会出现的负外部性进行干预或调节。零供关系在本质上是零售商与供应商之间就供货而发生的合同关系。

基于现实的考察，零售商与供应商之间的合同关系大致可分为购销和代销两种类型。其中，购销是主要的合同形式。

（二）是民事法律关系还是商事法律关系

在明确零供法律关系的私法本质之后，可将之具体落实到民事法律关系和商事法律关系之中进行更为具体的定性分析，以便于具体的法律适用。

1. 零供购销关系可能的民法定性分析

（1）典型的买卖合同关系，即合同法中规定的典型买卖合同，不涉及特种买卖和所有权保留等特殊的买卖合同关系。这一定性准确地洞察到零供购销关系的买卖本质，但与现实不符，无法解释其中退货、返利等复杂问题。

（2）附解除条件的买卖合同关系。为了解释现实零供购销中的退货等现象，附解除条件的买卖似乎也是一条路径。不过，条件一旦解除，则买卖合同随之即时解除。买卖合同被解除与现实中复杂的零供购销关系是完全不同的，购销合同不会因为退货而解除，相反，退货只是该购销合同效力的体现。

（3）所有权保留的买卖合同关系。其虽然可以解释退货等现象，但仍存在下述两个漏洞：其一，现实中供应商在交付货物与零售商时并无保留所有权的意思表示，不能为了解释而强加于当事人所有权保留的意思。其二，单纯从所有权保留来看，其仍然无法涵射返利、通道费、各类促销等复杂的现象。而现实中这些现象均是购销合同的旨中之意。

（4）实务界推崇的合同型联营关系。上海市高级人民法院为了解决实务中层出不穷的零供法律纠纷，专门就此定性作了解答。该文件认为，在实践中供应商与超市基于长期合作经销关系缔结的合同，除了约定供应商向超市供应商品及超市支付货款外，还约定了超市提供推广和促销等服务并收取相应费用，以及返利等内容。依据上述约定，双方形成了长期、稳定的以持续供货、推广销售和滚动结算等为内容的相互依赖的交易关系。对于这类合同的性质，可以认为，上述约定内容实际上反映出交易双方具有共同经营、共担风险、共负盈亏的特点，符合合同型联营法律关系的特征。因此，供应商和超市缔结的含有返利分成内容的长期合作经销合同属于合同型联营性质。

有人认为，上述观点存在以下不可忽视的问题。联营制度具有特定的历史背景。随着社会主义市场经济体制的逐步建立和发展，对经济组织的形式提出了新的规范化要求，而联营制度难以适应这种要求。自《中华人民共和国公司法》（以下简称《公司法》）、《中华人民共和国合伙企业法》和《中华人民共和国合同法》（以下简称《合同法》）相继颁布实施以来，联营制度已名存实亡。因为依这三部法律，符合法人条件的联营被纳入公司体系，符合合伙企业条件的合伙型联营被纳入合伙企业，仅存在一般合作协议关系的合同型联营则可由合同法来调整。❶

2. 零供代销关系可能的民法定性分析

（1）委托代理法律关系。看到代销而联想到代理关系是很正常的，但需要明确委托代理关系实际上是三面关系，并非仅指零售商和供货商之间的关系。这对于我们着眼于零供法律关系这一双方关系的定性没有实益。

（2）典型的委托合同关系。在委托代理关系作为三方关系而不成立的情况下，我们可以着眼于其基础，即零售商与供应商之间的委托合同关系。我国《合同法》在委托合同中着墨较多，不仅包含了典型的显名代理委托合同，还有不显名的委托合同，如第402条和第403条的规定。后者比较复杂，后文将单独探讨，此处仅就典型的委托合同加以论述。委托合同是委托人和受托人约定，由受托人处理委托人事务的合同。具体到零供代销关系中，供应商作为委托人将货物委托零售商代为销售，零售商在自己的商场中以自己的名义销售商品。但基于显名代理的基本法理，受托人应以委托人的名义为代理行为，而不是以自己的名义。

（3）特殊的委托合同关系，也就是基于《合同法》第402条和第403条产生的委托合同。我国《合同法》第402～403条为了解决外贸代理的需要，借鉴了英美法的代理制度，但未根本突破显名主义。英美法重效果而不重形式，代理人泛指一切受他人之托而为行为的人，甚至包括经纪人、居间人。国内所谓隐名代理、显名代理不过是学界的说法，英美法的代理一般分为两类：披露本人的代理和未披露本人的代理（间接代理），前者又分为公开本人姓名或名称的代理（显名代理）和不披露本人姓名和名称的代理（隐名代理）。

具体而言，我国《合同法》第402条即借鉴了 agent for an unnamed principal（代理人公开本人之存在，但未公开本人之姓名或名称——隐名代理），

---

❶ 王全弟：《民法总论》，复旦大学出版社2004年版，第150页。

而第 403 条则借鉴了 agent for a disclosed principal（代理人未公开本人之存在，即未披露本人——间接代理）。第 402 条实际上是对直接代理"显名主义"的扩张解释，不局限于披露本人具体是谁，而只须第三人知晓代理关系的存在，并非不利于对第三人的保护。该条款表明委托人可自动介入受托人与第三人所订立的合同中，取代受托人的合同地位。而在零售商与供应商的具体法律关系中，消费者作为代理关系第三人难以明知供应商的存在，更难以接受供应商的自动介入。所以，第 402 条所述的隐名代理难以从本质上说明零供代销关系。

第 403 条借鉴了间接代理，但又引入了违约情形下的委托人介入权以及第三人的抗辩权和选择权，仍然维系了显名主义的基本价值，第三人可不承认代理关系，本人介入也是为了维护其正当利益而无损于违约的第三人。同样，在现实的零供代销关系中，作为消费者的代理关系第三人在违约时，也无法想象委托人会行使介入权。实际上，供应商也无法对每一个违约的消费者进行介入，只能由与消费者直接接触的零售商向其主张违约责任。所以，第 403 条也无法解释零供代销关系的本质。

（4）租赁合同关系。该类关系主要出现于我国由计划经济向市场经济转型时期，零售商自己经营不善导致亏损，便采用出租柜台的方式收取租金作为自己的稳定利润来源。今天这类方式已很少出现，大型零售商，如百货商场，往往都以自己的名义对外营业，购物发票也是以百货商场为纳税人。而在租赁关系中，零售商只是一个场地提供者，不出面经营，更不会以自己的名义收款并开具发票，只能是作为承租方的供应商以自己的名义经营。

（5）行纪合同关系。行纪合同，是行纪人以自己的名义为委托人从事贸易活动，委托人支付报酬的合同。行纪人与第三人订立合同的，行纪人对该合同直接享有权利、承担义务。第三人不履行义务致使委托人受到损害的，行纪人应当承担损害赔偿责任，但行纪人与委托人另有约定的除外。具体到零供代销关系中，零售商确实以自己的名义从事交易，并且直接对该交易享有权利并承担义务，也不存在委托人介入的问题。所以，以行纪关系解释符合零供代销关系的现实，能够揭示其本质属性。

3. 零供关系应为商事买卖关系和行纪关系

基于上文对零供关系可能的民法定性分析不难发现，零供购销关系难以为任何可能的民事法律关系所界定，不得不转入商事买卖领域寻求可能的解释。而在代销方面，行纪合同虽可解释其本质，但应明确行纪合同所固有的商法属性。其在我国被纳入《合同法》是民商合一下民法扩张的结果。❶ 转入商法领域探究零供法律关系的性质不仅因为传统民法难以有效解释其本质，也是因为商法相对于民法的诸多特殊性而言的定性分析更切合零供关系的本质需求。下文将就商法在宏观上相对于民法的特殊性和在具体化了的零供法律关系中的特殊性作具体分析。

一方面，宏观方面的商法特殊性具体体现为以下方面。

首先，关于"人"的假设不同。罗马法假设的人是"良家父"，即智力健全且能够管理好家庭事务的家父；亚当·斯密的《国富论》假设的人是"经济人"，即实现利益的最大化。今天的民法（专指财产法）假设的人是理性人；而商法假设商人是理性的经济人，即合理地追求利益最大化的人。人的假设不同会导致一系列行为规范的不同，整个商法制度皆为满足商人的营利性。

其次，商法更关注整体性和应用性。很多商事现象，如资产证券化、金融产品、营业转让等，难以用权利来解释清楚，但这些现象又需要商法来规范，此时，商法只能用一个整体性的框架来解释。相反，民法对于一切民事现象都有一个基本的逻辑出发点，即权利，由此推演出一系列民法理论。商法的应用性很强。例如，保证合同是主合同的从合同，按照民法理论，自然是先订立主合同，再订立从合同。而在商业实践中，大多是先订立从合同——保证合同，再订立主合同。在零供购销方面，我们应从民法权利义务关系的泥淖中摆脱出来，展现其整体性与应用性的一面，把各个难以用权利推演出的法律关系内化到商事买卖关系中。

最后，民法重公平，商法重效率。《中华人民共和国物权法》（以下简称《物权法》）对工商业用地年限和自动续期的住宅用地的年限的规定不一样，这正是民法注重财产安全的价值取向的体现。对商人而言，由于其追求利润，所以物质形态对其不重要，其更加注重某个财产的交换价值。对于普通市民，真正重要的是物质形态和权利的拥有，其更加注重的是财产的使用价值。在

---

❶ 在采民商分立的立法例中，行纪合同通常被规定在商法典中。在采民商合一的立法例中，行纪合同则被规定在民法典中。《合同法》不采民商分立主义，继委托合同之后，设专章规定行纪合同。该法虽不特别区分民事合同与商事合同，但在理论上强调行纪合同为一种商事合同，是因其合同主体中的一方（行纪人）通常为特别的商事主体之故（参见《中华人民共和国证券法》第122~124条、《中华人民共和国拍卖法》第10条和第12条、《期货交易条例》第15条和第16条），对其主体资格有特别的要求。

参见韩世远：《合同法学》，高等教育出版社2010年版，第569页。

现实的零供关系中不公平的条款随处可见，但这些条款往往具有相当的商业合理性，是商事交易发展的正常体现，符合商事交易的整体效益。

另一方面，商法特殊性在零供法律关系中具体体现为以下方面。

第一，商行为的有偿性推定。在传统的民事买卖中，等价有偿是不可逾越的基本原则；而在商事交易中强调等价有偿只能阻碍市场经济的健康发展，所以，在商法中应以对价原则取代等价有偿。在零供关系中，各类收费，如返利、促销服务费等，均难以找到等价的对待给付，而这却是正常的商事交易的反映。例如，超市为某类商品做了一系列促销服务，如打广告、放在显著货架，却没有增加相应的销量，则供应商不得以此为由拒付或要求少付促销费用。

第二，商法更尊重自治规范。德国法学家德恩曾指出："商法是一切法律中最自由的，同时又是最严格的。"❶ 换言之，商法对于双方商行为体现出极大的宽容，而在单方商行为的场合，则基于对弱势民事主体的保护，须课以商人更高的注意义务。此处主要就双方商行为中的自治规范进行探讨。在现实的零售商与供应商订立的购销合同或代销合同中，往往有很多按交易习惯所订立的条款。在国际上，超市等大型零售商的盈利模式有很多种，主要是通道费模式，而非传统商品经济社会中的销售差价模式。尊重市场经济规律的最好方式就是尊重市场主体在从事交易活动中自行创设出的交易习惯。因为超市所提供给供应商的销售平台本身就蕴含着商业价值，承认通道费条款的合理性。如，从商法的这一特殊性出发，"无条件返利"等条款的有效性也可以得到全新解读。

第三，商人有更高的注意义务。基于前段的解读，当商人面对作为消费者的民事主体时，应负担更高的注意义务。零售商应确保其所销售商品的适销性，不能销售保质期将至的商品，不能销售有已知隐蔽瑕疵的商品。例如，超市在销售洗发露时，应注意洗发露的保质期，如果一瓶洗发露家庭正常使用须3个月才能用尽，则至少应确保所售的洗发露离保质期还有3个月。否则，应按退货条款以本身价值的一定比例退给供应商，其中的比例体现了零售商与供应商双方对商品不适销风险的具体分担。正是因为商人负担了更高的注意义务，零供之间的合同条款也反射出某些不甚公允的条款。

第四，商法技术性规范较多，不能简单地凭主观感受判断其行为效果。

---

❶ 张国健：《商事法论》，三民书局1980年版，第24页。

在零供关系中不乏大量的技术规范，如条码费、货架费以及各类促销费。例如，超市的货架处在不同区域，其通道费是不同的，进一步说，每一个货架从最上一层到最下一层的通道费也是不同的，其中的道理就是商业价值的差别，而具体如何计算却蕴含相当的技术性色彩，不宜简单用民法的伦理性价值来判断衡量。

综上所述，将零供购销关系脱离出民事买卖关系的藩篱而回归其商事买卖关系的本质具有重大意义。这一定性从本质上顺应了商事交易的营利性、整体性和应用性，尊重了商人的自治性规范，激发了市场主体的活力，从法律上保障了社会主义市场经济的健康发展。同样，零供代销关系也应回归其商事行纪合同关系的本质，为零供双方创造更多的自治空间。

（三）行纪法律关系

根据前文对零供合同法律性质的分析，此处就以行纪合同为研究对象展开论述。行纪合同，是行纪人以自己的名义为委托人从事贸易活动，委托人支付报酬的合同。行纪合同从广义上讲属于委托合同的一种。因此，《合同法》规定，该法对行纪合同没有规定的，适用其有关委托合同的规定。

1. 在行纪合同中，委托人应履行以下义务

（1）及时受领委托物的义务。

委托人在接到行纪人完成行纪事务的通知后，应当及时接受行纪人依合同规定完成事务的一切后果。若发现有不符合合同规定的情形，应当及时通知行纪人。我国《合同法》第 420 条规定：行纪人按照约定买入委托物，委托人应当及时受领。经行纪人催告，委托人无正当理由拒绝受领的，行纪人依照《合同法》第 101 条的规定可以提存委托物。委托物不能卖出或者委托人撤回出卖，经行纪人催告，委托人不取回或者不处分该物的，行纪人依照《合同法》第 101 条的规定可以提存委托物。

（2）支付报酬的义务。

行纪是一种以营利为目的的营业活动，行纪人也是典型的商人，行纪合同都为有偿合同。即使合同没有特别约定，委托人也有支付报酬的义务。行纪合同的报酬一般由当事人在合同中约定，合同没有约定的，一般按照习惯支付。习惯上，行纪行为的报酬多按其交易额的一定比例收取。

一般认为，行纪行为的实行为委托人支付报酬的条件。①行纪人仅仅订立了行纪合同，而无实行行为，是不能够请求报酬的。因为行纪人的过失致使其无法向委托人完成其受委托的事项，行纪人丧失报酬请求权。如果行纪

合同和第三人订立的合同因瑕疵或者法定原因而导致该合同被撤销，行纪人不得请求报酬。但在第三人违约的情况下，第三人对债务违约提供损害赔偿的，行纪人可将行纪行为的结果转交委托人，并得以请求报酬。

因不可归责于行纪人的事由的发生，致使行纪人不能完成行纪行为的，如果行纪人已作出了部分履行，且该部分履行相对于整个委托事项可以独立存在，则行纪人有权对该部分事项请求支付报酬。报酬数额一般由合同双方事先约定，若有国家规定，则应当按照国家规定执行。原则上，应于委托事务完成之后支付报酬，但当事人约定预先支付或分期支付的，也可以按约定执行。如果寄售物品获得比原约定更高的价金，或者代购物品所付费用比原约定低，可以约定按比例增加报酬。因委托人的过错使得合同义务部分或者全部不能履行而使委托合同提前终止的，行纪人可以请求支付全部报酬。

2. 行纪人的义务

(1) 按照委托人的指示处置委托人委托的事务。

在行纪合同中，行纪人虽然以自己的名义与第三人订立合同，完成其被委托事项，但由于行纪人为了委托人的利益而行事，所以，行纪人在办理委托事务时要遵从委托人的指示，按照对委托人最有利的方式来完成委托事项。

由于委托人的指示中最重要的内容应属价格条款，所以，我国法律对此有明确规定。我国《合同法》第418条规定："行纪人低于委托人指定的价格卖出或者高于委托人指定的价格买入的，应当经委托人同意。未经委托人同意，行纪人补偿其差额的，该买卖对委托人发生效力。行纪人高于委托人指定的价格卖出或者低于委托人指定的价格买入的，可以按照约定增加报酬。没有约定或者约定不明确，依照本法第六十一条的规定仍不能确定的，该利益属于委托人。委托人对价格有特别指示的，行纪人不得违背该指示卖出或者买入。"

(2) 直接履行义务。

在行纪合同中，行纪人以自己的名义为委托人的利益而与第三人订立合同。因此，行纪人与第三人所为的法律行为并不直接对委托人产生效力，而是由行纪人自己承担该项法律行为的后果。行纪人作为法律关系的主体，应当认真履行其合同义务，并就第三人的履行对委托人负责。有鉴于此，我国《合同法》第421条规定："行纪人与第三人订立合同的，行纪人对该合同直接享有权利，承担义务。第三人不履行义务致使委托人受到损害的，行纪人应当承担赔偿责任，但行纪人与委托人另有约定的除外。"

（3）妥善保管和处置行纪物。

《合同法》第 416 条规定："行纪人占有委托物的，应当妥善保管委托物。"行纪人所占有的委托物并非行纪人本人所有，由此就存在意外灭失风险的承担问题。行纪合同为双务有偿合同，因而行纪人对物的保管应尽善良管理人的注意义务。但除非委托人另有指示，行纪人并无为保管的物品办理保险的义务。因此，若委托物意外灭失，行纪人只要已尽到善良管理人的义务，可不负责任。但若委托人已指示行纪人办理保险，而行纪人未为办理，则属于违反委托人的指示，行纪人应对该情形下的委托物毁损、灭失负赔偿责任。若委托人未指示行纪人投保，行纪人主动投保的，保险费归为行纪费用，由行纪人自行承担。

委托人委托行纪人出卖的物品，交付给行纪人时有瑕疵或者易于腐烂、变质的，行纪人为了委托人的利益，负有处置委托物的义务。所谓委托物有瑕疵，是指若不及时妥当地处置，委托物就有可能毁坏或灭失。否则，行纪人仅负有通知委托人的义务。依《德国商法》及《瑞士债务法》的规定，行纪人此时应对委托物作以下处置：①保全对于运送人的权利。在委托物运送人对物的瑕疵负有责任时，行纪人应保全对委托物运送人的损害赔偿请求权。②保全对于瑕疵的证据。③保管有瑕疵的物品。行纪人仍应尽善良管理人的注意，保管该有瑕疵的委托物品。④无迟延地通知委托人。行纪人发现委托物有瑕疵时，应毫不迟延地将委托物的瑕疵状况及有关情况报告给委托人，并请委托人及时作出指示。⑤将容易腐烂的物品，如水果、食物等，在一定条件下予以拍卖。拍卖时应按照市场价格进行。⑥在不能及时将委托物的瑕疵及易腐、变质状况告知委托人时，行纪人可以合理处分。所谓行纪人合理处分，是指行纪人应依诚实信用原则，按照符合交易习惯的方式，将委托物品依其不同性质分别采取各种处分方式，如出卖、保管、拍卖等。

我国《合同法》对处分的方式并未规定具体内容。在实践中，可参照上述德国、瑞士等国家的规定作出解释。行纪人违反对委托物的合理处分义务的，应承担违约责任，并赔偿由此给委托人造成的损害。

（4）负担行纪费用的义务。

行纪费用是行纪人在处理委托事务时所支付的费用。《合同法》第 415 条明确规定："行纪人处理委托事务支出的费用，由行纪人负担，但当事人另有约定的除外。"可见，在我国，行纪费用是以行纪人负担为原则，当事人另有约定的除外。行纪费用之所以以行纪人负担为原则，是因为在行纪实践中，双方多把费用包含于报酬之内，因而不单独计算行纪费用。若须支出的费用由行纪人负担，则可能促使行纪人为自己的经济利益而小心支出，以最少的投入去达成与第三人交易的目的。

行纪人处理委托事务支出的费用不仅包括行纪人向第三人实际支付或应支付的费用，如购货款、场地租金等，也包括行纪人利用自有的保管和运输设备对委托物加以保管、运送时所为之物的消耗；不仅包括必要的费用，而且有益的费用亦属之，如保险费、电话费、拍卖费等。不论结果如何，只要支出时对委托事务确实必要或有益即可。但是，须特为委托事务的处理所支出的金钱成为物的消耗方能计入行纪活动的费用中，在委托事务的处理中，若仅为维持行纪人的营业机构的日常运行而支出的费用则不能计入其中，如雇员的工资开支。

行纪活动的费用由行纪人负担，这仅是一般的情况，并非强制性规定，若双方当事人特别约定，则可减轻或完全转移行纪人对费用的负担义务。例如，双方可约定费用由委托人负担，或由双方平摊。对于此情形，通常会相应地减少行纪人报酬的数额。若费用全部或部分由委托人负担，则行纪人对委托人享有费用预付请求权或在自己垫付费用的情况下享有费用偿还请求权，其权利与委托合同中受托人的费用预付或偿还请求权相同。

3. 行纪人的权利

（1）索取报酬的权利。

行纪合同是有偿合同，当行纪人完成了委托人的委托事项时，委托人有支付报酬及相关费用的义务。《合同法》第 422 条规定："……委托人逾期不支付报酬的，行纪人对委托物享有留置权，但当事人另有约定的除外。"《合同法》第 421 条第 1 款规定："行纪人与第三人订立合同的，行纪人对该合同直接享有权利，承担义务。"

（2）介入权。

行纪人接受委托买卖有市场定价的证券或其他商品时，除委托人有相反的意思表示的以外，行纪人自己可以作为出卖人或买受人。此项权利称为行纪人的介入权，或称行纪人的自约权。《合同法》第 419 条对此有明确规定："行纪人卖出或者买入具有市场定价的商品，除委托人有相反的意思表示的以外，行纪人自己可以作为买受人或者出卖人。行纪人按照前款规定情形的，仍然可以要求委托人支付报酬。"

行纪人行使介入权的要件又称介入要件，包括积极要件和消极要件。积极要件指所受委托的物品须为有市场定价的有价证券或其他商品；消极要件包括：委托人未作出反对行纪人介入的意思表示，行纪人尚未对委托事务作出处理，行纪合同有效存在。

在实践中，需要注意以下几个问题：①商品的市场定价，是指该商品在交易所买卖的，以交易所的交易价格为市场定价。无交易所价格的，市场上的市价为市场定价。行纪人介入时，商品的市场定价以行纪人营业所所在地的交易所价格或市场价格为市场定价。②如果委托人在行纪合同中与受托人约定行纪人不得介入买卖，或者委托人在行纪人介入买卖之前下达禁止行纪人介入的指示，那么行纪人不得以自己的名义与委托人有买卖行为，否则即为违约。③如果行纪人已经按委托人的要求，将委托物卖出或买进，行纪人对于第三人所产生的权利义务自然应归属于委托人。此时，行纪人已无介入的余地。④如果委托人已将委托事务撤回，而且该撤回通知在行纪人为买卖行为之前已经送达行纪人，则行纪人不得再介入。行纪合同因其他事由如委托人破产、丧失行为能力、死亡等而终止的，行纪人亦不能再行使介入权。

另外，行纪人行使介入权之后，仍有报酬请求权。委托人应按合同约定付给行纪人报酬。当然，实践中报酬的给付应在买卖实行之后，也即由行纪人所介入的买卖的实行是委托人给付报酬的前提。因委托人方面的原因而使买卖合同不能履行的除外。行纪人介入后，此时其依行纪合同负担的义务并不因此减弱或免除。若未履行这些义务，则其仍应承担违约责任。

（3）提存和留置权。

《合同法》第420条规定："行纪人按照约定买入委托物，委托人应当及时受领。经行纪人催告，委托人无正当理由拒绝受领的，行纪人依照本法第一百零一条的规定可以提存委托物。委托物不能卖出或者委托人撤回出卖，经行纪人催告，委托人不能取回或者不处分该物的，行纪人依照本法第一百零一条的规定，可以提存委托物。"

行纪人对委托物的提存权，包括买入委托物的提存和卖出委托物的提存两种情形。在实践中，需要注意以下几个问题：①委托人无正当理由拒绝受领买入商品时，行纪人有提存权。行纪人按照委托人的指示和要求为其购买的买入物，委托人应当及时受领并支付报酬，从而终止委托合同。行纪人行使提存权的条件是：第一，行纪人应当催告委托人在一定期限内受领；第二，委托人无正当理由仍拒绝受领买入物的；第三，行纪人应当按照我国《合同法》第101条关于提存的规定行使提存权。②委托人不处分、不取回不能出卖的委托物时，行纪人提存权的行使。委托行纪人出卖的委托物，如果不能卖出或者委托人撤回出卖委托物时，行纪人应当通知委托人取回，行纪人虽然可以暂时代为保管，但没有继续保管委托物的义务。经过行纪人的催告，在合理期限内，委托人仍不取回或者不处分委托物的，行纪人可以行使提存权。③行纪人享有拍卖权。拍卖权是指委托人无故拒绝受领或者不取回出卖物时，法律赋予行纪人依照法定程序将委托物予以拍卖的权利，并可以优先受偿，即从拍卖后的价款中扣除委托人应付的报酬、偿付的费用以及损害赔偿金等，如果还有剩余，行纪人应当交给有关部门进行提存。④行纪人提存委托物的效力，适用《中华人民共和国民法通则》（以下简称《民法通则》）关于提存的规定，即视为行纪人已履行委托物的交付义务，因提存所支出的费用应当由委托人承担。提存期间，委托物的孳息归委托人所有，风险责任亦由委托人承担。

行纪人行使留置权必须是在委托人逾期不支付报酬的情况下才能行使，《合同法》第422条规定："行纪人完成或部分完成委托事务的，委托人应当向其支付相应的报酬。委托人逾期不支付报酬的，行纪人对委托物享有留置权，但当事人另有约定的除外。"委托人向行纪人支付报酬超过了合同约定的履行期限的，应当承担逾期不支付报酬的责任，此时行纪人对占有的委托物品享有留置权，并有权以留置物折价或者从拍卖、变卖留置物的价款中优先受偿。留置物经过折价、拍卖、变卖后，其价款如果超过了委托人应支付的报酬，剩余部分还应当归委托人所有；如果不足以支付行纪人的报酬，行纪人还有权利请求委托人继续清偿。

如果委托人与行纪人在行纪合同订立时已经约定不得将委托物进行留置的，行纪人就不得留置委托物，但是，委托人需要提供其他物品作为担保。

三、行业惯例与零供关系

根据《合同法》第61条的规定，合同生效后，当事人就质量、价款或者报酬、履行地点等内容没有约定或者约定不明确的，可以协议补充；不能达成补充协议的，按照合同有关条款或者交易习惯确定。依照上述履行原则仍不能确定的，适用《合同法》第62条的规定❶：（1）质量要求不明确的，按照国家标准、行业标准履行；没有国家标准、行业标准的，按照通常标准或者符合合同目的的特定标准履行。（2）价款或者报酬❷不明确的，按照订立合同时履行地的市场价格履行；依法应当执行政府定价或者政府指导价的，按照规定履行。（3）履行地点❸不明确，给付货币的，在接受货币一方所在地履行；交付不动产的，在不动产所在地履行；其他标的，在履行义务一方所在地履行。（4）履行期限不明确的，债务人可以随时履行，债权人也可以随时要求履行，但应当给对方必要的准备时间。（5）履行方式不明确的，按照有利于实现合同目的的方式履行。（6）履行费用的负担不明确的，由履行义务一方❶负担。

　　由此可知，交易习惯在合同漏洞补充中具有重要作用。而交易习惯一般是从合同订立地的惯常做法和当事人之间的一系列交易中的发现，其最主要的形式便是行业惯例。在零供关系中，行业惯例也起着重要的作用。然而从法律的视角认识行业惯例亦非易事。

　　所谓行业惯例，是指某一地域、某一行业或某一类经济流转关系中普遍采用的做法、方法或规则。此种做法或规则已为人们所认知，在一个地方、一种行业或一类贸易中已得到经常的遵循，从而使人有理由期望它在该有争议的交易中也将得到遵守。因此，一种实践或做法如果被确定为行业惯例，那么它首先"应该是在某一地方、某一行业或某类贸易中已得到经常的遵循"。其次，当一方主张存在一种行业惯例时，他必须证明另一方在订立合同时实际上知道或者应当知道这一惯例的存在。关于行业惯例是否当然具有法律效力存有争议。有学者认为，行业惯例同合同法中的交易习惯一样，具有习惯法的性质，由国家强制力保证实施，因此具有法律效力。而笔者认为，行业惯例是人们在交易过程中的习惯，是一种社会规范，具有规范企业行为

---

❶　对于有名合同，先按照合同分则的规定处理。

❷　《合同法》第312条规定，货物的毁损、灭失的赔偿额，当事人有约定的，按照其约定；没有约定或者约定不明确的，依照本法第61条的规定仍不能确定的，按照交付或者应当交付时货物到达地的市场价格计算。法律、行政法规对赔偿额的计算方法和赔偿限额另有规定的，依照其规定。

❸　《合同法》第141条第2款规定：当事人没有约定交付地点或者约定不明确的，依照本法第61条的规定仍不能确定的，适用下列规定：

（1）标的物需要运输的，出卖人应当将标的物交付给第一承运人以运交给买受人；

（2）标的物不需要运输，出卖人和买受人订立合同时知道标的物在某一地点的，出卖人应当在该地点交付标的物；不知道标的物在某一地点的，应当在出卖人订立合同时的营业地交付标的物。

❶　此理解为应履行义务一方。

的效力，但是，某类企业遵守行业惯例与行业惯例具有法律约束力是性质不同的问题。现实生活中，各种行业惯例名目繁多，合法者有之，不合法者亦有之。如果认为行业惯例都具有法律效力，那么一些违背公共秩序和善良风俗甚至与国家法律相抵触的行业惯例也将披上合法的外衣，其后果可想而知。从法的理念来谈，公平正义秩序是法追求的价值和永恒的主题，上升为法的社会规范都是经过法的价值评判而为法所肯定的行为规范。而纯粹的行业惯例仅是一种客观存在，未经过这道"过滤"程序，难言其有法的公信力。

基于此，法律意义上的行业惯例的构成要件如下。

（1）行业惯例已为人们所认知、接受和遵守。此即普通公众确信其足以成为某种事项的规则，亦即一般人均愿意接受、遵守这一无形规范。

（2）该行业惯例必须为双方当事人所共知。其仅为一方当事人知晓时不得作为行业惯例。行业惯例为双方当事人所共知时，优先于任意性规范。不仅如此，该交易习惯还必须未被双方当事人明示排斥。

（3）该行业惯例不违背国家法律的强制性规定，不违背公序良俗。行业惯例之所以有法律约束力，乃基于其自身的力量，久而久之形成事实上的规范力。因此，行业惯例首先不得违反法律的强制性规定，其次不得违背公共秩序和善良风俗。公共秩序或善良风俗（简称公序良俗）是一种不确定的法律概念。公共秩序是国家及社会生活的共同要求。善良风俗是公民的一般伦理与道德观念，包括文化传统、生活方式及民间习俗。公序良俗是衡量行业惯例的标准。现代各国基于国家法律或公共政策目的，以及为了维护社会公平正义，一方面，以法律的形式明白列举若干违反公共秩序或善良风俗的情形，对此类交易行为设无效宣告制度或在法律中明文规定，行业惯例合于公序良俗者适用之；另一方面，法院在具体案件的处断上，对与之相违的行业惯例以判决的形式宣告其不具有法律效力。

符合上述条件的行业惯例虽然不是法律，但作为一种客观存在，具有法律上的约束力，成为当事人交易的行为准则，相关当事人必须遵守。

四、零供关系法律规制的意义❶

从目前国内外关于零售商与供应商关系的研究来看，主要集中在四大领

---

❶ 参见上海市商务委员会、上海商学院课题报告《上海商业零供交易关系研究》。

域：一是营销学与组织行为学角度，重点研究渠道结构、渠道行为。供应商与零售商是渠道内上下游的关系，渠道成员如何建立和利用权力、如何处理冲突、如何通过合作获取竞争优势是现代渠道行为理论的研究重点。二是产业组织角度，以微观经济学与产业组织理论为基础，重点研究供应商与零售商的博弈关系、如何设计最优合约解决双方的委托代理问题、对双方的策略行为进行福利评价，并在此基础上探讨反垄断问题。三是法律规制角度，重点是规范市场交易行为、规制不公平交易行为、制止不正当竞争行为和垄断行为，以维护公平交易的市场秩序。四是管理学角度，以管理科学、运筹学等理论为基础，重点研究如何进行供应商与零售商的供应链优化与管理，如最优库存设计、激励机制与合同设计、供应链协调、风险控制与规避等。其中，渠道行为理论侧重分析双方的冲突性，管理学和法律规制侧重分析双方的合作性或平等性，产业组织理论重点研究供应商与零售商的博弈关系。

本书主要从法律规制角度研究保障市场公平交易行为、秩序，规制不公平交易行为，制止不正当竞争行为和垄断行为，维护公平交易的市场秩序。规制零供交易行为对国民经济健康运行具有重要意义。

（一）零供关系与工商关系

在我国，零供关系与工商关系有一定联系。在计划经济时期，批发与零售部分负责商品流通，工厂负责商品生产，两者的关系称为工商关系，主要矛盾是商品的多与少、价格的高与低。随着连锁经营的发展，连锁组织普遍实施"批零一体化经营"，导致批发业萎缩，零售商成了商品流通业的主体，工商关系演变成为"零供关系"，即零售商与供应商的关系。当然，供应商还包括生产商之外的其他供货者，与商品生产者不能划等号。零售商经营规模的扩大使其对供应商开拓市场、扩大销售的作用也越来越显著，供应商愿意通过支付一定的费用获得零售商的支持与较好的商品展示空间，于是，零供双方就达成了一定的共识：零售商搭建销售平台给供应商，供应商向零售商支付各项收费，如进场费、上架费、堆头费、促销费、广告费、配送费、信息费等，这些费用统称为"通道费"，即用于开拓流通渠道和销售商品所支付给零售商的费用。如今，零售商所获得的通道费已占其综合收益的20%~50%，通道费已成为零售商利润与费用开支的重要来源。❶

进场费是零供关系矛盾激化的焦点问题之一。进场费也叫通道费，美国

---

❶ 朱亚萍："我国零供关系与通道费问题分析"，载《中共宁波市委党校学报》2012年第2期。

联邦贸易委员会对其作了以下定义：供应商或生产商为使自己的产品进入零售商的销售区域并陈列在货架上，而事先一次性支付或者分批支付给零售商的费用。

进场费（Slotting Allowance）最早出现在 20 世纪 80 年代的美国。当时，进场费主要用于向超市支付计算机的编程费用。随后，进场费逐渐演变成为供应商为了取得新产品上架、陈列、销售的权利而向零售商支付的一笔费用（Sullivan，1997）。在进场费出现的二十几年内，美国超市的进场费大幅提高，虽然没有精确的数字，但是据 FTC（Federal Trade Commission）2001 年的估计，每店每单位物品的进场费在 MYM75 到 MYM300 之间，一个由四种商品构成的产品线投入全国的超级市场大约需要 1.68 亿美元。

上海市商业委员会、工商行政管理局制定的《关于规范超市收费的意见》（以下简称《意见》）将进场费定义为：超市（大型零售商）在商品定价之外向供货商直接收取或从应付货款中扣除，或以其他方式要求供货商额外负担的各种费用。由此可见，进场费是对供应商为进入大型零售商卖场这些零售终端而支付的一系列费用的总称。现实生活中，进场费除了进店费、上架费、促销费、堆头费等，还包括其他费用，如店庆费、新品上架费、快速进场费。这统称为"通道费"现象。❶

（二）零供关系的对抗与合作

消费者在店内消费是忠诚于商品品牌还是忠诚于零售商的门店，这一点对零售商和供应商都很重要。商品的营销过程是零售商与供应商争夺顾客的过程。因此，零售商与供应商本质上是为了争夺消费者而构成的间接竞争关系。货架是零售商获取利润的根源；而对供应商来说，货架是将产品销售给消费者的场所。供应商要通过货架展示自己的产品，而且尽量保持不缺货。同时，货架还意味着供应商的产品能有更大的陈列空间和更好的陈列位置，并有足够和适合的促销机会。实际上，零供双方的竞争首先是从货架空间的控制权争夺开始的，双方对于货架空间控制权的争夺本质上就是对营销因素控制权的争夺；产品组合、价格和促销最终都要体现在零售商的货架上。❷ 因此，零售商与供应商之间的关系在本质上是争夺营销因素的关系。

---

❶ 王广华："从'进场费'现象看对'相对优势地位的滥用'的规制"，载《中山大学学报论丛》2006 年第 12 期。

❷ 杨海丽：《中国零售企业经营与发展战略研究》，西南交通大学出版社 2011 年版，第 157 页。

　　零售商与供销商之间在大多数情况下展现出来的是激烈的对抗关系，但是二者又必须合作，从而使得商品从工厂走向市场，进而被消费者购买。

　　零售商和供应商之间的关系是一种典型的矛和盾的关系，二者在矛与盾的争夺过程中自然就形成了一种对立统一的关系。这种对立统一关系在现实经济生活中就表现为对抗与合作的关系。❶

　　1. 零售商与供应商之间的对抗关系

　　现代零售企业发展的标志是零售企业实现连锁化规模经营和信息技术的普遍使用。零售企业的大规模连锁化是零售企业形成区域市场垄断的关键因素，而这一市场和终端客户垄断权对上游各级供应商具有较强控制权。如果供应商的商品没有进入零售商的货架，其市场份额的获取是很难的，替代品的供应商之间的竞争在市场上表现为零售商货架空间的竞争。现代零售商所获取的垄断权不是虚幻的权力，主要来源于对营销因素的控制权，对这些因素的控制权是传统零售业所没有的，主要包括产品组合、定价、陈列和促销等。传统零售商对产品营销因素的控制权很低，这些权力集中由供应商掌控，而随着连锁零售业的大规模发展与自有品牌策略的推广，这些营销因素已经转向零售商。❷

　　零售商由于具有一定的市场势力，对上游制造商（供应商）形成一定程度的影响力和制约力。随着经济的发展，供求关系的改变、供应商同质化竞争关系、零售商过度竞争、零供双方未能建立有效的信用关系以实现信息共享和现有零供关系管理办法的缺陷等问题，导致零供关系成为流通领域的矛盾焦点。部分零售商利用自身市场优势或终端优势，恶意拖欠供应商货款，以滞销商品抵扣货款，随意增加霸王条款以及随意收取店庆费、节日费等各种不合理的费用，导致个别或部分零售商矛盾发展成为零供全行业的矛盾。而部分零售商开始实施自有品牌策略，导致部分中小型供应商成为加工厂的威胁，被剥夺了自主生产产品和制定产品价格的权利。因此，可以肯定地说，零售商在零供关系中占据了优势地位，拥有了逆向控制供应商的能力。❸

　　2. 零售商与供应商之间的合作关系

　　除了对峙状态，零售商与供应商也有合作的关系。如，沃尔玛和宝洁结成了产销战略联盟，成为合作的典范。一时之间，社会各界对其大加赞赏。

---

❶　黄先军：“零供关系的演进及其发展趋势”，载《商业时代》2007年第7期。
❷　杨海丽：《中国零售企业经营与发展战略研究》，西南交通大学出版社2011年版，第157页。
❸　孙亚楠：“基于零售商逆向控制的零供关系研究”，河南财经政法大学2012年硕士学位论文。

其实，喧嚣的斗争背后隐藏的是合作，弱势一方的抱怨只是想从强势一方多分一杯羹而已。❶

零售商和供应商本是分销渠道上创造价值的有机环节，双方相互依存，相互合作，共同创造价值。❷ 零供关系主要是从垂直营销的角度来考察的。它是在某一产品的供应链上由制造商、批发商和零售商组成的分销系统，特点是专业化管理、集中计划，销售系统中各个成员的礼仪目标相互交错。在供应链上，制造商处于供应商的位置，而零售商作为服务于最终消费者的需求商，对制造商而言起了一个"守门员"的作用。❸ 从垂直营销的角度来考虑，销售商和供应商之间必须存在一定程度上的合作与共存关系，过度竞争会导致双方严重对峙，从而可能会出现供应商联合起来拒绝为零售商提供货物，而零售商依仗其优势地位拒绝收取供应商货物的现象，最终会对市场的稳定和消费者的利益构成威胁。在零售商与供销商双方之间矛盾突出的环境下，市场还能够继续向前发展的原因就在于双方在一定程度上存在合作和共赢的关系。

（三）法律规制零供关系的意义

1. 有利于国家经济正常运行

规范的零供关系能够提高整个流通体系的效率，为流通业和制造业的发展提供制度上的保障。政府可以通过零供方面的合理立法配合国家长期产业战略规划。如，日本的流通领域立法特别是反垄断立法及零供关系立法明确倾向于保护制造业，限制零售业对制造业的干预，这种倾向性的立法与日本贸易立国、制造立国的长期国家战略相协调配合。美国则把零供之间的诸多矛盾交由市场自发调节，政府在无法确定是否应该干预零供关系的情况下不主动干预，这与美国长期坚持市场自由竞争的战略选择有关。

2. 有效促进资源优化配置

零供关系之间的交易行为本质上也体现了零售商与供应商之间、零售商与零售商之间、供应商与供应商之间的市场竞争与合作，竞争的结果是资源在各竞争者之间得到配置。然而不同竞争环境下的资源配置结果是不一样的，

---

❶ 黄先军："零供关系的演进及其发展趋势"，载《商业时代》2007年第7期。

❷ 董丽丽："从家乐福现象看我国零供关系"，载《北京工商大学学报（社会科学版）》2011年9月第26卷第5期。

❸ 谢志华、冯中越等：《中国商业发展报告（2007）》，中国商业出版社2008年版，第165页。

一个有序的、充分竞争的零供交易市场竞争结果才是有效的资源优化配置，无序的、处处存在不公平交易的零供关系中，资源只会向市场优势地位者集中，并逐渐形成垄断，即使是高效的弱势企业也长期得不到资源发展，造成强者愈强、弱者愈弱，最终导致经济出现结构性矛盾，阻碍国家产业政策的实行。

3. 体现法律的价值追求

通过零供交易管理立法能够维持健康的零供关系，健康的零供关系能够体现法律的基本价值追求。法的价值包括秩序、自由、正义、效率等，在经济领域则体现为经济民主、经济自由、交易秩序、公平、效率等。一个在良法规范指导下的零供公平交易环境体现了法律的基本价值追求。

第二章　零供关系历史沿革

一、零售商[1]

（一）零售商的含义

零售商（Retailer）指将商品直接销售给最终消费者的中间商，是分销渠道的最终环节，处于商品流通的最终阶段。零售商的基本任务是直接为最终消费者服务，职能包括购、销、调、存、加工、拆零、分包、传递信息、提供销售服务等，在地点、时间与服务等方面方便消费者购买。零售商又是联系生产企业、批发商与消费者的桥梁，在分销途径中具有重要作用。零售商业种类繁多，经营方式变化快，构成了多样的、动态的零售分销系统。

（二）零售商的分类

零售商是分销渠道的最终环节。面对个人消费者市场，零售商是分销渠道系统的终端，直接联结消费者，完成最终实现产品价值的任务。零售商业对整个国民经济的发展具有重大的作用。零售商业包括以下种类。

1. 零售商店

（1）百货商店：指综合各类商品品种的零售商店。其特点如下。

①商品种类齐全；

②客流量大；

③资金雄厚，人才齐全；

④重视商誉和企业形象；

⑤注重购物环境和商品陈列。

---

[1] 参见搜狗百科，http://baike.sogou.com/v104297.html，2014 年 9 月 8 日访问。

（2）专业商店：指专门经营某一类商品或某一类商品中的某一品牌的商店，突出"专"。其特点如下。

①品种齐全；

②经营富有特色、个性；

③专业性强。

（3）超级市场：是以主、副食及家庭日用商品为主要经营范围，实行敞开式售货，顾客自我服务的零售商店。其特点如下。

①实行自我服务和一次性集中结算的售货方式；

②薄利多销，商品周转快；

③商品包装规格化、条码化，明码标价，并注有商品的质量和重量。

（4）便利商店：是接近居民生活区的小型商店。其营业时间长，以经营方便品、应急品等周转快的商品为主，并提供优质服务。如饮料、食品、日用杂货、报纸杂志、快递服务等。其商品品种有限，价格较高，但因方便，仍受消费者欢迎。

（5）折扣商店：即以低价、薄利多销的方式销售商品的商店。其特点如下。

①设在租金便宜但交通繁忙的地段；

②经营商品品种齐全，多为知名度高的品牌；

③设施投入少，尽量降低费用；

④实行自助式售货，提供的服务很少。

（6）仓储商店：是20世纪90年代后期才在我国出现的一种折扣商店。其特点如下。

①位于郊区低租金地区；

②建筑物装修简单，货仓面积很大，一般不低于1万平方米；

③以零售的方式运作批发，又称量贩商店；

④通常采取会员制销售来锁定顾客。

（7）综合商店。

（8）样品目录陈列室。

（9）邮购目录营销。

（10）自动售货机。

（11）购物服务。

（12）流动售货。

2. 无店铺零售

(1) 上门推销：企业销售人员直接上门，挨门挨户逐个推销。著名的雅芳公司就是这种销售方式的典范。

(2) 电话电视销售：是一种比较新颖的无店铺零售形式。其特点是利用电话、电视作为沟通工具，向顾客传递商品信息，顾客通过电话直接订货，卖方送货上门，整个交易过程简单、迅速、方便。

(3) 自动售货：利用自动售货机销售商品。第二次世界大战（以下简称二战）以来，自动售货已被大量运用在多种商品上，如香烟、糖果、报纸、饮料、化妆品等。

(4) 购货服务：主要服务于学校、医院、政府机构等大单位特定用户。零售商凭购物证给该组织成员一定的价格折扣。

3. 联合零售

(1) 批发联号：是中小零售商自愿参加批发商的联号，联号成员以契约作为联结，明确双方的权利和义务。批发商获得了忠实客户，零售商按比例在批发联号内进货，保证了供货渠道。

(2) 零售商合作社：主要是由一群独立的零售商按照自愿、互利互惠原则成立的，以统一采购和联合促销为目的的联合组织。

(3) 消费合作社：是由社区居民自愿出资成立的零售组织，实行民主管理。这种商店按低价供应社员商品，或制定一定价格，社员按购物额分红。

(4) 商店集团：是零售业的组织规模化形式，没有固定的模式。它在一个控股公司的控制下包括各行业的若干商店，通常采用多角化经营。

4. 零售新业态

(1) 连锁商业：指众多分散的、经营同类商品或服务的零售企业，在核心企业（连锁总部）的领导下，以经济利益为联结纽带，统一领导，实行集中采购和分散销售，通过规范化经营管理，实现规模经济效益的现代流通组织形式。

(2) 连锁超市：是连锁商业形式和超级市场业态的有机结合。这是我国现代零售业的主流，在发展中进一步细分和完善。如大型综合连锁超市（GMS），主要经营大众商品，其中70%是百货，30%是食品；又如仓储式会员店连锁超市，以零售方式运作批发，采用会员制。

(3) 特许经营：是一种根据合同进行的商业活动，体现互利合作关系。其一般是由特许授予人（简称特许人）按照合同要求，约束条件给予被授予人（简称受许人，亦称加盟者）的一种权利，允许受许人使用特许人已开发出的企业象征（如商标、商号）和经营技术、诀窍及其他工业产权。特许经营分为以下几种。

①商品商标型特许经营；

②经营模式特许经营；

③转换特许经营。

（4）商业街：由经营同类或异类商品的多家独立零售商店集合在一个地区而形成的零售商店集中区，也有集购物、休闲、娱乐综合功能于一体的商业街。

（5）购物中心：由零售商店及其相应设施组成的商店群体，作为一个整体进行开发和管理，通常包括一个或多个大的核心商店，并有许多小的商店环绕其周围，有庞大的停车场设施，顾客购物来去方便。购物中心占地面积大，一般在十几万平方米。其主要特征是容纳了多种类型的商店，餐饮、美容、娱乐、健身、休闲等功能齐全，是一种超巨型的商业零售模式。

（三）销售特征

1. 终端服务

零售商面对的终端顾客每次购买数量小，要求商品档次、花色品种齐全，提供购买与消费的方便服务。零售经营者为此通常要多品种小批量进货，以加快销售过程，提高资金的周转率。这就形成了零售商少量多次进货、低库存和重视现场促销服务的经营特点。

2. 业态多元

为解决顾客需求多样、快速变化与零售经营规模效益之间的矛盾，适应不同消费群体需要，零售业的经营方式（即零售业态）呈现多元化特点。如，商店就有百货商店、超级市场、专业商店、连锁商店、折扣商店、便利店和杂货店等各具特色的多种业态，而且还在不断创新。

3. 销售地域范围小

与批发销售不同，零售商的顾客主要是营业点附近的居民和流动人口。因此，零售经营地点的选择（零售选点）就成为决定经营成败的关键。这是零售商经营的重要特点。

4. 竞争激烈

与其他行业相比，零售业者之间的竞争显得更为直接、剧烈，手法也更加多样。如，为了适应顾客的随意性购买及零售市场竞争，零售商会千方百计整饰销售现场及周边环境，加强商店整体设计和形象宣传；为了吸引并留住顾客，零售商会不断强化特色定位，纷纷对商店位置、营业时间、商品结构、服务项目、广告宣传、促销手段等各种因素进行综合战略策划，实施差异化营销。

（四）本土零售商的市场优势

1. 位置优势

由于中国的零售市场近年来才加快了开放的步伐，所以，好的店址几乎都被中国的零售商占据，而这些黄金地段的店铺对中国零售企业来说几乎是零成本，而对国际零售商来说却要付出高昂的租金成本。国际零售商要抢占中国零售市场，要么选择次级地理位置，要么从中国零售商那里夺得店铺。而要夺可不是一件容易的事情，首先是业主给不给，其次即使给价格也不菲。所以，中国零售商的第一大优势就是店铺地理位置的优势。

2. 习惯优势

顾客有个习惯，就是到自己最熟悉的商店去买东西，这就是所有零售商店都有一定的比较稳定的顾客群的原因。国际零售资本初来乍到，凭什么能把原属他人的顾客吸引到自己的店里，并变成自己的忠实顾客呢？日本华堂能从中国的店里把顾客吸引走，靠的是丰富而有特色的商品、优质的服务、确实高出直接竞争对手许多的营销方式和管理方式，以及价格策略而不是价格战。

3. 通道优势

争夺到顾客的根本原因是特色丰富的商品。顾客进店的根本目的是购物，选购自己需要的商品，商品的特色才是吸引顾客的关键。所以，当国际零售资本进入中国零售市场的时候，首先要建立的是能被顾客接受的有特色的商品格局，这除了进口的商品资源渠道优势外，关键还要能从中国零售商的店铺里把顾客最喜欢的商品取下来摆放到自己的货架上。这确实是件不容易办到的事，因为对生产商来说，靠着百计不施的敬业精神才建立起来的比较稳定的销售渠道和销售规模，怎么会轻易在国际零售商面前改弦易辙呢？于是，国际零售商就得靠资金的优势、结算方式的优势、规模的优势，对生产商产生极强的吸引力，如经销、大批买断等，把生产商的风险几乎全揽过来，这样，生产商也就会"投诚变节"了。

4. 人文优势

要争得顾客、争得商品，最核心的还得靠人才，所以，国际零售商首要的还是从中国零售商那里先把人才揽走，接着再揽商品和顾客。人的天性都是懒惰的，谁都不愿意轻易换单位跳槽，因为跳槽是要花费气力和付出代价的。人才之所以还在流动，就是因为人才是因失望而去，因憧憬希望而来。因此，国际零售商会通过各种信息渠道了解原中国零售商业人才的个人愿望，然后用能够满足个人愿望的条件来吸引人才。如，给予一定的职位来满足其自我价值实现的精神需求，用很丰厚的薪水来满足其对物质方面的需求。

因此，在这场争夺战中，尽管国际零售商有很多竞争优势，但中国零售商仅就本土化优势这一条就占有天时、地利、人和，处于先手位置。中国零售商要守住原有的商品和自己的顾客、人才以及店铺也并非天大的难事，若真是没守住，也就实在没有存在的必要了。

（五）外资零售商的市场优势

1. 管理优势

进入中国的零售外商，无论是数百年的老店还是新兴之秀，基本上都是世界顶尖的优秀企业，其在管理模式、管理经验、管理手段、管理人才等方面都非常有优势，对商品的管理、服务的管理、价格的管理、现场的管理、设备的管理以及技术的管理都有独到的地方，远远优于我们。

2. 机制优势

外商几乎都建立了现代企业制度，产权明晰，规范运作，从经营机制、用人机制、用工机制、管理机制到分配机制，甚至到破产机制，都非常清晰明确，而且可操作，这些都是我们传统的商业企业望其项背的，建立了股份制的企业也大多是换汤不换药，即使是运作规范的企业也多多少少保留着传统管理机制下的痕迹和烙印，因为它们都是从传统机制下脱胎出来的。这样的机制和痕迹制约着企业竞争力的发挥。

3. 规模优势

沃尔玛2001年度销售规模达2100多亿美元，而整个中国的前500位大型零售企业的销售总和还不及它的1/10。这样的规模在竞争中的优势可想而知，如此的市场规模使其在进货渠道、进货价格上的优势几乎处于垄断地位，这是我国的零售商想都不敢想的。

4. 资金优势

我国现今的零售企业大多负债经营，而且由于各种原因，负债率居高不下，很难融到资金，即使能融到资金，规模也非常有限。有的企业尽管负债较轻，但由于连带担保问题、扶贫问题，也风险丛生，危机四伏，企业发展困难重重。相比之下，进入我国零售业的外商大都有资金的优势，而且基于其信誉、信用和现代企业制度的优势，再加上国际上的货币资本十分宽裕，融资非常容易，因此发展起来资金不是问题。

5. 技术优势

当今国际零售商几乎全部采用先进的计算机管理，如经营商品采用单品管理，决策者随时可以了解到商品的销售情况和库存情况，动态的商品销售信息为决策者提供了可靠的信息决策支持，而且先进的设备及技术手段在其他方面也都得到了充分和广泛的运用。而在我国，要么是没有先进的技术设备和技术手段，要么是有先进技术设备和技术手段，但其作用和优势远远没有发挥出来，尽管也有许多单位有一定规模的计算机系统，但由于管理机制及人为的因素，计算机及先进的技术设备和手段的功能无法得到充分有效发挥。许多单位虽然安装了先进的计算机硬件及软件系统，但为了使计算机系统适应落后的管理模式和低素质的员工队伍而对计算机管理进行改造，而不是去提高人员素质来适应现代管理系统，这等于高速公路上跑人力车。

6. 战略优势

国内的零售店往往给人千店一面的感觉，缺乏战略策划。一家定位于工薪阶层，另一家定位于上班族，然而工薪阶层和上班族不是一回事吗？况且，上班族和工薪族的定位也不明确，同是工薪族，薪水差几十倍、上百倍也是常见的，如此大的薪水差别，其消费水平会一样吗？而国际零售巨头非常注重战略策划，而且能适时变化。如，沃尔玛在商品结构方面非常注重本土化，一般70%的商品都来自本土采购，这是适应本土消费的明确定位。麦德龙对顾客的承诺就是永远不缺货，而且保证不会出现只有样品而没有存货的现象。一家零售店能做到这一点，敢有这样的承诺，顾客能不上门吗？一个零售企业如果没有一整套战略策划，就如同没有舵的船，是行不远的。

7. 营销优势

中国当前的零售商业大多采用的是打折促销，如买100送10或送20、购物赠券赠礼品等实实在在的让利促销方式。这种自以为诚实守信的做法其实是老实粗陋的反映。前些年有些国外的零售商到中国考察后放言道："中国的零售市场到处是黄金。"言外之意，中国的零售市场竞争还很不够，还很有潜力可挖。这里的竞争不够是指营销方式的简单和粗放，这里的潜力主要是指营销方式上有很多文章可做。相对的优势、客观的利润正是近年来外商大举进攻中国零售市场的根本原因。外商的营销不仅是指营造促销的热闹氛围，而是从进存销管理等所有环节入手，集约经验，创造出制胜的营销优势，依靠谋略和战术的双重作用。

8. 统计优势

当前环境下，中国零售业的结算方式大多采用有障碍的人为结算方式，代销保守经营居多，卖完货后才结账，甚至由于人为的因素，与供货商结款有意无意地要拖一段时间，难为要钱者。而国际通用的做法是无障碍计算机结算系统，去除了很多人为的因素。国际结算方式的优势还在于采用的是虚拟结算方式，由于电算化的充分运用，庞大集团企业的各个分支机构、企业的每一部分和每一方面的数据都能瞬时传入总部结算中心，总部立即知道企业实时运转状况，进而作出决策，采取措施。而我国当前传统的零售企业，由于管理手段滞后，大多采取逐级结算上报制度，等到结算出来已过去很长时间，采取的措施很可能是针对两个月甚至一个季度以前的企业的问题。

9. 资源优势

外商得天独厚的条件是有进出口的渠道优势，这是许多国内的传统零售商根本无法与之相比的。因为能进入中国的零售外商大多是跨国性的大型企业集团，在货源方面的优势自然十分突出，能够组合到其零售店所在国家和区域的名品和精品，甚至即使店面没有开到这些国家和地区，但由于其在整个世界零售市场的影响力，许多商家也以能够攀上这些零售巨头为荣。而中国的零售企业由于进出口权的限制，大多只能从代理商那里取得货源，要取得原产地的一手货很难，因而取得一手货的优势很弱。

10. 品牌优势

进入中国的零售外商大多都是在国际上享有很高知名度的名牌企业，在国际上的生产厂商及银行等社会各界有很好的信用，而且进入中国一带洋字，本身就有很好的广告新闻效应，会很快经过媒体的渲染及口传而成为落脚地的知名商号。

11. 服务优势

我国零售商正在极力宣传和推广倡导标榜的服务口号及服务内容如服务忌语、商品退换货等在国际零售商那里早都习以为常了，我们正努力追求甚至是想追赶而还没有追赶的服务内涵在国际零售商的全员中都是最起码的职业道德、职业习惯和行为规范。

12. 组合优势

商品的组合优势是洋店在竞争中制胜的关键因素之一。由于外商有资源渠道的优势，加之对目标顾客有比较准确的研究和对消费结构的把握，所以商品的适销程度较高，在同等的经营规模里，洋店能组合到更多更好的商品；在同样多的商品品种里，洋店能组合更多的适合居民消费的商品。若平时细心观察则会发现，到了无论是由过去的副食店改造的还是由百货店更新的"土"超市，你打算买的商品大都不尽如人意，要么是没有，要么是品种、品类、款式、功能不称心。这时你就会犹豫，下不了买的决心，要么放弃购买，要么买个替代品凑合着用，原计划花的钱没有如数花完，预算出现了盈余；而若是到了同等规模的洋超市，尤其到了大型的综合型超市，购物后回家一看，会发现原来没有打算购买的商品也出现在账单上，再一算，比计划超支了。这就是洋店的商品组合优势，把商品的品类、品种以及同一种类商品的广度和深度都做了比较恰当的组合，提高了单位面积的效益、单位时间的效率、人均的贡献率。

13. 决策优势

当我们还正在批判朝令夕改不稳定的决策做法时，国际企业家们却努力实践着朝令朝改的动态决策做法。因为这是瞬息万变的信息社会，我们所处的社会环境无时无刻不在发生变化，作为决策者，要想使自己的决策准确有效，就必须建立强有力的信息系统和同步报告系统，以及决策调整和执行系统，以应付随时发生的事情对自己的决策可能产生的影响。如，零售巨人沃尔玛不仅专门租用了一架同步卫星对它在世界各地的网点进行信息监控和反馈，而且还专门租用了一架飞机在空中办公，以便随时飞往世界各地处理在那里发生的问题。相反，我们大多还是采用传统信息传输机制，具体办事人员打报告给班组长，班组长阅批修改完后报部门的主管副经理，副经理审阅修改后再报部门主管经理，部门主管经理审阅修改后再报企业决策层的主管副总经理，主管副总经理批阅修改后再报请总经理。一般情况下，总经理要和决策层班子成员通气或研究后作批示，然后再一级一级往下传，等传到打报告的具体办事员那里时，可能早已时过境迁了。当然，并非所有企业都这样做，也不是所有事情都这样做，这里是说我们当前的信息传输系统及决策批示执行系统就是这个模式，效率低下。因此，需要建立快速的同步报告系统和快速的决策反馈系统及执行系统。

二、供应商[①]

（一）供应商的概念

根据《管理办法》第3条第2款的规定，供应商是指直接向零售商提供商品及相应服务的企业及其分支机构、个体工商户，包括制造商、经销商和其他中介商。供应商或称为"厂商"，即供应商品的个人或法人。供应商可以是农民、生产基地、制造商、代理商、批发商、进口商等。

（二）供应商的分类

供应商分类是对供应商系统进行管理的重要部分。它决定着对哪些供应商想开展战略合作关系，哪些想增长生意，哪些是维持现状，哪些是积极淘汰，哪些是身份未定。相应地，供应商可分为战略供应商（Strategic Suppliers）、优先供应商（Preferred Suppliers）、考察供应商（Provisional Suppliers）、消极淘汰供应商（Exit Passive Suppliers）、积极淘汰供应商（Exit Active Suppliers）和身份未定供应商（Undetermined Suppliers）。当然，不同公司的分法和定义可能略有不同。

一般来讲，交易型供应商是指为数众多，但交易金额较小的供应商；战略型供应商是指公司战略发展所必需的少数几家供应商；大额型供应商是指交易数额巨大而战略意义一般的供应商。

战略供应商指那些对公司有战略意义的供应商。例如，他们提供技术复杂、生产周期长的产品，他们可能是唯一的供应商。他们的存在对公司的存在至关重要。更换供应商的成本非常高，有些甚至不可能。对于这类供应商，应该着眼长远，培养长期关系。

优先供应商提供的产品或服务可在别的供应商处得到，但公司倾向于使用优先供应商。这是其与战略供应商的根本区别。优先供应商是基于供应商的总体绩效，如价格、质量、交货、技术、服务、资产管理、流程管理和人员管理等。优先供应商的待遇是挣来的。例如机械加工件，有很多供应商都能做，但公司优先选择供应商 A，把新生意给这个供应商，就是基于 A 的总体表现。

---

① 参见搜狗百科，http：//baike. sogou. com/v104360. html，2014 年 9 年 8 日访问。

考察供应商一般是第一次提供产品或服务给公司,对其表现还不够了解,于是给一年的期限来考察。考察完成,要么升级为优先供应商,要么降为淘汰供应商。当然,对于优先供应商,如果其绩效在某段时间下降,也可调为考察供应商,"留校察看",给他们机会提高,然后要么升级,要么降级。

消极淘汰供应商不应该再得到新的产品,但公司也不积极把现有生意移走。随着主产品完成生命周期,这样的供应商就自然而然地被淘汰出局。对于这种供应商,要理智对待。如果绩效还可以,则不要破坏平衡。从供应商角度来说,产品已在生产,额外的投入不多,也乐得继续支持你;从采购方来说,重新选择供应商可能成本太高。这样,双方都认识到维持现状最好。当然,有些情况下,产品有可能成为"鸡肋",供应商不怎么盈利(或不愿意继续供货),采购方也不愿重新资格化新供应商。于是,供应商的力量就相对更大,对产品的重视度不足,绩效可能不够理想。这对采购方绝对是个挑战,维持相对良好的关系就更重要。

积极淘汰供应商不但得不到新生意,连现有生意都得移走。这是供应商管理中最极端的例子。对于这类供应商,一定要防止"鱼死网破"的情况。因为一旦供应商知道自己现有的生意要被移走,有可能采取极端措施,要么抬价,要么中止供货,要么绩效变得很差。所以,在扣动扳机之前,一定要确保你的另一个供货渠道已经开通。

身份未定供应商的身份未定。在分析评价之后,要么升级为考察供应商,要么定义为消极淘汰或积极淘汰供应商。

供应商分类的另一目的是公司内部沟通。例如,新生意都给战略或优先供应商,然后再考虑考察供应商,绝不能给淘汰供应商。这些都应成为书面政策,沟通给公司内各个部门。当然,在分类供应商时应该征求其他部门的意见。但一旦决定,整个公司就应执行。再如,公司应该采用供应商清单(Approved Vendor List, AVL)上的供应商。而供应商清单则应基于供应商分类体系。当然,作为供应商管理部门,要确保各类供应商能达到公司期望。否则,内部客户的合理期望没法满足,现有的供应商政策可能没法得到执行。对此,切记"要解决问题,不能光靠制定政策"。

(三)供应商的选择

对于采购商选择供应商,建立战略伙伴关系、控制双方关系风险和制定动态的供应商评价体系是中国采购商普遍关心的几个问题。随着采购额占销售收入比例的不断增长，采购逐渐成为决定电子制造商成败的关键因素。供应商的评估与选择作为供应链正常运行的基础和前提条件，正成为企业间最热门的话题。

选择供应商的标准有许多，根据时间的长短进行划分，可分为短期标准和长期标准。在确定选择供应商的标准时，一定要考虑短期标准和长期标准，把两者结合起来，才能使所选择的标准更全面，进而利用标准对供应商进行评价，最终寻找到理想的供应商。

1. 短期标准

选择供应商的短期标准主要有商品质量合适、价格水平低、交货及时和整体服务水平好。

（1）合适的商品质量。

采购商品的质量合乎采购单位的要求是采购单位进行商品采购时首先要考虑的条件。质量差、价格偏低的商品虽然采购成本低，但会导致企业的总成本增加。因为质量不合格的产品在企业投入使用的过程中往往会影响生产的连续性和产成品的质量，这些最终都会反映到总成本中去。相反，质量过高并不意味着采购物品适合企业生产所用，如果质量过高，远远超过生产要求的质量，对于企业而言也是一种浪费。因此，采购中对于质量的要求是符合企业生产所需，要求过高或过低都是错误的。

（2）较低的成本。

成本不仅包括采购价格，而且包括原料或零部件使用过程中所发生的一切支出。采购价格低是选择供应商的一个重要条件，但是价格最低的供应商不一定就是最合适的，因为如果在产品质量、交货时间上达不到要求，或者由于地理位置过远而使运输费用增加，都会使总成本增加，因此，总成本最低才是选择供应商时考虑的重要因素。

（3）及时交货。

供应商能否按约定的交货期限和交货条件组织供货会直接影响企业生产的连续性，因此，交货时间也是选择供应商时要考虑的因素之一。

企业在考虑交货时间时需要注意两个方面的问题：一是要降低生产所用的原材料或零部件的库存数量，进而降低库存占压资金，以及与库存相关的其他各项费用；二是要降低断料停工的风险，保证生产的连续性。结合这两个方面内容，对交货及时的要求应该是这样：用户什么时候需要，就什么时候送货，不晚送，也不早送，非常准时。

（4）整体服务水平好。

供应商的整体服务水平是指供应商内部各作业环节能够配合购买者的能力与态度。评价供应商整体服务水平的主要指标有以下几个。

培训服务：如果采购者对如何使用所采购的物品不甚了解，供应商就有责任向采购者培训所卖产品的使用知识。供应商对产品卖前和卖后的培训工作也会大大影响采购方对供应商的选择。

安装服务：通过安装服务，采购商可以缩短设备的投产时间或投入运行所需要的时间。

维修服务：免费维修是对买方利益的保护，同时也对供应商提供的产品提出了更高的质量要求。这样，供应商就会想方设法提高产品质量，避免或减少免费维修情况的出现。

技术支持服务：供应商如果向采购者提供相应的技术支持，就可以在替采购者解决难题的同时销售自己的产品。如，信息时代的产品更新换代非常快，供应商提供免费或者有偿的升级服务等技术支持对采购者有很大的吸引力，这也是供应商竞争力的体现。

2. 长期标准

选择供应商的长期标准主要在于评估供应商能否保证长期而稳定地供应，其生产能力能否配合公司的成长而相对扩展，其产品未来的发展方向能否符合公司的需求，以及是否具有长期合作的意愿等。选择供应商的长期标准主要考虑下列四个方面。

（1）供应商内部组织是否完善。

供应商内部组织与管理关系到日后供应商的供货效率和服务质量。如果供应商组织机构设置混乱，采购的效率与质量就会因此下降，甚至会由于供应商部门之间的互相扯皮而导致供应活动不能及时地、高质量地完成。

（2）供应商质量管理体系是否健全。

采购商在评价供应商是否符合要求时，其中重要的一个环节是看供应商是否采用了相应的质量体系，质量与管理是否通过了 ISO 9000 质量体系认证等，内部的工作人员是否按照该质量体系不折不扣地完成了各项工作，其质量水平是否达到了国际公认的 ISO 9000 所规定的要求。

（3）供应商内部机器设备是否先进以及保养情况如何。

从供应商机器设备的新旧程度和保养情况就可以看出管理者对生产机器、产品质量的重视程度，以及内部管理的好坏。如果车间机器设备陈旧，机器上面灰尘油污很多，很难想象该企业能生产出合格的产品。

（4）供应商的财务状况。

供应商的财务状况直接影响到其交货和履约的绩效，如果供应商的财务出现问题，周转不灵，就会影响供货，进而影响企业生产，甚至出现停工的严重危机。

3. 20/80 法则

作为一条普适的法则，商业采购中也存在这种现象。数量 20% 的采购物占总采购价值的 80%，其余 80% 的采购物占总采购价值的 20%。据此，可以将供应商划分为重点供应商和普通供应商，前者数量占 20%，供应品价值占80%，后者同理。

重点供应商提供的物品一般是企业的战略物品或需要集中采购的物品，如汽车厂需要的发动机和变速器、电视厂家需要的彩色显像管等。采购企业应该用 80% 的精力与其合作，以保证自身产品的生产。普通供应商提供的物品对企业的生产运作影响较小，如办公用品、维修备件。企业只需要用 20%的精力跟进其交货就可以了。

当然，实际情况下划分得并没有这么细，20/80 关系也不是一成不变的。对于外行来说，这也是一个启示：想要得到尊重，平日就得用 80% 的精力挤进那 20% 的人群中。

（四）供应商的选择步骤

不同的企业在选择供应商时所采用的步骤会有差别，但基本的步骤应包含下列几个方面。

1. 建立评价小组

企业必须建立一个小组，以控制和实施供应商评价。组员来自采购、生产、财务、技术、市场等部门；组员必须有团队合作精神，具有一定的专业技能。评价小组必须同时得到制造商企业和供应商企业最高领导层的支持。

2. 确定全部的供应商名单

通过供应商信息数据库以及采购人员、销售人员或行业杂志、网站等媒介渠道，了解市场上能提供所需物品的供应商。

3. 列出评估指标确定权重

上文已对选择供应商的标准进行了详细论述，在短期标准与长期标准中，每个评估指标的重要性对不同的企业是不一样的。因此，不同的企业在进行评估指标权重设计时也应不同。评价供应商的一个主要工作是调查、收集有关供应商的生产运作等各个方面的信息。在收集供应商信息的基础上，就可以利用一定的工具和技术方法进行评价。

4. 选择评价

对供应商的评价共包含两个程序：一是对供应商作出初步筛选；二是对供应商进行实地考察。

在对供应商进行初步筛选时，首要的任务是：要使用统一标准的供应商情况登记表来管理供应商提供的信息。这些信息应包括供应商的注册地、注册资金、主要股东结构、生产场地、设备、人员、主要产品、主要客户、生产能力等。通过分析这些信息，可以评估其工艺能力、供应的稳定性、资源的可靠性及其综合竞争能力。

在这些供应商中，剔除明显不适合进一步合作的供应商后，就能得出一个供应商考察名录。接下来，要安排对供应商的实地考察，这一步骤至关重要。必要时，在审核团队方面可以邀请质量部门和工艺工程师一起参与，他们不仅会带来专业的知识与经验，共同审核的经历也会有助于公司内部的沟通和协调。

在综合考虑多方面的重要因素之后，就可以给每个供应商打出综合评分，选出合格的供应商。

三、历史沿革

供应商与零售商的关系是市场经济的重要因素，是调节供求关系和市场价格变化的基础。生产商和批发商在为零售商供应商品时，都可以成为供应商。因此，零供关系实际上指的也就是生产商和供应商之间的关系。零售商和供应商之间关系变化的实质是对商品流通主导权的竞争。因此，零供关系之间的演化阶段实则是流通主导权的演化历程。我们可以从流通主导权的角度来考察零售商和供应商之间的关系演变。所谓商品流通主导权，是指控制商品流通渠道，并使该流通渠道上的构成者为自己的市场销售策略效力。行使这种权利的生产者或商业者，一般被称为流通渠道的主导权者。

纵观世界历史，零供关系的发展大致经历了供应商占主导地位的近代零供关系和零售商占主导地位的现代零供关系两个阶段。

（一）供应商占主导地位的近代零供关系

这个阶段中，供应商的地位高于零售商，零售商依赖供应商以获取商品和服务，这个阶段还可以细分为生产商掌握商品流通主导权的阶段和批发商掌握商品流通主导权的阶段。

1. 生产商主导阶段

在近代以前，世界上大多数国家还处于君主统治或封建割据的落后农业社会，当时社会生产技术水平极为落后，工业化基础薄弱，生产出来的产品远不能满足人们的消费需求。封建社会长期重视农业经济，商业经济长期供不应求，从整体上忽视了流通的重要性。绝大多数日用消费品都是直接从生产者处购买，消费者花钱也可能买不到需要的商品。此时的商品流通并没有得到很好的发展。生产者使商业作为商品流通的末端环节被动地服从于生产，而其居于商品流通的主导地位，掌握着商品流通的主导权。此时零售业的发展极其薄弱而局限，零售商完全依赖生产商和批发商，此时的零供关系基本处于零售商依附于供应商的萌芽状态。

2. 批发商主导阶段

近代初期，以美国为首的西方国家进入资本主义的迅速发展阶段。此时，社会生产力得到迅速提高，社会分工范围更加扩大，更趋于专业化，生产者生产出来的产品数量和品种不断增多，质量逐步提高；同时，消费者的消费需求整体上升，买方市场逐步形成。这就要求大量批发商来把生产者和小型零售商及最终消费者联系起来。体现在商品流通上，社会消费品零售额增长迅速，各地集贸市场如雨后春笋纷纷兴起。批发商引导生产者生产消费者需要的商品，同时又帮助消费者买到想要的商品，成为生产者和消费者联系的纽带，居于商品流通的主导地位。

（二）零售商占主导地位的现代零供关系

这个阶段，零售商作为商品流通渠道的末端，与消费者接触最密切，能够系统、全面地把握市场信息，和市场融为一体。随着零售业的组织形式和生存业态的不断创新和发展，连锁超市、连锁便利店、仓储式商场等零售商在整个零售业的销售额中所占比重不断上升，零售业的行业集中度不断提高，大型零售企业集团逐渐形成，零售商逐渐取代批发商占据了商品流通的主导地位。

1. 零售商和供应商基本处于平等地位，但商品流通的主导权逐渐向零售商转移

近代以来，以美国为首的西方国家逐渐确立了垄断经济的经济体制。在垄断竞争的条件下，生产者和商业者都希望确保自己的竞争地位，以产品的差别化和促进销售为核心展开竞争，商品流通得到了迅速的推进。各主体普遍开发更好的、更适合消费者需要的商品，并设计、确定自己的商标，制定各种营销策略，积极将商品转移到消费者手中。这时，流通领域的各个主体就开始要求流通渠道中的各个构成者采取与自己的市场营销策略相配合的方式来为其效力。这样，流通渠道中的主体地位和利益就大不相同。于是，便开始了流通主导权的追逐和争夺。此时的市场特点是货源多、存货大，买卖双方是激烈的竞争对手关系。零售商要以最低的价格买到所需商品，而供应商则要以最高的价格卖出产品。这一阶段开始出现众多的厂商和货源，逐步形成了买方市场。同类产品有大量的供应商，厂家之间竞争激烈，一些新进入的企业急于打进终端市场，不惜牺牲自己的利益，通道费用便由此产生。在这一阶段，双方竞争的结果是：你赚的就是我赔的，对于整个社会来说没有产生任何附加价值。但是，市场上也产生和发展了供应链管理的经营思想和做法，市场信息得到分享，存货减少，效率提高，开始向双赢方向努力。双方的互相依赖程度提高，零售商需要更低的采购成本和更快的订单响应速度，供应商需要零售商提供及时有效的市场信息和需求，以安排生产和营销。电子数据交换则大大提高了供商合作效率，进而提高了市场效率。此时的零供关系中，零售商和供应商基本处于平等地位，但商品流通主导权正在向零售商倾斜。

2. 零售商终端控制的现代零供关系

进入 21 世纪以来，由于生产技术出现了突飞猛进的发展，市场进入相对经济过剩时期，加上资本主义经济体制趋于成熟，资本主义国家也开始注重宏观调控经济。市场供求关系由卖方市场转变为买方市场。社会商品流通规模继续扩大，流通渠道及商业经营业态的种类和数量不断增加。消费者在商品流通领域最具有优先选择权。此时，市场集中化趋势明显加强，形成了一些大型的生产企业和零售企业，少数零售企业占有市场的大部分份额。生产和销售跨地区、国际化的趋势明显加强。信息网络化管理普及，大型企业进行全球共同采购，供商关系在全球经济中寻找平衡与发展。供应链管理在经济发展中起到越来越重要的作用，供商之间谋求物流一体化，实现整个供应链的盈利。而对于整个供应链而言，唯一的收入来源是顾客。双方目标在于更多更快地提供顾客需要的商品，更好地服务顾客。

零售商作为商品流通渠道的末端，与消费者接触最密切，能够系统、全面地把握市场信息，和市场融为一体。随着零售业的组织形式和生存业态的不断创新和发展，连锁超市、连锁便利店、仓储式商场等零售商在整个零售业的销售额中所占比重不断上升，零售业的行业集中度不断提高，大型零售企业集团逐渐形成，零售商逐渐取代批发商占据了商品流通的主导地位，零供关系也发展为零售商终端控制的现代零供关系。

在现代零供关系中，零售商的终端控制也带来了一些造成零供矛盾不断加深的问题。大型零售企业往往利用自身优势，通过低价策略和要求供应商分担成本来实现自身利益的最大化，由此导致了零供矛盾不断加深。

目前，现代零售商争夺市场份额的手段是低价策略，主要为了保证零售商在低价的基础上仍然能够获得利润，有些零售商是通过优化供应链、降低物流成本实现的，也有零售商是通过收取各种费用和占用供应商资金的方式挤占上游利润作为补偿的。零售商实施低价竞争，获利的是消费者，为此，零售商要求供应商与其分摊低价策略的成本。压低进货价格已经是使用过的招数了，因此，零售商就将收取所谓的节庆费、店庆费、堆码费等费用，事实上，零售商为索取超额租金而收取的费用就是零售商最主要的利润源泉。很多实力较强的零售商在通过收取进场费以及苛刻的还款条件来侵占供应商的利益的同时，往往还开发零售商的自有品牌来与供应商的产品品牌抗衡。由于零售商拥有得天独厚的渠道优势，一些资金实力较雄厚的零售商采取后向整合的方式，向上游生产环节延伸，整合生产资源，贴牌生产零售商品牌的产品，然后利用零售商品牌的声誉，将产品推向市场，与其他生产商的品牌竞争。零售商在对待自有品牌这个问题上是非常谨慎的，他们控制产品的研发、生产、包装以及定价等各方面，很重要的一点是零售商自有品牌商品可以节省营销和广告费用，并且零售商比供应商更能把握市场的流行趋势，对新鲜事物的敏感性更强，因此，零售商自有品牌也做得有声有色。事实上，零售商开发自有品牌不仅仅是对抗供应商品牌，因为自有品牌是一种自主知识产权，零售商是用自己的知识产权来整合供应商资源以及社会资源。零售商的目的不是单纯地取得支配供应商的权力，而是利用一切社会资源来增强自己的竞争实力。零售商自有品牌商品对供应商的产品造成了威胁，导致零供矛盾加剧。

现代零售商支配供应商的另一个重要的表现形式就是要求供应商分摊成本，各种名目的进场费以及苛刻的还款条件都是现代零售商占据主导地位的有力说明。第一种情况是向供应商收取进场费。收取进场费是由法国家乐福带进我国的一种不成文的市场游戏规则，其称为"国际惯例"。一般情况下，供应商的产品想要摆上零售商的货架，必须交纳各种各样的费用，如进场费、上架费、配货费、条码费等。这些费用无疑大大提高了供应商的成本。然而面对超市零售商的强势地位，供应商无计可施，只有如数交上各项费用，这样商品才能顺利进入超市的货架。当供应商忍无可忍的时候，必然会爆发冲突。第二种情况是扣款或无限期拖欠供应商货款。一般情况下，供应商先设法将自己的产品摆上零售商的货架，等销售一段时间之后，零售商才会支付货款，如，某超市规定所有的门店第一年扣掉供货款的45%，第二年扣掉供货款的24%。有的连锁店向供应商开出扣款条件，如按照全年进货额规定扣货款的比例等。扣款并不是最糟糕的情况，更坏的一点是零售商无限期地拖欠供应商的货款，因为还款期限是零售商说了算。为了维持双方的长期合作关系，供应商总是忍气吞声，一再忍耐。很多零售商拖欠供应商货款的目的是将货款资金用于其他方面的投资，最糟糕的情况是零售商投资失败，资金无法收回，导致零售店的资金链断裂。此时，供应商与零售商的关系恶化是在所难免的。

当今的社会经济呈现出与以往不同的显著特征：科学技术的飞速发展导致生产能力的极大扩张，需求的多样化、个性化成为整个社会的普遍现象，最大化地满足消费者需求成为整个社会追求的目标；流通在经济中所发挥的重要作用逐渐为越来越多的人所认可，随着商业资本集聚效应的显现，商业资本的势力逐渐增强；信息技术的发展使交易成本大大降低，商品的流通提供了更多可供选择的渠道；对产品个性化的追求导致产品的多样化，品牌之间的差异性正在逐步缩小。社会经济的一系列变化使得原本由供应商主导的关系受到严峻挑战。可以说，这些变化都是促使零售商与供应商之间选择合作而不是对抗的原因，同时也要求学者们不得不重新审视和研究零售商和供应商之间的新型关系。

第三章　零供买卖合同法律实务

一、所有权和风险的移转

（一）所有权的移转

在零供购销关系中，货物所有权从何时起由卖方移转于买方，是关系到买卖双方切身利益的一个重大问题。因为一旦货物的所有权移转于买方之后，如果买方拒付货款或遭遇破产，卖方就将蒙受重大的损失。除非卖方保留了对货物的所有权，或在货物上设定了某种担保权益，否则，一旦买方在付款前破产，卖方就只能以普通债权人的身份参与破产财产的分配，其所得可能会大大少于应收的货款。

各国在民法或买卖法中对所有权移转的问题都有一些具体规定，但各国法律在这个问题上差异比较大。现将各国法律的有关规定分别介绍如下。

1.《英国货物买卖法》的有关规定

在《英国货物买卖法》中，货物所有权从何时起由卖方移转于买方是一个十分重要的问题，它决定着风险的移转，并直接影响到买卖双方在一方违约时可能采取的救济方法以及其他有关权利和义务。具体来说，《英国货物买卖法》对所有权移转问题，主要是区别特定物的买卖（Sale of Specific Goods）与非特定物的买卖（Sale of Unascertained Goods）两种不同的情况，分别加以规定。

（1）特定物的买卖。按照《英国货物买卖法》第17条的规定，在特定物或已经特定化的货物买卖中，货物的所有权应在双方当事人意图移转的时候移转于买方，即所有权何时移转于买方完全取决于双方当事人的意旨。如果双方当事人在合同中对此没有作出明确的规定，则法院可根据合同的条款、双方当事人的行为以及当时的具体情况来确定订约双方的意旨。

（2）非特定物的买卖。非特定的货物通常是指仅凭说明（by description

only）进行交易的货物。按照《英国货物买卖法》的规定，凡属凭说明买卖未经指定或未经特定化的货物，在将货物特定化之前，其所有权不移转于买方。所谓特定化，就是把处于可交货状态的货物无条件地划拨于合同项下的行为（unconditionally appropriated to the contract）。一般地说，如果按照合同的规定，卖方以把货物运交给买方为目的而将货物交给了承运人，而又没有保留对货物的处分权（reserve the right of disposal），则可以认为卖方已经无条件地把货物划拨于合同项下。但是，将货物加以特定化只是移转货物所有权的前提，至于把货物特定化之后，货物的所有权是否移转于买方，尚须视卖方有无保留对货物的处分权而定。

（3）卖方保留对货物的处分权。无论是在特定物的买卖中，还是在非特定物的买卖中，即使在货物已经特定化之后，卖方都可以保留对货物的处分权（主要是指对所有权的处置权），在这种情况下，在卖方所要求的条件得到满足以前（主要是指在买方支付货款以前），货物的所有权仍不移转于买方。根据《英国货物买卖法》第19条的规定，在下述情况下，应认为卖方保留了对货物的处分权。

①卖方可以在合同条款中作出保留对货物处分权的规定。例如，卖方可在合同中规定，在买方支付货款之前，所有权不移转于买方。在这种情况下，不论货物是交给买方还是交给承运人以便运交给买方，货物的所有权都不随之而移转于买方，直至合同所规定的付款条件已得到履行为止。

②卖方可以通过提单抬头的写法表示卖方保留对货物的处分权。如果货物业已装船，而提单的抬头载明该项货物须凭卖方或卖方的代理人的指示交货时（to the order of the seller or his agent），则在卖方将该项提单背书交给买方或其代理人以前，应推定卖方保留了对货物的处分权。

如果卖方在装运货物之后所拿到的是以买方或买方代理人的名字为抬头的提单（to the order of the Buyer or his agent），这也不一定意味着卖方有把货物所有权移转于买方的意思。在这种情况下，一切仍须取决于卖方是否把提单交付给买方而定。当卖方把提单交给买方时（通常是在买方付款时），即可认为卖方有把货物的所有权移转给买方的意思。

③卖方可通过对装运单据（主要是提单）的处理方法来表示卖方保留对货物的处分权。如果卖方已按合同规定的货价向买方开出以买方为付款人的汇票，并将汇票和提单一起交给买方，要求买方承兑该汇票或见票付款，在这种情况下，如果买方拒绝承兑或拒绝付款，其就必须把提单退回给卖方；

如果买方非法扣下提单，货物的所有权亦不因此而移转于买方。

2.《美国统一商法典》的有关规定

美国在采用《美国统一商法典》以前，关于货物所有权移转的法律同英国法基本上是一致的。然而后来美国许多法学界人士认识到，把所有权的概念同与它无直接关系的问题搅在一起是不符合当代商业发展的要求的。因此，美国在制定统一商法典时就抛弃了这种陈旧过时的观念，把所有权的移转问题同风险移转及救济方法等问题分离开来，不再以所有权的移转作为决定风险与救济方法的关键性因素。

根据《美国统一商法典》的规定，在把货物确定在合同项下（identification to the contract）以前，货物的所有权不移转于买方，这是美国关于所有权移转的一项基本原则。

根据《美国统一商法典》第2～401条的规定，除双方当事人另有特别约定外，货物的所有权应于卖方完成其履行交货义务时移转于买方，而不管卖方是否通过保留货物所有权的凭证（如提单）来保留其对货物的权利，因为按照《美国统一商法典》的规定，卖方保留货物所有权的凭证（如提单）一般只起到担保权益（Security Interest）的作用，即以此作为买方支付货款的担保，但这并不影响货物所有权按照该法典的规定移转于买方。

3.《法国民法典》的有关规定

《法国民法典》原则上是以买卖合同的成立决定货物所有权的移转。按照《法国民法典》第1583条的规定，当事人就标的物及其价金相互同意时，即使标的物尚未交付、价金尚未支付，买卖即告成立，而标的物的所有权即依法由卖方移转于买方。但是，在审判实践中，法国法院会根据案件的实际情况适用下述原则。

（1）如果买卖的标的物是种类物，则必须经过特定化之后，其所有权才能移转于买方，但无须交付。

（2）如系附条件的买卖，例如试验买卖（sale on approval），则必须待买方表示确认后，所有权才移转于买方。

（3）买卖双方可以在合同中规定所有权移转的时间。例如，可以规定所有权须于货物运到目的地后或须于买方支付价金后才移转于买方等。

4.《德国民法典》的有关规定

德国法与法国法不同。德国法认为，所有权的移转是属于物权法的范畴，而买卖合同则属于债法的范畴，买卖合同本身并不起到移转所有权的效力。

依照德国法，所有权的移转必须符合下列要求：如果为动产，须以交付标的物为必要条件。在卖方有义务交付物权凭证的场合，卖方可以通过交付物权凭证（如提单）而把货物所有权移转于买方。如果属于不动产，其所有权的移转须以向主管机关登记为条件。

（二）风险的移转

在零供购销关系中，风险是指货物可能遭受的各种意外损失，如盗窃、火灾、沉船、渗漏以及不属于正常损耗的腐烂变质等。风险移转的关键是时间问题，即从什么时候起，商品的风险就从卖方移转于买方。在零供购销关系中，风险移转直接涉及买卖双方的基本义务，并关系到由卖方还是由买方承担损失的问题。如果商品的风险已由卖方移转给买方，则商品即使遭受损害或灭失，买方仍有义务按合同规定支付价金；如果风险尚未移转于买方，则一旦商品发生损坏或灭失时，不仅买方没有支付价金的义务，而且卖方还要对不交货承担损害赔偿责任，除非卖方能证明这种损失是由于不可抗力的原因造成的。

西方各国法律对货物的风险从何时起由卖方移转于买方的问题都有一些具体规定，但内容不完全相同，其主要的分歧如下。

（1）有些国家把风险移转同所有权移转联系在一起，以所有权移转的时间决定风险移转的时间。这就是所谓"物主承担风险"的原则。英国法和法国法属于这一类。

（2）有些国家则不把风险移转问题同所有权移转问题联系在一起，而是以交货时间（time of delivery）来决定风险移转的时间。美国、德国、奥地利以及斯堪的纳维亚各国的法律都采取这种处理办法。例如，《美国统一商法典》的起草人就舍弃了《英国货物买卖法》中以所有权的移转决定风险移转的陈旧概念。他们认为，风险移转是一个很现实的问题，而所有权的移转则是一个抽象的、不可捉摸的甚至难以证明的问题。因此，以所有权的移转来决定风险移转的做法是不可取的。他们主张把所有权移转的问题与风险移转的问题区别开来，原则上应以交货时间来确定风险转移的时间，而不论货物的所有权是否已经移转给买方。

（三）我国法律对于所有权移转的规定

我国《合同法》第135条规定："出卖人应当履行向买受人交付标的物或者交付提取标的物的单证，并转移标的物所有权的义务。"交付标的物并转移标的物所有权，这是出卖人的基本义务。

1. 交付标的物

在法律上，交付是指将物或提取标的物的凭证移转给他人占有的行为。交付通常指现实交付❶，即基于让与人意思的直接占有的移转。观察占有的维持与丧失，应依照一般社会观念，并参酌人与物结合的时间关系、空间关系予以认定，其中，一般社会观念起主导作用。例如，A 和 B 约定，A 购买 B 祖传的一个手镯，价款 30 万元，A 已经预先支付了全部价款。一日，A 到 B 家串门，B 拿出该手镯放在茶几上对 A 说："现在给你。"A 对曰："先放这儿，我走时带走。"茶毕，A 忘了带走手镯。问：现手镯的所有权归谁？也许 A 始终都没有碰这个手镯一下，但依照一般社会观念，两人已经合意完成了手镯的现实交付。因此，手镯所有权归 A。

除了现实交付以外，还有以下几种方式的观念交付，也具有与现实交付同样的法律效果。

（1）简易交付。

《物权法》规定，动产物权设立和转让前，权利人已经依法占有该动产的，物权自法律行为生效时发生效力。受让人已经占有动产的情况下，如果受让人已经通过寄托、租赁、借用等方式实际占有了动产，则当双方当事人关于物权让与的合意生效时即视为交付，受让人取得直接占有。

（2）指示交付。

《物权法》规定，动产物权设立和转让前，第三人依法❷占有该动产的，负有交付义务的人可以通过转让请求第三人返还原物的权利代替交付。所谓指示交付，又称返还请求权的让与，是指让与动产物权的时候，如果让与人的动产由第三人占有，让与人可以将其享有的对第三人的返还请求权让给受让人，以代替现实交付。

（3）占有改定。

所谓占有改定，是指动产物权的让与人与受让人之间特别约定，标的物

---

❶　此外，也有著述将权利凭证的交付（往往须背书签章，如票据和仓单）作为拟制交付单独列出。不过，笔者认为拟制交付对证券所记载的物权而言应是指示交付，其让与的是返还请求权。将物权证券化实际上强化了交付的公示力。

❷　依法一词实在是作茧自缚，对于第三人基于侵权行为、不当得利或者租赁未续期等原因而非法占有时，必须先由转让人从第三人处收回，再交给受让人，徒增周折与成本。不过，也有人主张依法占有才能保障受让人的返还请求权的顺畅实现，若为他人非法占有，受让人取回该物恐须费周折。

仍然由出让人继续占有（亦可以是间接占有），而受让人则取得对标的物的间接占有以代替标的物的实际交付。这样，在双方达成物权让与合意时，视为已经交付。《物权法》规定，动产物权转让时，双方又约定由出让人继续占有该动产的，物权自该约定生效时发生效力。

在动产买卖合同中，出卖人交付标的物应满足以下条件。

（1）出卖人应按照约定的期限交付标的物。约定交付期间的，出卖人可以在该交付期间内的任何时间交付。当事人对交付期限没有约定或者约定不明确的，可以协议补充；不能达成补充协议的，按照合同有关条款或者交易习惯确定；仍不能确定的，出卖人可以随时交付，在买受人要求其交付时，应在买受人所给予的合理准备期间届满前交付。

此外，根据《合同法》第71条的规定，在不损害买受人利益的前提下，出卖人可以提前交付。出卖人提前交付给买受人增加的费用，由出卖人负担。

（2）出卖人应按照约定的地点交付标的物。当事人对交付地点没有约定或约定不明时，可以协议补充；不能达成补充协议的，按照合同有关条款或者交易习惯确定。仍不能确定的，适用下列规定：标的物需要运输的，出卖人应当将标的物交付给第一承运人以运交给买受人。标的物不需要运输的，出卖人和买受人订立合同时知道标的物在某一地点的，出卖人应在该地点交付标的物；不知道标的物在某一地点的，应在出卖人订立合同时的营业地交付标的物。

（3）出卖人应按照约定的质量交付标的物。当事人对标的物的质量没有约定或者约定不明的，可以协议补充；不能达成补充协议的，按照合同有关条款或者交易习惯确定。如此仍不能确定的，有国家标准、行业标准的，依此履行；没有此类标准的，按照通常标准或者符合合同目的的特定标准履行。

（4）出卖人应按照合同约定的数量交付标的物。出卖人多交标的物的，买受人可以接受或者拒绝接受多交的部分。但买受人接受多交部分的，应按照合同价款支付；买受人拒绝接受多交部分的，应及时通知出卖人。

（5）出卖人应按照约定的包装方式交付标的物。当事人对包装方式没有约定或者约定不明的，可以协议补充；不能达成补充协议的，按照合同有关条款或者交易习惯确定；仍不能确定的，出卖人应当按照通用的方式包装，没有通用方式的，应当采取足以保护标的物的包装方式。

（6）出卖人应按照约定或者交易习惯向买受人交付提取标的物的单证及

其以外的有关单证和资料。同时，出卖的标的物有从物的，除当事人另有约定外，出卖人还须交付从物于买受人。

2. 转移标的物的所有权

货物买卖从本质上说就是买卖货物的所有权。正因如此，各国或地区的民事立法及有关国际条约均明确规定，出卖人负有将货物所有权转移于买受人的义务。1979 年的《英国货物买卖法》第 2 条规定：货物买卖合同是出卖人将货物的所有权转移或者同意转移给买受人，以换取一定货币对价的合同，该货币对价被称为价格。《德国民法典》第 433（1）条规定：根据买卖合同，货物的出卖人负有向买受人交付其物，并使其取得该物所有权的义务。

我国《合同法》第 133 条规定："标的物的所有权自标的物交付时起转移，但法律另有规定或者当事人另有约定的除外。"因此，转移标的物的所有权于买受人成为出卖人一方最重要的义务之一。

关于动产所有权转移的时间界限，各国或地区立法规定不尽相同，大陆法系归纳起来主要有以下几种立法例。

（1）以法国、日本为代表的债权意思主义，主张由债权行为❶即可引起物的变动，登记或交付的公示形式只是作为对抗第三人❷的要件。但考虑到鼓励竞争，在一物数卖的情形下，先将标的物交付给谁，谁就取得所有权。

---

❶　实际上，非德国法系不采用物权行为和债权行为的说法，此处是为了方便读者对比理解。准确的表述应是，仅凭依当事人的意思而成立的买卖、赠与、互易、抵押等合同或单方行为生效，即发生物权变动的效力。

❷　日本学界对登记对抗要件的研究较为深入，此处的第三人并非除物权变动当事人以外的所有人，而是有正当利害关系的第三人。诚如我妻荣教授所言："对于就该不动产处于有效交易关系之第三人来说，无登记就不得对抗；但对于其他第三人来说，无登记亦可对抗。"其浅显的理由在于，若连对受让土地的不法占据者都因无登记而不能要求其返还，就太不合理了。此外，不得对抗的第三人的善意或恶意在所不问。其理由是当然解释，登记连善意第三人都能够对抗，何况恶意的？此外须注意，只有对抗效力的登记没有公信力，公信力是源于公示。例如，甲将某船卖与乙，且已交付，但未办理移转登记；后又卖与丙，没有交付，但办理了过户登记手续。于此场合，乙因交付而取得某船的所有权，但因未办理移转登记，不能对抗第三人；丙虽然办理了登记，却没有所有权，其登记也没有公信力，可以说丙作为所有权人的登记属错误登记。此时，乙有权基于有效的买卖合同和基于合法占有该车的事实，申请更正登记。（于此情形下，占有的权利推定有一定的适用。而在登记公示主义下，并不适用占有的权利推定。）

又如，对同一抵押物设立两个抵押权，先设立者未经登记，但在当事人之间仍然有效；后设立者办理了抵押登记，不但在当事人之间有效，而且对任何人均可主张抵押权的效果。根据法国民法理论，后一个抵押权人完全享有抵押权，对前一个抵押权人亦可主张否认其抵押权的效力，前一个抵押权人无权抗辩。这对于前一个抵押权人显属不公，因为其往往也是善意的。如此看来，未登记的抵押权在善意第三人面前只有类似于债权的效果。登记对抗主义模糊了债权与物权的界限。

（2）以奥地利、韩国为代表的债权形式主义，主张引起物权变动需要具备原因行为（即债权行为）和公示形式两项要件。例如，买卖一只羊，欲转移羊的所有权，需要有订立买卖合同的契约行为和交付的形式。

（3）以德国、我国台湾地区为代表的无因的物权形式主义，主张导致物权变动需要债权行为和无因的物权行为两项要件，其中，物权行为需要以登记或者交付为公示形式。

（4）以瑞士为代表的要因的物权形式主义，主张导致物权变动需要债权行为和物权行为两项要件，但是其与德国不同，物权行为的效力取决于其原因行为的效力。例如，买卖合同无效将导致物权行为无效，物权变动即不发生，其救济方式将是返还原物，只有在原物无法返还或者不需要返还的情形下适用不当得利返还。

至于我国，并非单一地采用某一种立法模式，而是以债权形式主义为原则，以债权意思主义❶为例外❷。也就是说，在动产领域，物权变动需要交付，例外情形下无须交付。这里的例外情形主要有基于遗嘱行为和遗赠的物权移转、动产抵押权的设立、动产浮动抵押权的设立等。❸

因此，虽然当事人就动产物权变动达成协议，但在尚未实际交付标的物以前，动产物权并不发生变动。《物权法》还规定，船舶、航空器和机动车等物权的设立、变更、转让和消灭，未经登记，不得对抗善意第三人。根据这条规定，对于船舶、航空器和机动车这些动产，物权变动采用交付方式发生移转。但是，如果要发生对抗善意第三人的效力，则应当办理登记。

除此之外，在认定标的物所有权的转移时，还应当注意以下两个问题。

（1）知识产权保留制度，即出卖具有知识产权的计算机软件等标的物的，该标的物的知识产权不属于买受人。

（2）所有权保留制度，即当事人可以在买卖合同中约定买受人未履行支付价款或其他义务的情况下，标的物的所有权仍属于买受人。此即《合同法》

---

❶ 然而权利质权的变动非常复杂，原则上拟制交付完成公示，不可拟制交付的须在相应的机构登记。所以，权利质权的变动仍然采债权形式主义。

❷ 我国不采物权行为理论有着现实的考虑，德国法的影响式微（欧盟法不采物权行为理论），美国法占据上风（CISG 由美国主导）。我国在顺应全球化的大潮下，应选择类似于美国的制度设计。不过，物权行为理论在民法学研究中堪称最完美的理论，鲜有断痕。

❸ 还有一些极特殊的情形亦可认为是债权意思主义：（1）建筑物与其占用范围内的建设用地使用权一并抵押，即使当事人没有如此约定，亦未办理变更登记，未抵押的财产也视为一并抵押；（2）不动产抵押权随其担保债权的转让而转让，即使尚未办理变更登记，也是如此。

第133条的法律另有规定除外。

根据《最高人民法院关于审理买卖合同纠纷案件适用法律问题的解释》（以下简称《审理买卖合同纠纷解释》）第34条的规定，不动产不适用所有权保留，因为不动产的物权变动应严格遵循《物权法》规定的变动模式，否则将动摇国计民生之根本。

考虑到出卖人保留所有权的主要目的就是担保价款债权实现，在买受人的行为会对出卖人的债权造成损害时，应当允许出卖人取回标的物以防止利益受损。对此，《审理买卖合同纠纷解释》第35条规定了出卖人的取回权：当事人约定所有权保留，在标的物所有权转移前，买受人有下列情形之一，对出卖人造成损害，出卖人主张取回标的物的，人民法院应予支持：①未按约定支付价款的；②未按约定完成特定条件的；③将标的物出卖、出质或者作出其他不当处分的。取回的标的物价值显著减少，出卖人要求买受人赔偿损失的，人民法院应予支持。此外，该解释还列明了一系列配套规定，主要包括取回权受到已支付75%价款和善意取得制度的限制和回赎制度。出卖人取回标的物后，买受人可以在特定期间通过消除相应的取回事由而请求回赎标的物，此时出卖人不得拒绝，而应将标的物返还给买受人。买受人在回赎期间内没有回赎标的物的，出卖人可以另行出卖标的物。出卖人另行出卖标的物的，出卖所得价款依次扣除取回和保管费用、再交易费用、利息、未清偿的价金后仍有剩余的，应返还原买受人；如果有不足，出卖人可要求原买受人清偿，但原买受人有证据证明出卖人另行出卖的价格明显低于市场价格的除外。

出卖人不能按照约定转移标的物所有权的，应承担相应的违约责任。至于向何方实际履行合同，是以何为标准，素有争论。《审理买卖合同纠纷解释》第9条和第10条作了明确规定：出卖人就同一普通动产订立多重买卖合同，在买卖合同均有效的情况下，买受人均要求实际履行合同的，应当按照以下情形分别处理：①先行受领交付的买受人请求确认所有权已经转移的，人民法院应予支持；②均未受领交付，先行支付价款的买受人请求出卖人履行交付标的物等合同义务的，人民法院应予支持；③均未受领交付，也未支付价款，依法成立在先合同的买受人请求出卖人履行交付标的物等合同义务的，人民法院应予支持。出卖人就同一船舶、航空器、机动车等特殊动产订立多重买卖合同，在买卖合同均有效的情况下，买受人均要求实际履行合同的，应当按照以下情形分别处理：①先行受领交付的买受人请求出卖人履行办理所有权转移登记手续等合同义务的，人民法院应予支持；②均未受领交付，先行办理所有权转移登记手续的买受人请求出卖人履行交付标的物等合同义务的，人民法院应予支持；③均未受领交付，也未办理所有权转移登记手续，依法成立在先合同的买受人请求出卖人履行交付标的物和办理所有权转移登记手续等合同义务的，人民法院应予支持；④出卖人将标的物交付给买受人之一，又为其他买受人办理所有权转移登记，已受领交付的买受人请求将标的物所有权登记在自己名下的，人民法院应予支持。第 9 条和第 10 条否定了动产多重买卖并且各买受人均要求实际履行合同时出卖人的自主选择权，规定了债权的优先性。这一规定主要是着眼于实践中过分强调债权平等会造成实质上的不正义，但强制性地规定债权的优先性是否会产生新的不正义因素呢？对此，恐需实践检验。

（四）我国法律对风险移转的规定

根据我国《合同法》和相关司法解释，关于风险移转应注意以下问题。

（1）除当事人另有约定或者法律另有规定外，风险负担以标的物的交付为时间点，交付之前由出卖人承担，交付之后由买受人承担。对于此规则，要注意以下几点。

第一，"交付"既包括现实交付，也包括观念交付。如，《合同法》第 140 条规定，标的物在订立合同之前已为买受人占有的，合同生效的时间为交付时间。此条就是关于简易交付的规定。

第二，风险负担的移转与否与所有权是否移转无关。因此，标的物的所有权转移与风险的承担可能并不一致。如，在所有权保留的买卖合同中，所有权虽然保留在出卖人手中，但风险负担已经随着交付的完成发生了移转。

第三，风险负担是否发生移转与出卖人是否违约原则上无关。即使出卖人没有按照合同约定履行债务，如迟延履行或者交付的货物不符合合同约定等，但只要买卖标的物已经交付，风险负担仍然发生移转。至于出卖人履行债务不符合约定的部分，可以由买受人另外要求出卖人承担违约责任。对此，《合同法》第 149 条明确规定："标的物毁损、灭失的风险由买受人承担的，不影响因出卖人履行债务不符合约定，买受人要求其承担违约责任的权利。"

需要注意的是，《合同法》第 148 条的规定属于此规则的例外。第 148 条规定，因标的物质量不符合质量要求，致使不能实现合同目的的，买受人可以拒绝接受标的物或者解除合同。买受人拒绝接受标的物或者解除合同的，标的物毁损、灭失的风险由出卖人承担。

（2）因买受人的原因致使标的物不能按照约定的期限交付的，买受人应当自违反约定之日起承担标的物毁损、灭失的风险。要注意的是，如果是因出卖人的原因致使标的物不能按照约定的期限交付的，则风险负担仍按照交付原则确定，即交付之前由出卖人承担，交付之后由买受人承担。至于出卖人迟延交付的问题，买受人可以追究其违约责任。

（3）出卖人出卖交由承运人运输的在途标的物，除当事人另有约定的以外，毁损、灭失的风险自合同成立时起由买受人承担。

（4）当事人没有约定交付地点或者约定不明确，标的物需要运输的，出卖人将标的物交付给第一承运人后，标的物毁损、灭失的风险由买受人承担。

（5）出卖人按照约定或者依照《合同法》有关规定将标的物置于交付地点，买受人违反约定没有收取的，标的物毁损、灭失的风险自违反约定之日起由买受人承担。

（6）出卖人按照约定未交付有关标的物的单证和资料的，不影响标的物毁损、灭失风险的转移。此款中的有关标的物单证或者资料，是指提取标的物单证以外的有关单证和资料，因此，这些单证或者资料的交付属于合同项下的从义务。

（7）简易交付时的风险负担。简易交付的，仍然按照《合同法》第142条规定的交付原则处理。而根据《合同法》第140条的规定，简易交付中交付的时间以合同生效时间为标准，因此，简易交付的情况下，买卖合同生效的同时，风险负担归买受人承担。

（8）试用买卖中的风险负担。如前所述，风险负担发生的时间点是在合同履行时，合同没有生效则不发生风险负担转移的问题。因此，在试用买卖中，如果在试用期内发生标的物的毁损、灭失，由出卖人承担毁损、灭失的后果。因为在试用期内，买卖合同还没有生效，所以没有发生风险负担转移的问题。

（9）当事人对风险负担没有约定，标的物为种类物，出卖人未以装运单据、加盖标记、通知买受人等可识别的方式清楚地将标的物特定于买卖合同的，买受人可主张不负担标的物毁损、灭失的风险。

二、通道费条款法律辨析

合同条款会涉及有效性的问题。合同的条款本质上是以意思表示为核心，意图变动某一民事法律关系的法律行为。合同条款的有效性从民法理论来看，亦即法律行为的有效性。

法律行为的成立是法律行为在事实上的完成；法律行为的有效则指法律决定是否赋予该行为法律强制力的判断标准；法律行为的生效是指有效的法律行为之法律强制力的实际发生，但在可撤销、可变更的合同中，生效的合同不当然是有效的。有效是法律判断，成立和生效都是事实判断。

法律行为的有效要件即法律赋予法律行为强制力的条件，包括行为人合法适格、意思表示真实和法律行为合法三个方面。行为人具有相应的民事行为能力（适格），法人从事民事活动应受目的范围的限制，以及企业法人设立中的民事能力归属和破产清算时的活动范围的限制。至于非法人组织，既无权利能力，也无行为能力，仅得依法律的规定在形式上充当法律行为的主体，不存在缺乏"相应行为能力"的问题。此外，无权代表人、无权代理人、无权处分人虽有行为能力，亦得因主体不合法而不能致使行为有效。法律行为合法是指法律行为的内容不得违反法律、行政法规的效力性强制规定，且法律行为的决定性动机也须合法。至于以迂回手段规避法律强制性规定的脱法行为，符合"以合法形式掩盖非法目的"的无效条件。至于法律行为的形式，除非法律明文规定缺乏此特定形式者无效，否则，形式的法律意义仅在于为该种法律行为的存在起证明作用。此外，法律行为的目的和效果不得违反公序良俗，这实际上是对法律行为动机的合法性要求，我国法律规定恶意串通损害国家、集体或第三人利益的法律行为无效，就是对行为动机违法而致无效的规定。❶ 所以，一方实施法律行为的决定性动机为不法而为他方所明知

---

❶ 恶意串通在大陆法系民法理论中找不到直接对应的概念，最早出现于 1980 年的《民法草案（征求意见稿）》第 50 条中。经过主观目的解释，恶意串通的提出主要是针对一方当事人与相对人的代理人恶意串通，实施损害相对人利益的法律行为。其中，相对人包括国有企业、集体企业和私人，代理人包括委托代理人、职务代理人和法定代表人。江平教授曾为此举例：代理人与出卖人串通用高价购买商品，代理人提取一定数额回扣的行为。但这实际上属于滥用代理权的一种无效情形。考虑到司法实践中对恶意串通的滥用已经对市场经济的正常运行造成了障碍，应当严格限缩，并在未来修法中将其取消。

时，达到恶意串通的程度❶，法律行为应因动机违法而属无效。

至于很多学者主张法律行为标的的确定、可能也是有效要件，笔者认为不可一概而论，只有标的可能是有效要件。标的不确定（相对于自始确定或可得确定）是指法律行为据以产生权利义务的基本条款模糊，且不能根据法律的规定予以填补或者解释的情形，此应为成立要件。标的可能是指标的在客观上有实现的可能性，应当排除客观不能、自始不能、全部不能和永久不能等。标的不可能的典型是自始给付不能，理论上可分为"客观不能"和"主观不能"。前者是指债务人在客观上不可能履行义务；后者是指债务人欠缺必要的能力、处分权，以致不能作出他人所提出的给付。在自始不能等情形下，法律行为的各要素均已齐备，于一方当事人有可能产生期待利益，故认为其无效较合理。❷

接下来，本书就从行为主体合法适格、意思表示真实和行为内容合法可能这三大方面探讨通道费条款的有效性。

首先，只要订立该合同条款的主体合法适格即可，这一问题须视个案而定，不能一概而论。但通常来看，主体要件不存在有效性上的瑕疵。

其次，意思表示不真实。现实中往往存在处于劣势地位的商人不得不接受通道费条款的情况，但这是否属于胁迫，从而可以认定为可撤销条款呢？胁迫，是指通过向对方当事人表示施加危害❸使其发生恐惧，并使其基于这种

---

❶　须当事人串通起来以损害他人合法利益为法律行为的决定性动机者，方可归人恶意串通（实际上也是违反禁止权利滥用原则）例如，丙明知乙向甲以100万元购得一处房产，其乘过户尚未完成，以120万元购得甲的房产并办理了过户登记。甲和丙的行为客观上虽然损害了乙的利益，但并非以损害乙的利益为契约行为的决定动机，故甲丙之间的法律行为有效。不过，也有观点主张丙虽然能取得物权，但应当承担第三人侵害债权的损害赔偿责任。笔者认为可以从两点出发：第一，侵权不产生权利，若丙侵犯了甲乙的债权，自然是不能产生物权的。第二，通说认为，财产权多重转让的情形中，只有在后受让人是故意以违背善良风俗的方式损害先受让人的情况下，才能构成第三人侵害债权。例如，后受让人明知先受让人正投资规划其所受让之土地，而故意引诱让与人违约，以打击先受让人之商誉，即成立第三人侵害债权。

❷　传统理论主张客观不能导致合同无效，主观不能的合同仍然有效。笔者认为，在欠缺处分权等主观不能中，宜解释为效力待定，防止在履行期届满前具有履行能力。

需要注意，日本新近学说主张某些自始不能并不导致法律行为无效，主要有两种情形：（1）给付客观不能、自始不能，当事人双方并不明确知悉，在对标的物不存在的危险有精神准备后，而进行一种投资性交易；（2）出卖人保证履行是可能的。此外，还有学者强调鼓励交易原则，对于交易性法律行为应一般性地承认其有效。这些学说得到了新近立法的呼应，2002年施行的《德国债法现代化法》规定，在合同订立时给付障碍已经存在的，不影响合同的有效性。

❸　以危害自己的生命、身体、健康要挟相对方某一法律行为的，不宜认定为胁迫。如，以自杀要挟结婚的，不认定为可撤销婚姻的事由。

恐惧而为一定意思表示的行为。胁迫行为的构成要件：胁迫方出于故意；有胁迫另一方的行为，但不限于法律行为相对人，也可以是其近亲属；受胁迫方陷于恐惧而实施了某种法律行为❶（对于这种因果关系应根据不同情形，分别采用一般人标准和个别标准，如果行为依一般社会观念不构成胁迫，但相对人主张构成胁迫的，可按个别标准，并承担举证责任）；胁迫须有不正当性❷。胁迫在罗马法上被分为物质胁迫（暴力强制）和精神胁迫，因物质胁迫下不存在意思表示，故严格地说，胁迫仅指对人心理上施加恐吓。据此可知，胁迫必须是施加了心理恐吓，而现实中商人基于劣势地位接受这些条款往往是基于复杂的经济利益考虑，而非基于恐吓。一般而言，这类条款不存在因胁迫而可撤销的情形。那么是否存在显失公平或乘人之危呢？这些条款表面看来是对零售商有些不利，而很多情形中零售商是处于无可奈何的地位。显失公平❸，在德国法上称为暴利行为，是指一方当事人乘对方紧迫、轻率、无经验或不知情，致使双方的权利义务明显失衡的行为。显失公平不能仅从法律行为的结果是否失衡来考虑，否则无偿行为和商事交易将难以维系，显失公平的认定必须考虑一方行为人追求不正当利益的故意。由此，所谓"乘人之危"❹只能作为显失公平的原因，没有单独存在的必要。据此，通道费条款也不会简单地归结于显失公平或乘人之危而无效，而应具备完全的构成要件，其关键在于造成显失公平的原因是否存在零售商紧迫、轻率、无经验或不知情等情形。

再次，内容合法可能。可以明确的是，通道费条款的履行不存在不可能的问题，故此处仅就内容合法进行分析。法律行为制度最重要的原则便是意思自治原则，指民事主体有权为自己设立、变更或者消灭民事权利义务关系，任何组织和个人不得非法干预。在提到意思自治原则时，应看到其与我们常

---

❶ 在第三人胁迫的情形下，情况略复杂。只要第三人的胁迫是为了相对人而指向表意人，即可构成因果关系；若第三人的行为与相对人毫无关联，则不能认定有因果关系。

❷ 不正当性包括手段不正当、目的不正当和手段与目的的关联不正当。分别举例说明：若不出卖该地，就杀了你；若不出资经营赌场，就告发你漏税之事；甲无照驾车撞伤乙，乙对甲说，若不赔钱，就立即去报案，追究你的刑事责任（手段和目的有正当关联）。相反，若不出租此房，就举报贪污，如此手段和目的之间没有牵连性，系属胁迫。

❸ 也有观点认为显失公平的规定并不科学。所谓因无经验、不知情等导致显失公平，会与欺诈重合。至于乘人之危，也有相应规定。此外，更有学者主张，显失公平与市场经济的规则相违背，是不承认价值规律作用的体现，尤其是乘人之危的行为。例如，日本核辐射时，国内高价卖盐事件是否属于乘人之危？

❹ 逼迫对方作出严重损害自身利益的不自由的意思表示。

说的民法强行性规范之间是什么关系。民法的强行性规范就是不可通过约定予以排除或变更的规范，这与法理学中将法律规范分为可为的任意性规范、当为的强制性规范与不为的禁止性规范不同。民法的强行性不是从法律规范的语法文义判断的，而是看规范内容有没有排除意思自治。不过，对于禁止性规范，可依据其否定性评价的不同而分为效力规范和取缔规范。所谓效力规范，是指法律对私法主体从事的法律行为效力进行评价的规范，违反该种规范的行为无效。取缔规范，顾名思义指行为人对其违反将被取缔其行为的禁止规范，违反该种规范的行为并不无效，但会导致法律制裁的发生。史尚宽有言："前者着重违反行为之法律行为价值，以否认法律效力为目的；后者着重违反行为之事实行为价值，以禁止其行为为目的。"这一分类虽然在民法理论中发挥了一定作用，但在理论和实践中均凸显了"硬伤"。实践中，对于效力规范和取缔规范没有明确的区别标准，缺乏必要的可操作性；法理上，因为其种概念禁止性规范是根据行为模式区别于强制性规范的，而将法律后果引入对禁止性规范的再分类，是违背逻辑地扩大了这些规范的内涵。笔者赞同以下的分类：指导性强行性规范、管理性强行性规范和效力性强行性规范。前者如《合同法》第60条第2款，违反不会影响当事人行为的效力，但可能产生违约等责任；中者如《物权法》第22条第1款，同样无涉法律行为的效力，只可能承担非民法上的责任；后者则是对行为模式的效果进行评价的规范。法律行为的效力是法律为了实现私法的价值而进行的效力评价。该效力性的规定或者是为了维护交易安全，如表见代理的规定；或者是为了对某种类型的行为进行强制，如物权法中关于物权的设定与移转行为的规定、婚姻法中关于婚姻与子女有关法律行为的规定、继承法中关于遗产分配的有关法律行为的规定等；或者是为了侧重对某种利益的保护，如无行为能力人所为之行为无效；为了避免产生严重的不公平的后果或者为了满足社会的要求而对私法自治进行限制的规范。

对于如何鉴别效力性规范，王利明提出了自己的观点：其一，法律法规明确规定违反禁止性规定将导致合同无效的，自属效力性规范；其二，虽然法律法规没有明确规定违反禁止性规定将导致合同无效，但违反该规定以后若使合同继续有效将损害公共利益的，也应当认为该规范属于效力性规范。对于第二点，有学者认为这种效力规范不过发挥了转介条款的功能，将之转换给公序良俗原则处理。

就此，我们还应当借鉴德国的主流学说：（1）若禁止性规范针对的是法律行为的内容或结果本身，那么通常可以认定该法律行为无效，如以窝藏赃物为内容的合同、以权钱交易为内容的合同、毒品买卖合同等。（2）若禁止性规范针对的是法律行为的一些外部条件，如行为的时间、地点、方式等，则原则上不能将法律行为认定为无效。例如，德国联邦最高法院在一则判例中认为，药店在没有处方的情况下出售处方药的合同是有效的。（3）若禁止性规范针对的是一方当事人的资格，须区分三种情况。其一，该规范涉及特定的职业资格，如禁止没有医师资格者行医，此类合同当然无效；其二，该规范涉及劳动合同，如双方当事人都故意违法或者主管机关明确拒绝给予许可，则合同无效，否则不当然无效，但童工合同一律无效；其三，该规范涉及企业营业资格，这种规范一般是管理性规范，不会导致合同无效。（4）若禁止性规范的目的在于对合同一方当事人进行保护，则不能一概判定法律行为无效，否则可能事与愿违。对此，宜按照部分无效处理。

在日本，判断效力性规范亦有独到方法，须综合考虑禁止性规范的目的、社会对违反行为在伦理上责难的程度、交易安全和当事人间的信义公平四个因素。其中，前两个要素是无效要素，后两个要素是有效要素。还有学者提出区分阶段来补充上述理论，如法律行为尚未履行，应判定无效。

其实，民法中还有些规范也能对法律行为的效力产生影响，如《合同法》第56条。不过，这种属于裁判规范，即法官据以用来裁判的规范，而非行为规范。上文所指诸种规范皆为行为规范，是为约束当事人行为的。

据此，实务中仅依据《管理办法》中对通道费条款的诸种限制是不够的，不仅因为其效力位阶未能达到法律或行政法规的层级，还因为其算不上效力性强行性规范，因此只能转化为违反公共秩序而使其无效。那么通道费条款是否会违反公共秩序呢？公共秩序一般指国家、社会的整体秩序，体现为一个国家和社会的重大利益，但1958年《纽约公约》中的公共秩序保留有国际化的趋向。法国民法理论将公共秩序区分为政治公共秩序和经济公共秩序，一般表现为法律的禁止性规定，但法律并不能涵盖无余，故凡法律行为危害公共秩序者，即使没有法律规定，也应被宣告无效。具体而言，论证通道费条款违反公共秩序的视角主要有三：造成不公平竞争或限制竞争、抬高物价和不利于中小企业的健康发展。就此，我们可以结合实际具体分析，造成不公平竞争应是《中华人民共和国反不正当竞争法》（以下简称《反不正当竞争法》）规定的11种不正当竞争行为中的一种或数种。但是，经过比照，难以发现任何一种情形能够对应为通道费条款，说其不正当竞争实在于法无据。

至于限制竞争，主要是考虑到通道费条款会造成垄断，但通道费既非横向或纵向的垄断协议，也不是企业合并协议，最多只能考虑滥用市场支配地位。而现实中，没有任何一家零售商拥有绝对的市场支配地位，更遑论滥用这一支配地位。有学者提出零售商是滥用其相对市场支配地位，这一观点素有争议，更何况《中华人民共和国反垄断法》（以下简称《反垄断法》）并未规定这种垄断情形，仍属于法无据。此外，再看通道费条款是否会抬高物价。表面上看，通道费的支付增加了供应商的成本，而这一成本自然会转嫁到消费者身上。然而通道费的多年运用却告诉我们，这一模式非但没有抬高物价，反而降低了物价水平。上海连锁经营研究所（2003）调查发现，从1996年中国连锁超市向供应商收取通道费开始，超市经营的商品并没有出现价格上升的趋势，而一些周转快的商品价格反而有较大幅度下降。至于就不利于中小企业的健康发展而言，我们应该明确鼓励、引导和支持中小企业发展，一定是让其健康发展，而不是任由其发展，更不是让市场经济发展的一般规律为中小企业的发展让道。实践是检验真理的唯一标准！通道费只是一种盈利模式，而且是市场经济高度发展的表现，其价值不容轻易抹杀。鼓励中小企业健康发展的关键在于为其创造一个成熟的市场经济环境，管好政府的干预之手，而不是让政府过多地干预。

综上可知，一般而言，通道费条款不存在有效性上的任何瑕疵，是有效的合同条款。

三、格式合同条款法律辨析

格式合同，又称定式合同、标准合同或附合合同，是指由某些经济组织或国家授权的机关事先印就的具有固定式样和既定条款内容的标准化格式，且于缔约时相对方只能接受该既定条款内容的一种合同。由此可知，格式合同具有以下特征。

（一）格式合同的样式及条款具有固定性和不可协商性

前已述及，这种合同的条款是由某些经济组织或机构预先拟定的，目的之一就是反复使用，从而节约缔约时间，提高经济效益；而为反复使用，其样式及条款必然是固定的。出于同样的目的，事先拟就合同条款者在与相对一方缔约时，要求对方对其所提出的合同条款只能作全部接受或完全不接受的表示，一般是没有协商余地的。这在英美法系中被称为"要么接受，要么走开"（take it, or leave it）。

在实际生活中，人寿保险合同、铁路及航空旅客运输合同就是常见的格式合同。这些合同的条款分别是由保险公司、铁路和航空管理部门提供的，在缔约时，作为相对人一方的投保人、旅客面对由有关部门事先印就的合同条款时所能做到的确实是"要么接受，要么走开"，讨价还价的余地是没有的。缔约相对方对于提供条款方的被迫附合，即对合同条款的不可协商性，是格式合同最根本的特征。

（二）格式合同的当事人双方在经济地位上的悬殊性

一般而言，格式合同的附合一方多是接受商品或服务的消费者；在流通大市场中，他们又往往是经济上的势单力薄者。而提供商品或服务一方即提供合同条款者则不然，在流通大市场中，他们或是事实上的垄断者，或为法律上的垄断者。前者如汽车制造业、航海业及保险业等，由于其占有的资金巨大，从而形成事实上的垄断者；后者如铁路、邮政、城市供电、供气等，由于国家法律的规定而使其对这些特殊行业享有独占的经营权。无论是事实上的垄断者还是法律上享有独占经营权者，在经济上一般都具有绝对的优势地位。这种优势地位对于与其缔约的相对方来说，悬殊性是巨大的。正是在经济上具有绝对的优势地位，才使格式合同的条款提供者能够在缔约前预先将自己的意思表示为文字并在缔约时强加给对方，从而排除双方在缔约时讨价还价的可能性。

（三）格式合同的要约的形式和内容具有特殊性

这一特殊性主要体现在三个方面，即广泛性、持久性和细节性。所谓广泛性，是指格式合同的要约是向公众发出的，至少是向某一类有可能成为承诺人的人发出的；所谓持久性，是指该要约一般总是涉及在某一特定时期将要订立的全部合同；所谓细节性，是指要约中包含了合同成立所需要的全部条款。

格式合同的产生具有经济上的必然性，反映了现代化生产经营活动的高速度、低耗费、高效益的特点，体现了专业分工的科学性和复杂性，适应了现代社会商品经济发展的要求。因此，格式合同在全球日渐普遍。"Guest 指出，在目前普通人所订立的合同总数中，定式合同的数量占 90% 左右。"❶ 在我国，铁路、航空、邮政等行业形成了全国性的国家垄断经营，金融、保险

---

❶ 江平：《民法学》，中国政法大学出版社 2000 年版，第 601 页。

以及城市供水、供电、供气等也形成了相当规模的行业性和地区性垄断经营，因而具备了采用格式合同的可能性和必要性，实际上也实行了格式合同模式。

众所周知，所有权绝对、过错责任和契约自由是近代私法的三大原则，而契约自由在整个私法领域实际上又具有核心的作用。毫无疑问，格式合同的广泛运用对契约自由原则所带来的冲击是巨大的。这主要表现为：（1）格式合同的条款提供者多为事实上或法律上的垄断者，这就使得在缔约时，相对人缺乏选择缔约伙伴的完全自由，"拉郎配"变成了缔约的一个十分普遍的现象；（2）由于格式合同当事人各自经济地位的悬殊性，缔约当事人尤其是经济上弱势的一方在缔约过程中所表示出的"自愿"在很多情况下是一种虚假的"自愿"，或者说是一种无奈的"自愿"，而不是真实的自愿；（3）一方在缔约时只能就另一方事先拟就的条款作出取或舍的决定，即"要么接受，要么走开"（take it，or leave it），这就剥夺了当事人一方在缔约时进行协商的权利；（4）格式合同的条款提供者会经常利用其优越的地位，拟定有利于己方而不利于另一方的条款，在形式自由的幌子下严重背离公平与公正原则。由此可见，在私法领域，如何才能既要推行格式合同制度，又要维护合同正义，这是各国法律所面临的艰巨任务之一。鉴于此，包括我国在内的世界各国都对格式合同作出了规制。就我国而言，主要是对格式条款的规制。

格式条款，是指由一方当事人为了重复使用而预先拟定，并在订立合同时未与对方协商的条款。对于格式条款的掌握先要注意几点：（1）虽然《合同法》关于格式条款的规定均系就格式条款的滥用进行的强制性规制，但是格式条款本身并非一件坏事，从经济上看有助于降低交易费用、节约时间，且当事人权利义务关系明确、稳定、安全，适应现代市场经济高度发展的要求；从法律发达的角度来看可以补充法律的不足，促进新型交易形式的发展。（2）《合同法》中的规定强调格式条款是指在订立合同时未与对方协商的条款。如果合同相对人通过协商仍然接受了那些条款，则其不能称为格式条款。（3）格式条款的缺陷主要是基于实质正义或者实质不平等的考虑，因为格式条款多有利于制定者，且相对人往往不得不接受，为了保障相对人的合法权益，促进实质平等，对其需要采取一定的限制。

①采用格式条款订立合同的，提供格式条款的一方应当遵循公平原则确定当事人之间的权利和义务，并采取合理的方式提请对方注意免除或者限制其责任的条款，按照对方的要求，对该条款予以说明，否则当事人可以请求撤销该条款。提供格式条款一方就是否已尽合理提示及说明义务承担举证责

任。但需要注意的一点是，保险合同中规定有关于保险人责任免除条款的，保险人在订立保险合同时应当向投保人明确说明（说明即生效），未明确说明的，该条款不产生效力。

②除法律有关无效合同的规定外（《合同法》第53条），提供格式条款的一方不合理地免除其责任、加重对方责任、排除对方主要权利的，该条款无效。

③格式条款的解释。首先按照通常理解予以解释；在按照通常含义解释时有歧义的，作出对条款制作人不利的解释；格式条款和非格式条款不一致的，应当采用非格式条款。

在零供合同关系中，首先应明确大量的由一方当事人提供的合同并非格式合同，因为格式合同的本质在于合同内容未经协商且不得协商。❶ 而现实中，很多零售商与供应商之间的合同是可以修改的，这便不是格式合同，不能适用法律关于格式条款的有关规制。只有严格意义上的格式合同或者合同中某些不得修改的格式条款，才能适用此处的规定。

---

❶ 值得注意的是，格式条款在我国《合同法》中的明确定义是：当事人为了重复使用而预先拟定，并在订立合同时未与对方协商的条款。这一定义强调的是未经协商，而没有指出一定不得协商，这虽然和格式条款的法理有所背离，但也为实践中放松对格式条款的认定创造了条件。

第四章 通道费案件法律实务

一、通道费概述

（一）零供买卖合同

零售商与供应商是在市场供应链价值创造过程中最重要的两个主体。所谓零供法律关系，指的也就是在市场交易活动中，零售商与供应商双方进行商品买卖等基本交易行为所产生的法律关系。近年来，零售商通道费纠纷突出表现在超市通道费上，本章即以超市通道费为例展开讨论。

零供双方的交易行为主要的表现形式体现在双方所签订的合同上，两者通过订立合同，约定在相互之间建立相对稳定和长期的商品供应关系。而对于零供法律关系性质的认定，关键在于对双方所签订的合同性质的判断。从表面来看，零售商与供应商的基本交易行为是商品买卖，两者订立的合同性质属于买卖合同，但究其内容较为复杂。双方签订的合同除了约定商品买卖外，还有关于促销服务、返利等方面的约定。

首先，零售商与供应商之间因供销关系所签订的合同并不能简单地归为《合同法》分则明文规定的15类有名合同之中。虽然这类购销合同在商业活动中普遍存在并发挥着重要的作用，但其内容较为复杂。

其次，它是一种双务合同，合同的双方当事人互负对待给付义务。一方面，在销售活动中，供应商需要承担提供产品的义务，超市则通过提供约定的服务以及场地，促使供应商所提供的产品顺利销售；另一方面，超市有权要求供应商事先一次性支付其一笔费用，抑或在销售过后的结算活动中，按照先前在合同中约定的比例，从销售货款中扣除相应比例的服务费。

对于零售商与供应商之间的购销合同属于民商法调整的范围，这一点在学界很少存在争议。而对于零供合同究竟是否是一种买卖合同，学界仍存在争议。对此问题的探讨详见本书第二章。零供双方作为买卖合同的当事人，在订立合同时，将双方的权利义务均纳入合同条款中，其中当然也包括二者关于超市通道费的约定。而无论是事先收取该笔费用，抑或在之后的销售货款中予以扣除，零售商对于供货商所提供的相应批次的货物都没有所有权，只是供应商借助了零售商这样一个零售平台对其货物进行销售，并给予零售商一定的劳务费、手续费。对于这样一笔费用的性质，无论是理论上还是在实践中，均存在不小的争议。

（二）通道费的概念

通道费（Slotting Allowance），在 2001 年美国联邦贸易委员会针对"供应商投诉连锁商向其收取通道费"召开的听证会报告中是这样描述的："供应商或生产商为使自己的产品进入零售商的销售区域并陈列在货架上，而实现一次性支付给零售商的费用，称为通道费。"[1] 从这段话中，我们不难得出超市通道费的性质，从生产商和供应商的角度来考虑，超市通道费是其进入连锁商场的一块敲门砖，为了能够使自己的产品进入连锁商的销售通道，并陈列在商场的货架之上，得到较好的展示和销售的位置，从而支付给连锁商的这样一笔费用；而从连锁商的角度来考虑，超市通道费是基于与生产商或供应商之间预先签订的合同中所确定收取的这样一笔费用，其主要是作为连锁商提供销售通道、销售场所以及陈列商品的货架等一系列对于供应商来说稀缺的流通资源所收取的成本。

对于超市通道费，可以作狭义和广义两种理解。狭义的通道费指的是上述由供应商在供货前一次性支付给零售商或是由零售商在之后的销售货款中逐步扣除的费用。广义的通道费，则是指供应商为了进入连锁超市等零售终端所支付的一系列费用的总称。

通道费通常有两种支付方式，或是一次性预支，或是在以后的销售货款中逐笔扣除。其最早产生于美国，对于其起源存在不同的说法。有的学者认为通道费产生于 20 世纪 80 年代，伴随着超级市场这一新型商业模式的兴起，美国工业开始依靠计算机时就出现了进场费。在当时，增加或者减少一个产品都需要计算机程序员进行重新编程，进场费就是支付编程的费用。[2] 也有学者认为进场费起初起源于美国的上架费，就是当时香烟厂商为

---

❶ 上海连锁经营研究所："中国连锁超市通道费研究报告之二：性本善还是性本恶——建立在通道费用基础上的超市盈利模式的合理性"，载《中国商贸》2003 年第 2 期。

❷ 周勇："超市行业的采购体系与进场费"，载《商场现代化》2001 年第 11 期，第 16 页。

了争取自己的产品能够摆放到货架上易于被消费者发现以及购买的位置而支付给香烟自动贩卖机业者的费用。❶近些年来，随着市场经济的发展以及零售业竞争的不断加强，超市进场费的数目越来越多，种类也不断增加，超市一方通过各种超市通道费降低自己的运营成本，这种做法逐渐成为一种商业惯例。

超市通道费的产生主要可以归为以下几个原因：第一，经济发展不断加速，零售业发展迅猛，市场上的产品一旦出现供大于求的情况，产品制造商就无法在保证产品质量的同时通过一己之力将之不断推向市场，因而必然需要依靠零售商来进行销售活动，连锁超市无疑是一个最好的选择。与此同时，作为掌控稀缺资源的超市一方，随着供货商对其依赖的不断增强，其在双方的零供关系中自然占到主导地位。第二，作为零售一方，超市在经营过程中也需要承担相当一部分成本和风险，超市通过收取通道费一方面能够为供货方提供更好的销售环境和位置，另一方面也能够降低自身的经营风险。

提及超市通道费在我国的发展，则必须结合我国市场经济的大环境一起分析。我国市场经济的迅速发展使得我国零售产业经营模式由卖方市场转变为买方市场，这也就意味着只有占有了销售渠道，才能够赚取更多的财富。这也是超市进场费在我国大行其道的重要原因。一方面，如沃尔玛、家乐福等大型跨国连锁超市在中国不断入驻，将国外一整套超市通道费的做法经过与中国市场经济的特色结合后，在中国零售业"发扬光大"；另一方面，华联、物美、世纪联华、百佳等国内连锁超市不断涌现，也凭借自身的努力，开始逐步占据市场主导地位，控制销售渠道，为其通道费的收取打下了坚实的基础。据统计，目前我国大卖场所收取的通道费已经占到供应商总销售额的8%～25%，最高可以达到35%。❷虽然我国的超市通道费存在不过短短十几二十年，但作为国外超市通道费的变种，无论是在种类上还是收费标准上抑或收取方式上，国内的超市通道费由于法律制度体系不健全、监管不到位等多方面的原因，一度产生收费名目过于繁多、假借通道费名义收取不合理费用、拖欠货款等现象，有的超市甚至通过超市通道费试图圈钱进行贸易活

---

❶　李剑："家乐福超市收费的法律分析"，载《人大报刊复印资料·劳动法经济法学》2005年第1期，第59～65页。

❷　李娟："超市通道费合理性分析及对策研究"，载《中国集体经济》2011年第15期，第77～78页。

动，导致资金链断裂，给供货商带来巨大损失，引发了超市以及供货商的诸多争端。

（三）通道费的分类

在实践中，零售商向供应商收取的通道费用名目繁多，仅基础收费就有"进场费"、"端头费"、"年节费"、"店庆费"、"堆垛费"、"上架费"、"广告费"等20多种名目。零售商收取的费用总额大致占到销售总额的20%左右，各个企业收费的具体情况虽有所差别，但是基本上大同小异，普遍可以归纳为以下三种类型。

1. 进场费

这里所提及的进场费指的是狭义的进场费，该类费用的收取与超市门店规模、门店数量、商品陈列位置的优劣相关联，一般也被称为渠道费，主要包括进场费、新增商品进场费、新增门店进场费、上架费。除此之外，供应商为了取得旺销位置的优先权，同意支付给零售商一定的费用，包括堆台位置费、立柱位置费、促销区域位置费、其他旺销位置费等费用，也可以列入该类费用当中。对于这一类费用的收取，只要收取的比例恰当，且明码标价，超市提供了相应的服务，即可认为是合理合法的。

在这里必须提及的一点是，有人将进场费的收取以供应商的商品是否进入零售商的门店作为依据，认为如果供应商的商品还未进入超市门店，那么就不应当支付进场费。对于这样的观点，笔者认为是不妥当的。现代连锁超市大多有统一的经营模式和管理以及商品配送制度。实践中，大多数大型连锁超市的供货往往是由公司配送中心对各门店一定时期内所反馈的销售情况进行统计，并进行配送。某个具体的供应商的商品能否进入特定的门店进行销售是一个动态的过程，要确定在一个具体的时间，具体的商品是否在特定的门店销售，确定的成本过高。即便是确定其进入了超市，也并不意味着超市一定能实现其销售，是否购买仍然取决于消费者，或者说是产品本身的品质和价格。所以，对于供应商的商品进入大型连锁超市公司的配送中心，可以理解为实际上等于超市为其提供了众多门店的潜在交易机会。

2. 返利费用

该类费用一般是指以商品销售额为前提，根据双方的事先约定，依据商品的进货额（也有些是依据销售额），以一定的时间为单位，通常为月或者年，按照一定的比例收取的费用，主要包括月返利费、年返利费等。这样一种根据商品进货额或者销售额向供应商收取的返利费用，从实质上看，是基于双方对于经营利润分配或者销售利益分配的约定，只要不违反法律的强制性规定，应当认为是符合《民法通则》意思自治原则的，所以当属有效。若出现零售商违反了法律的强制性规定，在合同中强迫供应商无条件返利，转嫁经营风险，违背法律强制性规定和共担风险的联营原则时，则应当认定该行为无效。

3. 服务费用

该类费用的收取与超市提供的促销服务或劳务直接挂钩，主要包括广告费、促销费、堆台劳务费、排面设计费等。服务费在实践中也是三类费用之中最易辨别的。有人认为，通常如果零售商为该商品的销售提供了相关的服务或劳务，那么根据等价有偿的民法基本原则，收取相关的费用是理所应当的；反之，如果零售商并未提供相关的服务或劳务，而以其他名义变相收取费用，则应当向供应商返还未提供服务部分的相关费用。但有人认为，商人之间过分讲等价有偿未必符合商品经济、市场经济规律，英美合同法讲对价而不讲等价或许更符合商品经济、市场经济规律。

二、三个焦点问题

超市通道费的争议由来已久，在2001年美国联邦贸易委员会针对供应商投诉连锁商向其收取通道费所召开的听证会上，供应商与连锁商就超市通道费的相关问题争执不下，但最终听证报告不但否决了供应商的投诉，而且强调"通道费是连锁商与供应商之间正常的交易行为"。

超市通道费的争议不仅存在于国外，在我国的相关实践中，超市通道费也确实成为供应商与零售商之间众多矛盾及纠纷的焦点。争论的焦点主要集中在以下几个问题上：第一，超市收取进场费是否造成了不公平竞争？第二，超市通道费是否导致物价的上涨，从而损害了消费者的利益？第三，超市通道费是否损害了中小企业的利益？

1. 超市收取进场费是否造成了不公平竞争

首先，关于超市收取进场费是否造成了不公平竞争，国内外的学者都存在不同的看法，主要分为商业贿赂学说、滥用优势地位学说以及滥用相对优势地位学说。

商业贿赂学说认为，从法律层面来看，一旦能够证明供货商向超市秘密地提供了某种能够影响决策的利益，就可以将该行为认定为商业贿赂。对于这个问题的探讨，首先要了解何为商业贿赂。国家工商行政管理总局条法司对商业贿赂的解释是：商业贿赂是指在商品交易（包括服务）活动中，经营者为获得交易机会，特别是获得相对于竞争对手的竞争优势，通过不正当的手段收买客户的雇员或代理人以及政府有关部门工作人员的行为。❶

超市通道费作为一种普通的商业行为，无论在内容、对象以及实质等方面都与商业贿赂存在本质的区别。首先，从内容来看，根据国家工商行政管理总局条法司对商业贿赂的定义来看，不难发现，商业贿赂强调的是经营者通过不正当的手段获得相对优于竞争对手的竞争优势和交易机会。但是，超市通道费本身的目的在于，超市通过收取通道费，将其中的一部分，诸如商品活动促销费、海报费、节庆费等与商品本身销售相关的费用，确实落实到了对应商品的销售活动如商品海报的制作张贴、商品的宣传等相应支出之中，另一部分则用于填补超市对于对应商品的日常经营管理以及销售位置的一些成本之内；除此之外，超市作为掌控市场稀缺资源的一方，向供应商收取一定的合理费用，这样的行为在市场经济竞争如此激烈的今天也是合情合理的。通道费的支付是为了购买超市所掌握的稀缺的销售资源。超市的销售资源有限，好的销售环境更是抢手，供应商为了得到好的销售展示平台，支付相应的费用作为对价是合理的。况且，通道费往往明码标价，作为一项商业活动，其虽然具有一定的商业风险，但并不能说是一种商业贿赂。其次，从对象方面来进行比较，商业贿赂的对象主要是针对雇员或代理人以及政府有关部门的工作人员，而超市通道费是供应商向超市一方直接支付的，相关的支付明细以及规定是通过双方所达成的合意明确记载在合同之中的，并不存在供应商利用超市通道费单独向超市进行贿赂的问题，两者还是有所区别的。最后，从两者的实质来分析，商业贿赂其实是行为人违反公平竞争原则，通过收买获得了本不应该获得的不正当利益，从而使得其他经营者的公平竞争权利受到了侵害；而超市通道费本质上则是供应商与超市为了进行各自的商业活动，通过合意达成一致的产物。供应商通过与超市达成一致合意之后，支付这样一笔费用，从而使得自己的产品进入连锁商的销售通道，并陈列在商场的货架之

---

❶ 国家工商行政管理局条法司：《反不正当竞争法释义》，河北人民出版社1994年版，第55页。

上，而作为相应的对价，其商品在该超市可以得到相应的展示和销售的位置。这一点显然与商业贿赂相去甚远。因此，评判超市收取通道费是否公平合理这一问题不能一概而论，应当区分具体的情况进行充分讨论和辨别，并结合超市行业不断发展的情况才能得出结论。对于这一学说，也有专家认为，在当前超市业态毛利润极低且竞争不断加剧的背景下，超市通道费的收取有一定的经济合理性，不应当忽视这种合理性而机械地理解公平理念，况且通道费的收取并非由供应商在账外暗中支付，因而不属于商业贿赂。

国外学者对于进场费问题的理论研究主要存在两个对立学派："效率学派"和"市场势力学派"。前者认为进场费在一定程度上具有促进竞争的作用；后者则认为进场费是零售商行使市场势力的结果。由于两个学派的理论命题都缺少有力的实证支持，所以，学者们纷纷将研究重心转向实证研究领域。[1] 相关的实证研究鼻祖 Sullivan（1997）在使用二手数据进行变量间的相关分析后，发现研究结果支持了效率学派的观点。随后，Sudhir 与 Rao（2006）在改进了数据收集方法以及 Sullivan 的数据过于宏观的不足之后，以特定零售商为中心，考察其向不同制造商收取进场费的情况后发现，效率学派的观点与实证数据更加吻合。

对于滥用市场优势地位的问题，我国理论界近年来也存在不同的看法，相关问题将在下面章节中具体讨论。

2. 超市通道费是否导致物价的上涨，从而损害了消费者的利益

对于这一问题，已经有许多专家通过实施大量的数据分析和调查，给出了否定的意见。从经济学理论的角度来看，收取超市通道费的利益会吸引更多的投资方进入零售领域，从而加剧零售业的竞争，虽然在短期内会提高商品的价格，但是长远来看，随着行业竞争的不断激烈，零售价格必然会出现下降的趋势。根据上海连锁经营研究所的一项调查发现，收取通道费的这 20 多年来，超市的商品价格并未提高。国内某超市的商品价格不但未出现上升的趋势，一些周转快的商品价格反而出现较大幅度的下跌。[2]

---

[1]　刘建民："超市进货交易关系法律调整的若干问题探讨"，载《上海商学院学报》2008 年第 6 期，第 43~46 页。

[2]　上海连锁经营研究所："中国连锁超市通道费研究报告之二：性本善还是性本恶——建立在通道费用基础上的超市盈利模式的合理性"，载《中国商贸》2003 年第 2 期。

3. 超市通道费是否损害了中小企业的利益

在支持取消超市通道费的观点中，有部分学者认为，超市通道费是一笔数额巨大的开支，有时候甚至需要在未获得利润之前一次性支付，这会造成中小企业沉重的财政负担，超市通道费的收取损害了中小企业的利益，妨碍了市场竞争。

对于此问题的讨论，必须结合目前中国市场竞争环境的客观情况进行分析。从整体上来说，我国连锁超市经营的大部分产品主要还是集中在食品杂货方面，而我国的食品杂货业生产商以及供应商的产业集中度比较低，整个市场仍处于完全竞争状态。整个交易市场从事和进行商业活动的成本和门槛都是偏低的，那些原本应该被市场淘汰的中小企业仍然有生存的余地。如果其真的存在品质和口碑都很不错的产品，仍然有机会逐步建立良好的销售渠道，更何况现在融资渠道也是多种多样的，在良好的竞争秩序之下，中小企业并不会被市场淘汰；反之，产品质量差、口碑烂的企业，即使有强大的经济支持，如果不提高产品自身的质量，也总会有"坐吃山空"的一天。从这个角度来说，超市通道费的收取不仅对市场竞争无害，反而帮助市场整合消灭了相当一批技术落后的企业，保证了消费者的权益，提高了市场的经济效益。

三、通道费合理性辨析

超市通道费虽然是舶来品，在中国出现还不到 20 年的时间，但普及迅速，已然成为我国零售业渠道中一个重要的组成部分。对于通道费的废除不绝于耳的原因除了作为支付通道费的一方——供货商的不断申诉外，另一方面主要在于公众对于超市通道费的本质并未了解，仍对其存在一定的误解。超市通道费的本质其实是合同约定的对价，而并非供应商向超市方支付费用的单方法律行为或单向义务。各项通道费都应当是超市方与供应商在合同中明确约定的，供应商支付相应的金额，而相应地，作为对价，超市一方应当给予供应方产品提供相应的销售资源，良好的销售环境或者显眼的销售位置以利于供货方产品的销售。因此，供应商所支付的通道费并非"不义之财"，超市通道费的发生在法律上应当认为是支付合同约定的由超市方提供与销售商品对应的服务的对价。

除了上述内容之外，超市通道费的收取与零售商的经营和盈利模式也存在密切的关系。之所以认为超市通道费的收取合理，有相当一部分是取决于零售商的经营模式和盈利模式。在改革开放初期，零售商仍是依靠进销差价以及批零差价的模式来获得盈利。关于商业企业利润的大讨论，也经过了"十点利"至"零点利"的讨论过程。随着改革开放以及中国国民经济的快速发展，中国从卖方市场进入以消费者为主导的买方市场，自此开始了一场又一场的价格战，市场竞争愈加激烈。在这样的情况下，商业企业无法再依靠进销差价、批零差价等传统模式经营，更不能支持其生存和迅速发展，较低的毛利率使得超市必须重新建立自身的盈利模式，超市通道费便由此逐步发展壮大。据零供商反映，商场净利润水平远远低于叫苦连天的供应商。目前，超市商品销售毛利率约占销售额的10%，各种费用为销售额的12%~20%；商铺租赁成本占销售额的8%~10%，人工成本占5%~8%，其他经营管理成本占7%~10%。商场净利润仅为销售额的2%左右，有的企业仅仅达到1%；而不少供应商的净利润则维持在5%~10%。国内的商业企业销售毛利水平也远远低于国际发达地区。据悉，我国香港地区商场的销售毛利为50%~60%，我国台湾地区商场的销售毛利超过50%，美国、欧洲、日本商场的销售毛利水平更高。国内商场大多数仍然采用的是约期付款，也就是赊销约期结算，自身并不承担资金的风险，商品随要随退，这就导致了销售毛利的必然降低。如果超市零售一方再不向供应商收取各种通道费，几乎国内的所有商场都会处于亏损状态。收取通道费其实从某些角度来看也是超市零售方的无奈之举。在现阶段，我国连锁超市的盈利模式主要还是建立在通道利润的基础之上。这也是最有效的方法，一方面可以抵制价格战的继续爆发，另一方面可以给予商业企业一定的资金，弥补其在整个商业活动的渠道建设等方面的投资成本。并且，超市通道费的收取在一定程度上缓解了税务部门在进销差价为负值时无税可收的窘境。

对于大型零售商收取通道费的行为究竟应当如何认定，笔者有以下几点思考：首先，如前文所述，我们必须承认超市通道费存在的合理性以及合法性，如果收取的通道费价格合理，在零供合同中作出了明确规定，并且超市在后期合同履行过程中提供了相应的服务，那么这种行为就应当是合法的。然而在实践中，往往存在一些大型零售商在合同中模糊界定，甚至违规操作，从而给供应商甚至消费者带来利益上的损害以及诸多不便。

四、抵销的效力及其异议期限

抵销是指当事人双方相互负有给付义务，将两项债务相互充抵，使其相互在对等额内消灭。在抵销中，主张抵销者所享有的债权称为主动债权，对象方享有的债权称为被动债权。破产清算中的抵销与合同法中的抵销不同，破产法上的抵销是在债权人对破产企业负有债务时，于破产清算前所进行的抵销。这种抵销没有清偿期是否届满、给付种类是否相同的限制，不同于合同法中规定的法定抵销。

抵销制度的功能主要在于便利和公平。❶ 易于忽视的是其担保功能。在债务人资不抵债的情况下，债权人若为抵销，实际上发生了担保权的效果。

抵销分为法定抵销和约定抵销。法定抵销是指在具备法律所规定的条件时，依当事人一方的意思表示所为的抵销。约定抵销又称协议抵销，是指由互负债务的当事人协商一致后发生的抵销。通说认为，抵销为单方法律行为，依当事人一方的意思表示而发生。抵销权属于形成权。

根据《合同法》的规定，法定抵销须具备以下条件。

（1）须双方互负有债务，互享有债权。效力不完全，债权不能作为主动债权而主张抵销，如诉讼时效完成后的债权，债权人不得主张抵销，但作为被动债权，对方以其债权主张抵销的，应当允许。

（2）须双方债务的给付为同一种类。抵销的债务只要求同种类，不要求数额或价值相等。

（3）须双方的债务均届清偿期。《合同法》对这项要件的规定是以双方当事人均可以主张抵销为前提的，因此，在只是一方当事人主张抵销的情形下，并不要求双方当事人的债务均届清偿期。原则上，若一项债务已届清偿期，而另一项债务未届清偿期，则未到期的债务人可以主张抵销，因为期限利益原则上属于债务人。

（4）须双方的债务均为可抵销的债务。下列债务均不可抵销：①法律规

---

❶ 通过抵销，两个债权在对等额内消灭，由此可以避免仅一方履行债务而另一方不履行的情况。其结果是这两个债权获得了公平的对待。

定不得抵销的债务。如因故意侵权行为而产生的债务。②按照合同性质不能抵销的债务。如提供劳务的债务、不作为的债务等。❶ ③当事人约定不得抵销的债务。

根据《合同法》第 99 条第 2 款的规定，当事人主张抵销的，应当通知对方。通知自到达对方时生效。通知为非要式。抵销产生以下效力：（1）双方的债权债务于抵销数额内消灭。（2）抵销的意思表示溯及于得为抵销之时。（3）抵销不得附条件或附期限。（4）剩余债务的诉讼时效重新计算。（5）抵销抵充❷。

在实务中，零供购销合同中往往会约定供应商应付的返利、通道费等费用，零售商可以从支付给供应商的货款中直接扣除，这即是典型的约定抵销。在有此类约定的情况下，法定抵销则不再适用。约定抵销产生与法定抵销相同的法律效果。

此外，如果抵销债权不合法，但抵销又已完成，且不可逆，当事人如何实现权利救济呢？

（一）《最高人民法院关于适用＜中华人民共和国合同法＞若干问题的解释（二）》（以下简称《合同法解释二》）实施前，对抵销行为提出异议

1. 从理论上分析，不可直接对抵销行为提出异议

抵销行为作为民事行为的一种，对其救济应当适用民事行为异议的一般规定。然而抵销权又是一种形成权，具有单方行使即生效的特殊性，若对其采用撤销或确认无效，将影响形成权权利设置的本质，故在法律未明文规定的情况下，笔者认为不可直接对抵销行为提出异议。

2. 在实务中，不可避免地存在抵销不当行使的情形，若对此不进行救济，将违背公平原则

因此，从解决实际问题的角度出发，可先提起一个确认债权无效之诉，获得法院支持后，再根据《民法通则》关于民事行为无效及可撤销的规定，提起抵销异议之诉。

---

❶　须注意，各国立法例仅禁止人身伤害赔偿之债的债务人主张抵销，而人身伤害的损害赔偿之债权人却可以。

❷　此即债权人、债务人一方有数个债权处于适宜抵销的状态，而主张抵销的另一方的债权不足以抵销其全部时，则应先抵销何债权的问题。学说主张类推适用清偿抵充的规则。

3. 抵销异议权实现的具体途径和主张

（1）因抵销行为涉及对法律规定的审查，加之抵销行为本身具有不可逆性，若允许当事人自行协议解决，将违背抵销权设置的原理，故应由法院来裁判。抵销异议的实现途径分为两个步骤：第一步为提起债权确认之诉，第二步为提起抵销异议之诉。该两诉互为前提和结果，第一个诉的结果将直接影响第二个诉能否启动及抵销异议能否成立。

（2）抵销异议之诉有两种方式可供选择：主张撤销抵销行为（变更之诉）或确认抵销行为无效（确认之诉）。诉讼中应注意，行使撤销权的除斥期间为自当事人知道或者应当知道撤销事由之日起 1 年；而无效确认之诉在法律法规无特殊规定的情况下不适用诉讼时效。

（二）《合同法解释二》实施后，对债务抵销行为提出异议

1. 债务抵销异议权概述

《合同法解释二》于 2009 年 5 月 13 日生效，其中第 24 条规定，当事人对合同法第 96 条、第 99 条规定的合同解除或者债务抵销虽有异议，但在约定的异议期限届满后才提出异议并向人民法院起诉的，人民法院不予支持；当事人没有约定异议期间，在解除合同或者债务抵销通知到达之日起 3 个月以后才向人民法院起诉的，人民法院不予支持。

2. 从合同解除异议权的设计剖析设立抵销异议权的立法目的

在《合同法解释二》实施前，《合同法》对合同解除行为的异议权已在第 96 条中作了规定，但对异议期间未作规定。这虽然已考虑权利平衡，但无法对形成权单方行为作出即生效的权利本质进行明确的挑战，同时也未对异议权的滥用设置门槛。此次《合同法解释二》对合同解除和债务抵销这两个形成权明确规定了异议权及异议期，实际是对已有两种明确支持和反对观点的折中：一方面，从平等保护合同双方合法权益的目的出发，在保障一方行使抵销权时，同时赋予另一方异议权；另一方面，遵从形成权的本质要求，促使异议权人及时行使异议权，若未约定异议期间且事后也无协议的，异议期间即为 3 个月，以期尽快固定形成权行使的结果。

《合同法解释二》允许当事人自行约定异议期间，此种设置被运用于实务之中，恐将背离立法本意：当事人可以约定一个较长的异议期，导致形成权无法立竿见影地发挥其应有作用。

3.《合同法解释二》出台后，实现抵销异议权的途径及可选择的诉讼请求

（1）实现抵销异议权的途径：可以直接对抵销行为提出异议。

（2）诉讼主张仍可选择变更之诉，即请求撤销抵销行为；或确认之诉，即请求确认抵销行为无效，理由同上。诉讼中，应注意"异议期""除斥期间""诉讼时效"对是否成讼的影响。

①若主张撤销抵销行为，应注意除斥期间的规定。对于解释规定的 3 个月异议期和撤销权的 1 年除斥期间是否矛盾的问题，笔者认为这两个期间分属于两个不同的范畴，两者之间并不矛盾："3 个月异议期"是就抵销行为异议设置的一个程序性条件，而"1 年除斥期"是在选择采用撤销之诉时应当审查的问题。在实际操作中对可诉性进行分析时，应注意两者之间的顺序。根据第 24 条的规定，若双方对异议期无约定，一旦过了 3 个月的异议期，即使符合撤销要件（包括未过撤销权 1 年的除斥期间），法院也不予支持。因异议期的起算日为抵销发生之日，而除斥期间是自当事人知道或应当知道撤销事由之日起起算，除斥期间的届满日迟于异议期届满日，因此不存在未过异议期但过除斥期间的情况。

②若主张确认抵销行为无效，在法律法规无特殊规定的情况下，不适用诉讼时效，但"3 个月的异议期"仍是影响实体权利主张能否得到支持的要件之一，若双方对异议期无约定，一旦过了 3 个月的异议期，法院的处理结果将同上。

从《合同法解释二》的规定可知，之前对抵销行为可否进行异议的不确定状态已经明了：对于债务抵销行为，若相对方存在异议，可以挑战形成权不可成为推翻对象的固有模式，向法院提起一个撤销之诉或确认之诉，且此种方式为解决债务抵销异议问题的唯一途径。

以下就抵销异议在实务中的运用提出建议。

（1）抵销异议的内容主要围绕权利是否正当行使展开。

①审查是否符合一般民事行为有效要件，包括主体是否适格、主体的权利范围、抵销债务的合法性等。

②审查是否符合债务抵销要件。

（2）就法定抵销而言，审查是否符合《合同法》第 99 条规定的下列条件。

第一，当事人双方互负债务、互享债权；

第二，互负的债务必须是标的物种类、品质相同的债务；

第三，必须是到期债务；

第四，按照合同的性质和法律的规定可以抵销。

就约定抵销而言，审查是否符合《合同法》第100条规定的下列条件：

第一，双方互负债务；

第二，双方之间存在抵销合意。

（3）异议期间的起算点。

根据《合同法解释二》的规定，异议期间的起算点为解除通知或抵销通知到达之日，应注意的是，虽然《合同法》对约定抵销的情况未规定抵销权人的通知义务，但在《合同法解释二》实施以后，抵销权人应承担已通知的证明责任，否则异议期的起算将处于不确定状态，对抵销权人不利。虑及于此，有必要提醒抵销权人，在行使抵销权前应做好针对性权衡，把握好通知形式。

（三）如债务抵销异议成立，应按《民法通则》《合同法》中关于民事行为（合同）无效时财产后果处理的规定，按照返还财产、赔偿损失或收缴三种方法处理

返还是将当事人的财产关系恢复到合同订立以前的状态。当事人依据该无效合同、被撤销合同取得的财产，应当予以返还；不能返还或者没有必要返还的应当折价补偿。

赔偿是有过错的一方应当赔偿对方因此所受到的损失。双方都有过错的，应当根据过错大小、责任主次，各自承担相应的责任。

当事人恶意串通，损害国家、集体或者第三人利益的，因此取得财产收归国家所有或者返还集体、第三人。

五、滚动结算与诉讼时效

在零供合同关系中，往往存在滚动供货、滚动付款的行为。固定的两个合作伙伴交易的标的物相同，只不过是每年签订一次合同。零售商基于合同关系而支付货款是一个整体性、连续性的义务，是滚动付款。而滚动结算是指交易双方之间有长期业务往来关系，一方定期或不定期连续向另一方交付货物或提供劳务等，而另一方不定期支付部分价款，且付款与每笔业务价款并不一一对应的结算价款的交易方式。滚动结算交易的特点包括：（1）交易

次数多或交易时间跨度长；（2）不定期支付部分价款；（3）付款与交易对象并不一一对应；（4）不定期进行价款结算。其中，第三点是认定是否存在滚动结算的主要依据。

滚动结算纠纷案件往往有自身的规律和特点。如，当事人往往把法院当成对账机构，有的案件仅仅对账就花去半年多甚至更长的时间，有严重浪费司法资源之嫌；我国发票管理规定要求保管5年，而对送货退货等凭证没有保管5年的要求。即使有长期保管凭证的规定，也将增加企业运行成本，不必要地浪费社会资源。因此，在一些滚动结算时间跨度较长的案件中，要求当事人提供证据特别是全部的原始凭证有些强人所难。在这种情况下，若当事人仅能够提供比较完善的账册资料而无法提供原始凭证，则不宜轻易否定其证据效力。

认定滚动结算的意义还在于诉讼时效的确定。诉讼时效是指请求权人不行使权利持续一定期间，即不可再请求法院依诉讼程序强制义务人履行义务的制度。其中，有权利不行使的状态特指权利受到不法侵害时，权利人所持有的一种消极不作为状态。

时效制度的最大特色在于其目标是背离权利人的意志而强行消灭其权利，而不像民法中其他制度的目标均在保护正当权益或者在不同利益发生冲突时予以平衡和协调。笔者认为，诚如罗尔斯所言，"只有为了自由的目的才能限制自由"。时效制度只有为了保护更有价值的权利才能消灭其他权利，否则时效制度的正当性荡然无存！以"躺在权利上睡大觉"为由即消灭其权利，实在荒诞。权利的本质在自由，不行使权利是权利人最基本的自由。若以权利的行使强加于权利人，那么权利即蜕变为义务，更何谈权利的消灭？法律若真为加速民事流转，也应迫使义务人及时履行义务，而不能通过时效制度使其获得利益。此外，加速民事流转的正当性也值得探讨。再说"证据湮灭举证困难"的观点忽视了民事诉讼中举证责任在当事人的规定。当事人不能举证，即承担不利后果，法官只需驳回诉请。此说断难成为时效制度正当性的理由。笔者认为，传统观点中唯有稳定法律秩序可以支撑其正当性。民法的基本作用在于利益衡量。❶ 而利益衡量的必要性及其原因，则是由不同利益之

---

❶ 民法利益衡量的基本规则：第一，单纯的个别利益与个别利益冲突，先保护正当利益；都是正当利益，再看权利性质，物权优于债权；性质相同则平等保护，一般体现为按比例受偿。第二，个别利益与整体利益（个别利益关涉权利，整体利益关涉秩序）冲突，无论整体利益是否合法，均应牺牲个别利益以维护秩序，合法的秩序如善意取得，非法的秩序如时效制度。

间发生冲突的必然性决定的。正是权利人长期怠于行使权利，使得义务人形成了一定的权利外观，并使得第三人信赖此种表象而与其建立各种法律关系，久而久之便形成了错综复杂且不宜破坏的法律秩序。在这样一个秩序中，相对于原权利人的权利，已经存在大量各种类型的权利，为了保护后者，必须牺牲权利人的权利。由上述对时效制度本质的探索可推出，取得时效或消灭时效的期间都应足够形成一种基于占有或权利不行使而产生的不宜破坏的秩序。时效制度的本质在于维护现有法律秩序的安定性，附带性地具有教育意义和督促功能，提醒权利人及时适当地行使权利，从而减少法律纷争，增进社会和谐。

诉讼时效的起算，主要有主观确定方式和客观确定方式，前者以权利人是否知道权利被侵害为时效的起算点，而后者自请求权发生之日即侵害客观上发生之日起算。我国采取主客观结合的标准，以主观标准为主。主观标准要求：第一，必须是权利在客观上遭受侵害；第二，权利人知道或应知其权利遭受侵害，知道即了解其权利遭受侵害的事实（明知），应知是一个理性人在当时的情况下应当知道其权利受到侵害的事实，法律上推定其知道；第三，应当知道具体侵权人。一言以蔽之：诉讼时效自权利人能行使权利时起算。

具体而言：

（1）以作为为内容的请求权：第一，有约定履行期限的债权请求权，从期限届满之日的次日起算。没有履行期限的债权请求权，可以确定履行期限的，诉讼时效期间从履行期限届满之日起算；不能确定履行期限的，诉讼时效期间从债权人要求债务人履行义务的宽限期届满之日起算，但债务人在债权人第一次向其主张权利之时明确表示不履行义务的，诉讼时效期间从债务人明确表示不履行义务之日起计算，即未定有期限者自次给付义务❶形成时起算。第二，因侵权行为❷所生之损害赔偿请求权，诉讼时效自权利人知道或应知权利受到损害和侵害人时起算，这一规则适用于不当得利和无因管理❸，均以最后到来的时间点起算。第三，附生效条件或始期的请求权，自条件成就

---

❶ 合同给付义务可分为原给付义务和次给付义务。前者即合同义务，后者乃因对原给付义务的违反（违约）而产生的义务。次给付义务的履行是通过违约责任的承担来体现的。

❷ 继续性侵权所生的损害赔偿请求权自知道或应知时起算，但超过时效期间侵权行为仍在继续者，仍可请求赔偿起诉前处于时效期间内产生的侵权损害，如著作权侵权规则。

❸ 无因管理请求权的诉讼时效，从无因管理行为结束并且管理人知道或者应当知道本人之日起计算。本人因不当无因管理行为产生的赔偿损失请求权的诉讼时效期间，从其知道或者应当知道管理人及损害事实之日起计算。

时或期限届至时起算。第四，因履行数量、质量等问题而引起的请求权，诉讼时效期间自权利人在法定或约定异议期限内提出异议的时间开始计算。第五，分期履行的债权请求权，诉讼时效期间从最后一期履行期限届满之日起算。第六，对于合同被撤销后返还财产或赔偿损失的请求权，诉讼时效期间从合同被撤销之日起计算。

（2）以不作为为内容的请求权，诉讼时效期间自权利人知道或者应当知道义务人违背义务而作为时起算。

在审判实践中，一般根据不同结算方式来确定诉讼时效的起算。如果认定零售商是滚动付款，此前双方未对账，对具体每一笔应付货款金额往往无法认定。供应商起诉主张的货款就是几年累积下来的总货款，是用数额巨大的总进货款减去已付货款总额所得出的余额。此时，诉讼时效应从零售商最后一笔货款履行期限届满次日开始起算。如果零售商与供应商在合同中有约定并按照合同约定分批结算货款，应该按照合同约定的履行期限来起算。

从民法理论来看，滚动结算属于一种持续状态，在该状态的存续期间，诉讼时效并不起算。不过，在笔者看来，该观点在持续性行为或状态的诉讼时效如何起算上存在理论和现实的问题。一是放纵了权利人怠于行使权利，以待时机索取更多赔偿。二是这一客观起算点忽视了权利人的主观认知状态，很可能出现持续性行为已经终了并超过时效期间，而权利人尚无法知晓的情况，于此，权利人不可能主张权利。三是根据《民法通则》第137条，诉讼时效期间从知道或应当知道权利被侵害时起算，这一起算方式明显违背现行立法。由立法原意申言之，诉讼时效期间应从权利能够行使之时起算。以此，权利人在能行使权利而不行使并超过法定的诉讼时效期间后，将丧失公力救济权能。

第五章　相对优势地位法律辨析

一、相对优势地位的界定

一般而言，公平交易法在法律上具有特定含义。其主要内容包括反垄断和反不正当竞争两个方面，从不同角度来规范经营者的市场行为，维护公平竞争的市场秩序。我国在 1993 年 9 月 2 日颁布了《反不正当竞争法》，规定了 11 种不正当竞争行为；2007 年 8 月 30 日又颁布了《反垄断法》，基本上与世界各国的公平交易法接轨。《反垄断法》主要有以下任务：（1）禁止垄断，包括限制竞争协议；（2）控制经营者集中；（3）禁止滥用市场支配地位。

我国《反垄断法》第 19 条第 1 款规定，有下列情形之一的，可以推定经营者具有市场支配地位：（1）一个经营者在相关市场的市场份额达到 1/2 的；（2）两个经营者在相关市场的市场份额合计达到 2/3 的；（3）三个经营者在相关市场的市场份额合计达到 3/4 的。实践中，企业可以通过合法的方式取得市场支配地位，但其市场行为会受到政府更严格的规制。

在对市场支配地位的规制上，各国反垄断法存在两种不同的立法原则。一种是低度立法原则，也称合理原则，即反垄断法并不规制市场支配地位本身，而只规制限制有效竞争的支配地位滥用行为，如德国、韩国、波兰、匈牙利等大多数国家采用低度立法原则。另一种是高度立法原则，也称本身违法原则，即反垄断法对市场支配地位本身也进行规制。对达到市场支配地位的企业要强制解散，清除市场支配地位，或者达到市场支配地位后应向反垄断执法机构申报，如果执法机构认为该市场支配地位限制了竞争或使竞争受到了削弱，反垄断执法机构可依法作出解散的决定。美国和日本以前实行高度立法原则，随着经济的发展变化，也开始转向合理原则。❶ 从世界各国反垄

---

❶　马梅凤、李继霞：“市场支配地位滥用行为法律规制问题研究”，载《法制论坛》2006 年第 4 期。

断立法的发展趋势来看，反垄断法逐渐集中规制支配地位滥用行为，而相对淡化对市场支配地位本身的规制。

相对优势地位不是市场支配地位，而是特定企业因特殊原因形成的对其交易相对人所具有的一种优势地位。具有相对优势地位的企业往往有能力选择交易对象，甚至决定交易内容，而其交易相对人则全部或部分丧失交易内容的决定权。[1] 相对优势地位不是相对于竞争对手的优势，而是针对交易相对人的优势，所以又称交易中的优势地位。具有相对优势地位的企业并不意味着其在相关市场上具有支配地位，而仅仅相对于其交易相对人来说具有一定的优势。相对优势地位是一种交易中的优势，因而主体双方大多具有合同关系。以公益维护为主要目的及以国家公权为依托的反垄断法，原则上不会对市场主体之间的契约行为进行干涉。只有该契约行为损害或可能损害市场竞争秩序时，才有进行反垄断审查的必要。从这个意义上说，反垄断法是否将相对优势地位纳入规制范围，根本上取决于该行为是否会对竞争造成损害。

即便将相对优势地位纳入规制范围，反垄断法也应考虑相对优势地位形成的复杂原因，并据此设定规制限度。如同大多数国家反垄断法并不禁止市场支配地位本身一样，相对优势地位的获得也不违法。由于资源、技术、管理等各方面原因，市场主体之间能力的非均衡性在所难免。基于双方能力所形成的差异既是资源配置的一种方式，也是市场竞争、优胜劣汰的必然结果。如果企业一旦具有优势地位就强调反垄断法的介入，势必会让人们质疑反垄断法的价值取向，也会使得本以促进资源合理配置、提高经济效率为目的的反垄断法成为阻却效率的重要因素。相对优势地位的形成具有很大的合理性，对竞争的影响也不明显，这是各国反垄断法对其比较慎重的主要原因所在。[2]

由此可见，相对优势地位不同于市场支配地位。首先，判断一个企业是否拥有支配地位，首先要考察的是企业的市场占有率；而判断企业是否享有交易中的相对优势地位，则主要考察交易一方是否对另一方有某种程度上的经济依赖性。其次，一个市场主体是否拥有市场支配地位是相对于其竞争对手而言的，是竞争者之间的市场力量的对比，是市场经济中竞争者与竞争者之间的关系；而一个市场主体是否拥有相对优势地位是针对其交易相对人而

---

[1]　孟雁北："滥用相对经济优势地位行为的反垄断法研究"，载《法学家》2004 年第 6 期。

[2]　焦海涛："反垄断法规制相对优势地位的基础与限度"，载中国民商法网，http：//www. civillaw. com. cn/article/default. asp? id＝41969，访问日期：2009 年 3 月 15 日。

言的，是市场主体与其交易对象之间的市场力量的对比。第三，关于某企业是否具有市场支配地位的结论可以适用于整个产品相关市场，但判断企业是否享有相对市场优势地位则需要进行个案分析。❶

界定相对优势地位需要把握其相对性的特点，进行个案分析。一个市场主体与不同的交易对象进行交易时，他的市场力量是不同的。因此，与甲交易对象相比，他可能拥有相对市场优势地位，而与乙交易对象相比，他则可能不具备交易中的优势地位。例如，自然人对商业银行提供的服务具有较强的依赖性，商业银行与自然人交易时便拥有相对优势地位，但商业银行在与大公司进行交易时，相对优势地位就不存在。

界定相对优势地位需要把握的另一个重要的特点是，交易相对人面对自己不愿意接受的交易条件时，是否能够重新选择交易对象或拒绝交易（依赖性），对于合同的主要内容是否有选择权和一定程度上的决定权。如果说一个市场主体基本上可以决定合同的主要内容，而他的交易相对人却无法拒绝交易或进行实质意义上的讨价还价，则可以认定该市场主体拥有相对优势地位。例如，自然人申请购房贷款是因为购房需要钱而他本身又没有足够的钱，面对商业银行提出的提前还贷要收取违约金的条款，他没有更多的选择权，也无法拒绝。在实践中的多数购房交易中，贷款银行也是开发商选择的，自然人甚至连选择贷款银行的权利都会受到限制。这时的商业银行相对于自然人而言就具备了相对市场优势地位。

市场经济中，一方主体拥有相对优势地位是正常的，也是无法避免的，因此，法律并不限制或禁止市场主体拥有相对优势地位。但当交易相对人在市场交易中对于交易对象和交易内容的选择权受到限制的时候，就存在优势企业滥用相对优势地位的可能。如果交易对方当事人不得不接受不合理的条件并将之作为合同的条款，则优势企业应该是"滥用"了他的相对优势地位。例如，在电信格式合同中规定过期电话卡余额不退还条款，电信企业就有滥用相对优势地位之嫌疑。❷

滥用相对市场优势地位一般可以分为两大类：一是基于需方对供方的依赖而形成的依赖关系，二是基于供方对需方的依赖而形成的依赖关系。前者一般可以分为四类：对名牌产品的依赖，因物资短缺产生的依赖，因长期合

❶ 徐士英："相对市场优势地位理论研究"，转引自《经济法研究》第6卷，北京大学出版社2008年版。

❷ 孟雁北："滥用相对经济优势地位行为的反垄断法研究"，载《法学家》2004年第6期。

同关系产生的依赖，以及必要设备依赖。❶ 也就是说，从理论上讲，相对市场优势地位是互相的，并不存在供应一方或需求一方具有永久的优势。

（1）因依赖名牌产品而生的相对优势地位。零售商为了维持竞争力，有必要为客户提供必需的货物品种以便于其选择。如果某些具有卓越品质和良好商誉的名牌产品对客户来说替代性很小，那么零售商是否能够提供这种名牌产品对其竞争力的影响是非常大的。当名牌产品的供应商断绝产品供给时，零售商就可能因为无法向客户提供这一名牌产品而使其竞争力受到严重影响。在这种情况下，零售商对名牌产品供应者的依赖关系就出现了，名牌产品的供应者相对于零售商就具有相对优势地位。名牌产品依赖最常见于某些专业产品经营店与供应商之间。例如，德国 Rossignol 滑雪板案中，法国滑雪板制造商 Rossignol 是一家拥有 8% 市场占有率的企业，其拒绝对一家巴伐利亚零售商（全部营业额为 300 万马克，销售 Rossignol 滑雪板部分仅为 10 万马克）继续供应产品。对于此案，德国联邦高等法院认为 Rossignol 滑雪板因广告得法、品质优越，是具有高度声誉的产品，因此，如果制造商拒绝供应，那么零售商就会因无法销售名牌产品而在商誉上受到严重损失。联邦最高法院同意上述判决，认为在这种情况下，零售商对制造商具有经济依赖关系。至于零售商还可以销售其他名牌滑雪板、Rossignol 滑雪板仅占全部滑雪板市场的比例很小以及零售商销售 Rossignol 滑雪板的营业额仅占总营业额极小比例等因素，都不影响依赖关系的成立。❷

（2）因物资短缺而生的相对优势地位。假设某一供应商的产品长期供给一家零售商，当该产品因市场价格波动或产量骤减而发生供不应求时，该供应商与零售商之间就会存在经济依赖关系。这种依赖一般发生于某种突发事件之后，如国际封锁造成的石油危机、严重自然灾害或者大型罢工事件等。在这些情况下，原料或者产品的供应大幅萎缩，从而形成需求者为了获得维持生存所必要的供给而依赖供给者的产品供应。

（3）因长期合同关系而生的相对优势地位。供需双方之间建立的商业往来关系有时也可能成为依赖关系发生的基础。一个企业如果与另一企业缔结涉及经营基本事项的长期契约关系，则会有针对性地在资本投资、技术发展、

---

❶　曹士兵：《反垄断法研究》，法律出版社 1996 年版，第 149 页。

❷　孟雁北："滥用相对经济优势地位行为的反垄断法研究"，载《法学家》2004 年第 6 期。

人员培训、商业信誉以及客户网络等方面投入主要资源，这种企业早已适应的供货渠道与模式如果突然被迫停止，可能会使其已经投入的资本无法收回，这个时候就会形成一种需方对于供方的依赖状态。

（4）因必要设备依赖而生的相对优势地位。必要设施依赖状态是由于重建必要设施是不可能或者极端困难而产生的。被依赖者掌握着其他竞争者进入市场的瓶颈，潜在竞争者在必要设施的限制下束手无策。必要设施的基本特征就是要进入一个特定市场必须使用这一设施。换言之，市场的潜在竞争者依赖必要设施，依赖必要设施的拥有者，必要设施依赖由此产生。在实际案例中，必要设施涉及的范围很广，包括铁路、港口以及电信等运输网络设施、金融部门中的支付系统等。

（5）因供方依赖需方而形成的相对优势地位。供方依赖是指上游供应企业在其产品的销售上必须依靠下游购买企业的情形，其与上节所提到的需方依赖正好相反。供方依赖的形成是市场经济从卖方市场转向买方市场的必然结果，也是现代商品流通方式变革后不可避免的情况。

二、滥用相对优势地位的构成要件

不同的交易主体与被交易人之间的商业往来活动，从本质上来说是一种市场交易行为。对于这样一种双方在自愿原则下进行的商业活动行为，政府的公权力是否应当以"维护市场公平竞争"的名义介入，学界对此存在争议。根据立法相关内容，我国《反垄断法》仅在第三章对滥用市场支配地位的行为作出了相关条款规制，包括：具有市场支配地位的经营者以不公平的高价销售商品或者以不公平的低价购买商品；无正当理由，以低于成本价销售商品；无正当理由，拒绝与被交易人交易；无正当理由，限定被交易人只能与其进行交易或者只能与其指定的经营者交易；无正当理由搭售商品，或在交易时附加不合理条件；无正当理由，对条件相同的被交易人在交易条件上实行差别待遇；等等。

对于滥用相对市场优势地位行为的控制其实可以说是一个博弈的过程，既要考虑到商业主体间的公平竞争和消费者权益的良好维护，又不能够过分限制商业行为而妨碍私法自治、契约自由。所以，应当把握好其中的适度关系：一方面，在立法过程中，对滥用相对市场优势地位进行规制；另一方面，在具体实践过程中，对于滥用相对市场优势地位行为的规制应当严格把控，不宜轻易将一般契约自由的商业交易行为定性为滥用相对市场优势地位。在商业活动中两方主体毕竟总有相对优势的一方存在，有的可能优势较为明显，也有的可能双方在不同的方面均存在自己的优势。只要合理，法律均应予尊重，少予干涉。

一般来讲，受到反垄断法禁止的滥用相对优势地位行为需要同时具备以下几个基本的构成要件。❶

第一，主体要件。反垄断法规制的是具有相对市场优势地位的市场主体，其交易相对人实质性丧失交易的自由选择权，没有任何能力拒绝优势企业的要求而选择其他交易对象。从这一点来看，不同的案件对应不同的关联方，需要针对个案进行分析。因为 A 企业对 B 企业来说可能具有相对优势，但是对 C 可能就未必有相对优势了。因此，可以说是优势的相对性导致了主体的不确定性。

第二，行为要件。反垄断法在规制滥用相对市场优势地位行为时必须考察优势主体是否实施了实质意义上不公平的交易行为，是否构成了"滥用"。

第三，后果要件。反垄断法在禁止滥用相对优势地位行为时还需要考察滥用相对经济优势行为是否损害了社会整体利益。只有在优势企业滥用相对优势地位行为限制了公平、自由竞争，或损害了消费者权益，又没有其他救济渠道时，反垄断法才有禁止的必要。如果市场主体滥用相对优势地位行为引发的仅仅是当事人之间所得利润的分配不均衡，如商场与商业银行之间关于费用分担的争议，则反垄断法无必要介入。

第四，目的要件。反垄断法在禁止滥用相对优势地位行为时还需要从行为的性质和后果来判断该主体行为的目的。其目的如果是通过损害竞争或损害消费者利益来谋取自身利益的最大化，反垄断法就要禁止；但如果是为了保证产品的质量或有其他合理的目的，则不应禁止。

除此之外，反垄断法在禁止滥用相对市场优势地位行为时还需要考察滥用相对市场优势地位行为是否损害了社会整体的利益，即是否满足了后果要件。一旦有企业滥用相对市场优势地位，就会对市场的公平竞争造成严重的损害，妨碍市场参与者在公平的竞争环境中享有的公平竞争机会。所以，如果优势企业滥用相对市场优势地位行为产生了限制公平以及自由

---

❶　焦海涛："反垄断法规制相对优势地位的基础与限度"，载中国民商法网，http://www. civillaw. com. cn/article/default. asp？id＝41969，访问日期：2009 年 3 月 15 日。

竞争的后果，即应当予以禁止；反之，如果该行为仅仅是导致了双方当事人之间利益分配的不均等，则可以通过双方的议价行为进行利润分配的再调整，或者通过其他途径对自身受损的利益进行救济，那么法律则不必对此予以干涉。

三、滥用相对优势地位的不可替代性特点

（1）规制滥用相对优势地位行为的必要性。法律是维护社会秩序的基本手段之一。如上节提到的电信格式合同规定过期电话卡余额不退还条款等优势企业滥用相对优势地位行为，损害了消费者权益，有必要建立相关制度予以规制。

（2）超市收取通道费是否属于滥用相对市场优势地位行为？对照依赖性（交易相对人面对自己不愿意接受的交易条件时，是否能够重新选择交易对象或拒绝交易）、相对性（对相对优势地位需要进行个案分析：一个市场主体与甲交易对象相比可能拥有相对优势地位，而与乙交易对象相比则可能不具备交易中的优势地位）、社会性（是否损害了社会整体利益和消费者权益）、自律性（应当更多地借助自律规范来完成立法目的）等滥用相对优势地位的构成条件及特点来看，大部分超市通道费案件显然不属于滥用优势地位之情形。

（3）鉴别是否滥用相对优势地位，可以引入必要设备理论。[1] 首先，优势企业必须持有设备，即非经其许可他人无法获得使用。其次，该设备是必需的。"必需性"的含义是指没有替代设备的情况下（不可替代性），对该设备"无法复制"。这要求接触设备的企业除了证明不存在替代设备，还要证明其自身没有复制该设备的能力。再次，优势企业拒绝"竞争性企业"接触设备。最后，优势企业拒绝接触缺乏正当理由。上述四项要件构成"必要设备"持有人滥用市场支配地位的反垄断性质的行为。实际上，在司法实践中还有不少细节的认定需要研究，如必要设备对前后方市场的竞争是否必要的问题、要素的竞争性（即替代性）问题、必要设备持有人的抗辩理由（投资损失如何计算）等，都必须在个案处理中加以认定。

---

[1] 徐士英："相对市场优势地位理论研究"，转引自《经济法研究》（第6卷），北京大学出版社2008年版。

四、国外对滥用相对优势地位的法律规制

滥用市场支配地位是反垄断法规制的一个重点内容，但针对滥用相对市场优势地位行为的规制制度的确立普遍相对晚一些。

（一）美国

超级市场最早产生于1930年的美国纽约，1930年8月，美国人迈克尔·库仑在美国纽约州开设了第一家超级市场——金库仑联合商店。

虽然进场费首先出现在美国，但是进场费在美国至今仍然是个充满争议的话题。无论是学术界还是实务界，对于零供关系，特别是在零售商收取通道费的问题上争论很大，至今无法对通道费的收取对于市场竞争的影响或社会福利的影响下结论，政府的态度也是摇摆不定、十分暧昧。

BATF（The Bureau of Alcohol, Tobacco, Firearms）于1995年明文禁止酒类交易收取进场费。FTC（Federal Trade Commission）认为，进场费的合理性还需进一步讨论研究，因此不对零售业的进场费问题作任何规定（FTC 2001）。

虽然美国没有专门针对零供关系的法律规定，但为了避免连锁零售企业滥用优势地位来"盘剥"供货商，确保流通领域更顺畅，美国制定了较为完善的竞争秩序来规范零售企业与供货商的关系。

美国在20世纪30年代中期出现过零售连锁企业向供应商收取各种费用的现象，包括交纳进场费、提高折扣比例等，使供应商不堪重负，最终迫使全美中小制造商及经销商联合起来向美国联邦法院起诉。在大法官的支持下，1936年美国国会出台了《罗宾逊—帕特曼法》，该法规定：对有可能垄断市场的商家不许向供应商收取进场费，禁止向供应商要求特殊折扣等不合理费用，对供应商不能采取大小有别的政策。该法的出台使美国零售业发生了历史性改变，并最终杜绝了零售连锁企业依靠压榨供货商获取利润的现象。

《罗宾逊—帕特曼法》还规定："商人在其商业过程中，对同一品质、数量、等级的商品，通过给予买者比其竞争者更高的折价回扣、补贴、广告劳务费，或为了破坏竞争、消灭竞争者，以低于其竞争者的价格或不合理的低价出售商品，是非法的。"一般认为，这项法案的目的在于保护中小零售企业，因为这部法案禁止了供货商给予大的连锁零售企业更多的优惠。

当然，法案仍然允许价格差异存在，只要这些差异反映了制造、销售以

及发货方面的实际成本差异。例如，法案允许两种例外情况：一是当这种歧视被用于"真诚地想与某个竞争者的低价相等"的时候，二是当它被用于处置过时商品、易坏商品或破产销售中的商品的时候。

在反价格垄断方面，美国的经济法律较为完善，除了规范价格歧视方面的《罗宾逊—帕特曼法》，在规范低价倾销方面，各州有《最低价格法》；规范压榨和合谋的法律有《谢尔曼反托拉斯法》、《克莱顿法》等。

2000年4月14日，美国独立面包商协会、玉米面饼协会以及口香糖供应商全国协会认为通道费已经严重损害了成员的竞争能力，联合起来向美国联邦贸易委员会（FTC）提出申请，要求尽快对通道费建立和实施明确的指导方针。而联邦贸易委员会认为通道费问题在理论上存在分歧，也缺乏足够的实证研究来证明它确实限制了竞争，因此拒绝在目前情况下给出一个正式的指导方针。

除了FTC外，公平贸易部、烟酒署、国际贸易委员会和几个州的律师已经开始考虑制定有关规范通道费的正式行政管理制度。美国农业部重新审查了零售业的通道费问题和农产品的购买行为。参议院的中小企业委员会也举行了听证会，提出了六种不合理行为，美国独立面包商协会的成员敦促司法委员会针对这六种行为制定相应的法律条款。食品供应商也敦促FTC立即采取行动制定相关指导措施。可以肯定的是，按照美国的司法实践，如果通道费涉及以下四种情况，它必然限制竞争，而且会受到法律制裁：第一，如果相互竞争的大型零售商在通道费的数额和货架空间分配上达成协议时，通道费将受到《谢尔曼反托拉斯法》和联邦贸易委员会法的审查；第二，当被用作垄断贸易串谋的一部分或将某些供应商排除于零售货架空间之外时，通道费也可能受到审查；第三，在两个零售商合并的过程中，如果其阻止了某些供应商的市场进入，通道费也可能受到禁止；第四，如果可以证明通道费被大型零售商用作了价格歧视，它也可能触犯《罗宾逊—帕特曼法》。以上规定都附有罚则，且相当严厉，增强了法律的可操作性和威慑力，对规范零售商和供应商的关系产生了良好的效果。

美国经验对我们的启示在于，当市场这只"无形之手"不能自动调节反竞争行为时，要及时进行实际调查和理论研究，为出台相关法律奠定基础。随着我国加入世界贸易组织后面临的新形势，包括零售业在内的服务业扩大对外开放不可避免，这就需要我们早做准备。立法机关在制定法律时，既要有宏观的眼光，又要仔细研究具体的竞争行为；既要重视对现有竞争行为的规范，又必须合理预见将来的市场趋势，提供更强的指向性。

（二）日本

由于日本的产业组织结构十分复杂，存在纵横交错的交易关系，所以优势地位的滥用成为日本相关法律规制的一个重点。为避免具有强大购买力的大型零售企业对供货厂商采取不正当交易行为，日本政府公正交易委员会根据《日本禁止垄断法》的规定，于2005年5月出台了《关于大规模零售企业在与供货厂商交易中采取特定不公正交易方法的告示》，取代了1954年公布的《关于百货店业采取特定不公正交易方法的告示》，这就使得有关法律得到进一步的完善。

具体到通道费问题，该法律的主要内容有：第一，禁止不正当退货和不合理压价："除特殊情况外，原则上禁止大规模零售企业或其加盟者将所采购货物的全部或部分向供货企业退货；同时，禁止从供货企业采购商品后，要求该供货企业降低供货价格的行为。"第二，禁止强迫销售和不当使用供货企业的员工："禁止大规模零售企业在无正当理由的情况下，要求供货企业购买其指定商品，或利用指定服务的行为；除了特别规定外，禁止其要求供货企业派遣员工为其工作，或代为支付其员工工资的行为。"第三，禁止收受不正当经济利益："禁止大规模零售企业或其加盟者要求供货企业提供本无必要提供的金钱（如所谓决算赞助费等）、服务或其他即使一定程度上有利于供货企业商品促销的赞助费，或有利于供货企业削减成本的物流中心使用费等，也禁止要求供货企业提供超出合理范围的金钱、服务或其他经济利益。"第四，禁止在要求被拒绝时采取对供货企业不利的行为："禁止大规模零售企业以上述各条规定的要求未被满足为由，对供货企业推迟付款、减少交易数量、停止交易或其他不利行为。"

日本的流通体制以生产厂家和流通企业的长期交易关系为主导，因此很容易发生供求关系的不平衡，取得优势地位的一方滥用主导权的行为也极易发生，所以，日本的竞争法对此加以严格防范，对滥用行为规定得十分具体。

《日本禁止垄断法》第2条第5款第（9）项规定，不当利用自己交易上的地位与对方交易，有妨碍公平竞争的可能性的，是不公平交易方法之一。《日本不公正的交易方法》第14条还专门规定了优势地位的滥用，即利用自己比交易方优越的交易地位，违背正常商业习惯，而不当地实施以下各款行为之一的：（1）使和自己连续进行的交易方，购买有关该交易的商品或劳务之外的商品；（2）使和自己连续交易的交易方，为自己提供金钱、劳务及其他经济利益的;(3)设定或变更交易条件给交易方带来不利的;(4)除符合前三项行为外,关于交易的条件或实施给交易方带来不利的;(5)使交易方的公司按照自己的指示选任该公司的干部,或使该公司在干部选任上须取得自己的同意的。

在实践中,日本处理优势地位滥用案件的典型判例就是"三越事件"和"罗森事件"。三越百货店1977年销售额跃居日本百货店首位、零售业第二位,它曾利用自己的优势地位向供货商提出诸如协助推销、分担装修店铺和展会成本以及分担焰火晚会、大银座节等非商业活动费用的要求,而没有证据证明这些费用对供应商的商品销售有正面作用;罗森集团在日本便利店业内位居第二,它曾为完成回扣预算金额,在没有任何依据的情况下,要求60家供应商提供一定资金,而且在订货会上要求70家供应商无偿提供一定数量的标准货架商品,并以处理库存商品为由向供应商索要了13亿日元。最终,三越和罗森在供应商的集体诉讼中败诉,被日本公正交易委员会处以重罚。日本本土企业因过度收取通道费而受到惩罚,外资超市则更是如此。

(三)韩国

根据《韩国禁止垄断和公平交易法》第23条第1款第(4)项关于禁止不正当地利用自己的交易地位与他人进行交易的行为的规定,韩国公平交易委员会(Korea Fair Trade Commission, KFTC)于1985年颁布了关于大型零售商不公正交易行为的类型和标准,并在2001年作出了最新修订。该规定中的大型零售商是指从事日用消费品零售的营业面积达到或超过3000平方米的企业。大型零售商不公正交易行为有:不正当地退货;在向供应商购买商品后不正当减少价款;不正当地拖延付款;为了进行廉价销售而强制供应商以明显低于正常价格的低价供应商品;强制供应商或店铺承租人购买商品或提供礼品;不正当地拒绝收货;收取与促销没有直接关系的费用,如广告、礼品、促销费用等;强制排他交易;等等。

从中可以看出,竞争政策是基本的政策,通过制定相关的竞争法规,可以建立竞争机制,从而为经济发展创造一个良好的法律环境,推动经济的发展。对通道费进行法律规制的启示在于,法律是为了解决经济生活中出现的问题,并且应该具有一定的前瞻性,通过对现实经济生活的细致观察与深入研究,找出问题的本质或根源所在,发现经济生活的规律,并在立法中采取相应的规制措施,这样,在处理相关问题的时候就会得心应手,减少很多不必要的麻烦，从而有力地保障良好竞争秩序的建立，进而推动经济健康发展。

（四）法国

法国对通道费的规制，是针对 20 世纪 80 年代法国购买组合和巨型购买组合大为泛滥的状况，这种凭借优势购买力而限制竞争的交易行为令法国竞争委员会大为恼怒。1985 年法国竞争法引进了德国"经济依赖状态滥用"（即相对优势地位滥用）概念，并在新竞争法即《1986 年 12 月 1 日 8611243 号价格与竞争的自由命令》中正式将"经济依赖状态滥用"确立为一项独立的反竞争行为类型。

法国涉及通道费问题的有关法律规定，大概有以下内容。

第一，关于反不正当竞争行为的规定。新竞争法第 8 条规定，禁止一家企业或企业集团实施下列滥用行为：（1）滥用其占国内市场或其主要部分的支配地位；（2）滥用不拥有同等解决方法的客户企业或供应商对其的经济依赖地位。同时，该法对以上行为规定了相应的罚则。

第二，有关禁止歧视性对待、禁止利用优势地位或供应商依赖获利的规定。（1）如果一个销售商以不同的条件对待不同的供应商，则视为歧视性行为，如果有歧视性行为，销售商将受到制裁。（2）如果小供应商 20%～30% 的货物在销售商处销售，禁止要求小供应商接受不平等的供货条件；如果没有销售数量的承诺，禁止向供应商收取通道费。（3）如果销售商要终止与供应商的合作，必须提前书面通知供应商，随意将供应商除名属违反正常交易的行为，应予禁止。（4）《法国商法典》第 L442—6 条规定，在执行合同中发生分歧，当事人可提起民事诉讼；行政机关、检察院也可代表中小供应商到商业法院起诉，并传讯利用优势地位的商人。为保护中小供应商利益，国家机关都可以充当原告，这就使得保护中小供应商利益的规定十分具体和全面，具有很强的操作性，为规制零售商行为提供了直接的法律依据。

从中可以看出，为了维护公平竞争，防止大型零售商滥用优势地位，法国在规范零售商与供货商方面有详细的法律规定。

（五）德国

相对经济优势地位的理论起源于德国，所以，德国反垄断法中存在规制滥用相对经济优势地位行为的相关法条。在 1973 年第三次修订的《德国反对限制竞争法》中，规制滥用市场支配地位与滥用相对经济优势地位行为的规定被放在了一个法律条文中。

该法第 19 条主要对滥用市场支配地位的行为进行了定义和规制。相比之下，第 20 条则是对第 19 条的细则化规定，其规制范围除了包括第 19 条所定义的占市场支配地位的企业之外，还包括一些具有优势地位的企业。根据第 20 条条文，其禁止具有优势地位的企业直接或者间接地实施歧视或有碍市场竞争的行为，其中包括：（1）不合理地对个别企业实施差别待遇。支配市场的企业，第 2 条至第 8 条、第 28 条第 1 款和第 29 条意义上的企业联合组织，以及依第 15 条、第 28 条第 2 款、第 29 条第 2 款和第 30 条第 1 款约束价格的企业，不得在同类企业通常均可参与的商业交易中，直接或间接地不公平地阻碍另一个企业，或在无实质上合理理由的情况下直接或间接地给予另一个企业不同于同类企业的待遇。（2）买方要求不合理的优惠条件。中小企业作为某种商品或服务的供应者或需求者依赖某企业或企业联合组织，致其没有足够的、可合理期待的可能性转向其他企业的，第 1 款规定也适用于该企业或企业联合组织。某种商品或服务的需求者在供应者处除得到交易上通行的折扣或其他给付报酬外，还长期额外地取得不给予同类需求者的特别优惠的，推定该供应者在本款第 1 句意义上依赖需求者。（3）卖方要求不合理的优惠条件。第 1 款意义上的支配市场的企业和企业联合组织不得利用其市场支配地位，促使其他企业在商业交易中无实质上合理的理由而向自己提供优惠条件。第 1 句也适用于第 2 款第 1 句意义上的企业和企业联合组织之与依赖于它们的企业的关系上。（4）不合理地以低于成本的价格销售商品或服务。企业相对于中小竞争者具有市场优势的，不得利用其市场优势，直接或间接地不公平地阻碍这些中小竞争者。第 1 句所称的不公平阻碍，即如一个企业并非临时性地以低于成本的价格供应商品或服务，但具有实质上合理理由的除外。

虽然德国在立法上对滥用相对市场优势地位的行为有非常明确且严格的规制，但在具体的司法实践中，执法机构对于滥用相对市场优势地位的行为进行规制的案例并不常见，其中的主要原因在于执法机构认为这类行为对竞争制度的损害较小，不是反垄断执法的重点，甚至没有必要对此类行为进行执法。❶

---

❶ 刘建民：《商品流通法律规制研究》，复旦大学出版社 2009 年版，第 46 页。

五、我国对滥用相对优势地位的法律规制

（一）立法现状

1. 地方政府的相关规范性文件

2002 年，上海市商业委员会和上海市工商行政管理局共同出台的《上海市工商行政管理局、上海市商业委员会关于规范超市收费的意见》（以下简称《意见》），是全国第一次以地方规章的形式对超市收取通道费进行了专门规定。

该《意见》对超市通道费进行了明确的界定，并将超市收费的行为定性为一种合法合规的市场行为和经济活动，但也明确对该行为进行了限制，包括规定超市不得滥用优势地位，作出对供货商不公平、不合理的规定，更不得随意在事后或合同以外再向供货商收费；超市不得利用市场优势地位向供货商收取不当费用。超市要依据《反不正当竞争法》、《合同法》等现行法律、法规和超市收费原则，对收费情况进行清理，对违反法律、法规规定或显属不当的收费项目必须取消。除此之外，《意见》对于零售商随意扣除支付供货商的货款，借助超市收费变相收受回扣以及因自身经营管理原因造成的商品库存和短缺等损失向供货商转嫁的行为进行了明文禁止。

《意见》虽然意图从规制大型零售商滥用相对市场优势地位的行为入手，以整顿整体市场秩序，也再度将这一问题带进了大众的关注视线，但其内容多为原则性条文，缺乏实质的操作性。相比之下，在《意见》公布之后，上海市商务委员会在 2011—2012 年先后多次按照《意见》所提出的要求以及标准，对上海市大型零售企业下达了《清理整顿大型零售企业向供应商违规收费工作方案》的通知，并对其向供应商违规收费的行为开展自查自纠的活动，效果则更为显著，在多次活动中，上海商委查处了多家大型零售企业诸如违规收费、扣除不合理费用等多种滥用相对市场优势地位的行为，并对违规企业责令限期改正。此外，为了保障大型零售超市与供货商在签订合同时能够给予双方对等的权利义务，上海市商委以及上海连锁商业协会还联合上海市工商局共同制定了相关的合同示范文本。

2. 《管理办法》

2006 年，为规范零售商与供应商的交易行为，维护公平、公正的市场交

易秩序，促进零售商与供应商平等合作以及发展，商务部、发展和改革委员会、公安部、税务总局、工商行政管理总局五部门联合颁布了《管理办法》（商务部〔2006〕第17号令）。《管理办法》第6、7、13条采用列举的方式对不公平交易行为、妨碍公平竞争行为、不当收取或变相收取费用等滥用相对市场优势地位的行为进行了规制，但面对零供之间复杂的矛盾，《管理办法》选择用列举式方法定义显然是不足以应对的。

3. 《反垄断法》

我国《反垄断法》在第三章用个别条文对禁止滥用市场支配地位行为进行了规定，但并没有明确提出"相对优势地位"的概念并加以区别规制。滥用市场支配地位行为在法律中被明确禁止。所谓市场支配地位，是指经营者在相关市场内具有能够控制商品价格、数量或者其他交易条件，或者能够阻碍、影响其他经营者进入相关市场能力的市场地位。认定支配地位，除了直观的市场份额之外，还须借助其他多种因素，尤其在相关主体的市场份额并不明显居于支配地位的情况下，这些因素在我国《反垄断法》第18条中已有规定，主要包括：相关市场的竞争状况；该经营者控制销售市场或者原材料采购市场的能力；该经营者的财力和技术条件；其他经营者对该经营者在交易上的依赖程度；其他经营者进入相关市场的难易程度。❶

（二）立法现状之评价

从立法技术、可操作性角度以及法律实施效果而言，我国现行立法对大型零售商滥用相对优势地位行为的规制仍然存在以下不足。

1. 立法滞后，法规层级低

针对个别市场主体滥用相对优势地位，损害被交易方利益，危害商场经济的良性发展，需要适时的法律介入。虽然上海等地相关部门针对零售行业出台了一些地方性立法，但由于其适用范围有限，立法层级较低，并未起到对零售业违规收费等行为进行大规模整顿的作用。即使是2006年由五部门联合颁布的《管理办法》，也仅仅是一部部门规章，收效甚微。如果希望进行更具效果、更严密的整顿，还需要有相应的上位法进行规制。所以，从立法技术角度来看，我国相关法律存在立法滞后、法规层级低的问题。

2. 执法机构设置不合理

不同于日本公平交易委员会以及美国联邦贸易委员会，我国并没有专门

---

❶ 王乐萌："大型零售商滥用相对优势地位的法律规制"，山东大学2010年硕士学位论文。

的执法监督机关对滥用相对优势地位的市场主体进行执法监督，包括工商行政管理机关、物价监督机关在内的多家管理机关在各自监督职能范围内都可以对此进行监管，但由于职能界定模糊，执法严格程度不一，一旦出现问题，有关部门就开始互相推诿，类似这样"踢皮球"的现象时常出现，执法监督效果明显大打折扣。

3. 法律责任不明确

我国现有的规范体系中，对于零售商滥用相对优势地位的法律责任内容大多只是原则性规定，并未包含明确的具体做法，基本都没有涉及具体的执行程序以及惩罚措施，缺乏可操作性。

第六章 商业盈利模式

一、盈利模式概述

（一）盈利模式的界定

要讨论大型零售商的盈利模式，首先必须讨论盈利模式的界定问题。

经济科学出版社 2007 年版的注册会计师全国统一考试辅导教材《财务成本管理》在第一章第一节中阐述企业管理的目标"获利"时，有一句话是"创立企业的目的是盈利"。紧随其后，该书又在多处使用了"盈利"一词，如"盈利是最具综合能力的目标"、"盈利不但体现了企业的出发点和归宿，而且可以概括其他目标的实现程度，并有助于其他目标的实现"、"从财务上看，盈利就是使资产获得超过其投资的回报"等。2008 年版本将其中的"创立企业的目的是盈利"修改为"创立企业的目的是营利"，而其他几处的"盈利"并未修改。这一修改提醒我们，必须认真区分，正确使用"营利"与"盈利"这两个词。

2009 年第 1 期《咬文嚼字》特稿《2008 年十大语文差错》之六即谈到了社会机构称谓中容易混淆的词是：营利/盈利。媒体新闻中，经常把"非营利机构"误认为"非盈利机构"。营利是指主观上谋取利润，盈利是指客观上获得利润。两者的出发点是不一样的。

"营利"中的"营"是谋求、经营的意思，"利"是利润之意，两个字合起来就是"谋取利润"或"获得利润"，谋取利润不一定真正能够获得利润，也可能发生亏损。当然，没有人会把"营"字与"亏"字合成为"营亏"来使用，更不会有人说创立企业是为了"营亏"。与"营利"等同使用的是"获利"一词。

"盈利"中的"盈"是充满、多出来、多余之意，与"利"含义相近，两个字组合在一起等价于名词"利润"，盈利就是净余的利润，"从财务上看，盈利就是使资产获得超过其投资的回报"。"盈"与"亏"组合成的"盈亏"一词，可以让我们更为准确地理解和掌握"盈利"的含义。与"盈利"等同使用的词主要有"盈余"、"利润"等。会计中有"盈余管理"一词，相应的英语是 earnings management，从中可以看出"盈余"的词性。与"盈余管理"含义相同的另外一种说法就是人们所熟悉的"利润操纵"。

简单地说，"营利"就是"谋利"，以赚钱为目的，未必赚到钱；"盈利"指扣除成本，还赚到了钱。由上述分析不难得出，本书所指的零售商的盈利模式实际上应为营利模式，意在指出零售商通过何种方法谋取利润，而非强调实际上零售商赚到了多少利润。

但值得注意的是，学界及实务界相关论述多使用盈利模式一词，为尊重前辈及行业中约定俗成的说法，本书在论述时仍使用盈利模式一词，唯望读者能洞察其真意。

（二）国外研究的主要成果

虽然国内外经济学界对盈利模式理论有非常多的研究，但是迄今为止学术界对盈利模式的界定还没有达成共识。国外学者的研究成果主要如下。

（1）帕累托效应对盈利模式的分析。1897 年意大利经济学家维弗利·帕累托创立了帕累托原理（又称 20/80 法则）。英国经济学家理查德·科克在对帕累托效应（Pareto Effect）进行分析论证之后，成功地将它引入零售学领域用以解释零售商盈利模式的 20/80 法则，即一个零售商的 80% 的销售额通常是由 20% 的顾客创造的，而这 20% 的顾客中有 80% 是商店的回头客。❶

（2）从商业模式的角度来分析零售商的盈利模式。Morris 等人在广泛回顾商业模式的基础上，将商业模式的定义归为三类（经济层面、运营层面和战略层面），从运营上讲，商业模式表现为企业内在运作过程和组织结构设计，这些过程和组织结构创造能够为企业不断创造价值和获取利润（即盈利模式）。❷

（3）围绕经济利益分配分析盈利模式。罗伯特·卡普兰和大卫·诺顿两人认为零售商盈利模式形成的关键核心是围绕经济利益分配，表现为零售商购销差价水平，采购价格水平是零售商和厂商博弈的结果，而销售价格水平

---

❶ 理查德·科克·帕累托：《80/20 效率法则》，海潮出版社 2005 年版。

❷ Morris, M., Allen, J.: "The Entrepreneur's Business Model: Toward a Unified Persperctive"，载《Journal of Business Research》，2003 年第 58 期。

又是零售商和顾客博弈的结果，因此，购销差价就是零售商与厂商、消费者三者之间博弈的结果，在博弈过程中谁能占据主导地位，最后就能形成以谁为中心的盈利模式。❶

（三）国内学者的主要观点

（1）国内的一些学者继承了国外学者基于商业模式基础上的盈利模式的观点。如，上海商学院的刘建民教授认为，零售企业的商业模式中最重要的就是盈利模式，当前大型零售商的盈利模式主要有以下几类：购销差价模式、类金融模式、通道费模式和低成本模式。❷ 魏炜、朱武祥两位教授认为，盈利模式是指在价值链所有权和价值链结构给定的前提下，零售企业如何获得收入、赚取利润和分配成本的一系列活动，是企业利益相关者之间利益分配结果的表现。❸

（2）国内另外一些学者则是从零售企业商业架构层面来理解盈利模式的。郭金龙、林文龙等人认为，盈利模式是零售企业通过企业自身和利益相关者之间资源优化组合而最终形成的一种价值创造、利润获得和利益分配的零售企业商业架构。❹

（3）2009 年陈立平教授提出了"价值型"盈利模式的概念，认为当前零售商"通道费"盈利模式造成了零供关系恶化，这种模式难以持续。零售商应该从满足消费者需求的角度出发，注重整个价值链的价值创造，形成以价值链创造为核心的"价值型"盈利模式。❺ 同年，顾国建教授发表了《中国零售业须从保利型向价值型经营方式转变》一文，认为零售商应该通过优化整个供应链过程，使其经营方式逐步实现从"保利型"向"价值型"转变。❻

（四）盈利模式的含义概括

综合国内外经济学者的观点，可以将零售商盈利模式的含义简单概括为：盈利模式就是零售商综合利用各种方法、途径，获取持续、稳定的利润用来维持企业正常运行和扩张发展的一种经营模式。但是，盈利模式不是一个短

---

❶ 罗伯特·卡普兰、大卫·诺顿：《平衡记分卡》，广东经济出版社 2004 年版。

❷ 刘建民："超市通道费法律规制环境研究"，载《上海商学院学报》2011 年第 2 期。

❸ 魏炜、朱武祥：《发现商业模式》，机械工业出版社 2009 年版。

❹ 郭金龙、林文龙：《中国市场十种盈利模式》，清华大学出版社 2005 年版。

❺ 陈立平："零售业：食利型经营模式难以承担扩大内需的重任"，载《上海商业》2009 年第 9 期。

❻ 顾国建："中国零售业须从保利型向价值型经营方式转变"，载《商贸观点》2009 年第 12 期。

期的促销方式或者竞争策略，而是更加注重用有效的经营和管理为零售商带来源源不断利润的稳定有效的这样一种模式。

　　大型零售商具有双边市场的特征，双边市场是指大型零售商作为平台型企业，具有向供应商与消费者双方提供一系列交易服务的复合型功能。这一特征表现在：其以服务功能为基础，扮演着生产者的销售代理人与消费者的采购代理人角色；大型零售商除了陈列展示商品，与消费者进行产品交易，也提供复合型平台服务，与供应商进行产品、信息与信誉等生产性的要素交易，并索取相应的利润回报。

　　大型零售商能够以内部组织管理的方式有效整合市场的供给和需求信息，既是制造商的销售代理人，也是消费者的购买代理人，已经演变为双边市场中的交易平台，这种大型零售商的双边市场特征，使得现代大型零售商的盈利模式已由通过销售商品获取收益，转变成作为平台企业，通过向两边用户——制造商和消费者提供服务而盈利。因此，其盈利模式更加多样化。

二、常见盈利模式介绍

　　虽然国内外经济学界对盈利模式理论有非常多的研究，但是迄今为止学术界对盈利模式的界定还没有达成共识，以下列举一些国内外学者的观点：国外的一些学者是从零售商盈利的帕累托效应对盈利模式进行分析的。1897年意大利经济学家维弗利·帕累托创立了帕累托原理（又称20/80法则）。英国经济学家理查德·科克在对帕累托效应（Pareto Effect）进行分析论证之后，成功地将它引入零售学领域用以解释零售商盈利模式的20/80法则，即一个零售商的80%的销售额通常是由20%的顾客创造的，而这20%的顾客中有80%是商店的回头客。[1] 国外另外一些学者则是从商业模式的角度来分析零售商的盈利模式的，或者认为零售商的商业模式就是其盈利模式。Morris等人在广泛回顾商业模式的基础上，将商业模式的定义归为三类（经济层面、运营层面和战略层面），从运营上讲，商业模式表现为企业内在运作过程和组织结构设计，这些过程和组织结构创造能够为企业不断创造价值和获取利润（即盈利模式）。还有一些学者则是围绕经济利益分配来研究零售商的盈利模式。罗伯特·卡普兰和大卫·诺顿两人认为，零售商盈利模式形成的关键核心是

---

[1] 理查德·科克·帕累托：《80/20效率法则》，海潮出版社2005年版。

围绕经济利益分配，表现为零售商购销差价水平，采购价格水平是零售商和厂商博弈的结果，而销售价格水平又是零售商和顾客博弈的结果，因此，购销差价就是零售商与厂商、消费者三者之间博弈的结果，在博弈过程中谁能占据主导地位，最后就能形成以谁为中心的盈利模式。❶

在此基础上，现在零售商的商业盈利模式主要有以下几种。

（1）进销差价模式。进销差价模式是零售企业最传统的盈利模式，零售企业通过低成本从供货商处进货，以较高的价格卖给顾客，从而获得利润。零售企业除了进货成本外，主要是管理成本和交易成本。零售企业通过运用先进的管理经验和科学技术来降低成本，为顾客节省每一分钱，向顾客提供最实惠的商品。沃尔玛是"进销差价低成本模式"的典型代表。沃尔玛的口号是"天天低价"，通过大规模采购和销售获得较高的毛利率。沃尔玛在成立之初就十分注重降低成本，在随后的发展过程中始终致力于控制成本，建立起先进的信息管理和物流配送系统。这使沃尔玛的销售成本低于同行业平均成本的 2%～3%，也成就了沃尔玛的零售帝国。

（2）通道费模式。通道费是指供应商为使自己的产品进入零售企业的销售区域并陈列在货架上而事先一次性支付给零售企业，或在以后的销售货款中由零售企业扣除的费用。通道费是供应商向零售商支付的其运用商业资本的代价，这是无可厚非的。另外，收取通道费也使零售商能够选择实力较强的供应商进入卖场。通道费模式是一个备受争议的模式，零售企业可以利用其流通主导权，向供应商收取各种各样的费用，分享供应商的利润，这容易引起供应商和零售商的冲突。

（3）自有品牌模式。自有品牌模式是指零售商通过销售与自己公司的符号或标记相同的产品以获得销售利润的盈利模式。零售商的自有品牌是指零售商根据对消费者行为的分析和对消费者消费倾向的预测组织开发、生产并享有该产品的商标权的商品品牌。零售商是直接接触消费者的，十分熟悉消费者的消费行为。零售商可以通过分析消费者行为，选择好自有品牌的商品并通过生产或定制的方式获得。

零售商自有品牌开发的优势：自有品牌产品成本低廉；开发自有品牌产品可以减少中间环节，大大节省交易费用；自有品牌产品仅在本企业内部销售，可以借助宝贵的商誉资产；自有品牌的开发赋予了零售企业市场经营的

---

❶ 罗伯特·卡普兰、大卫·诺顿：《平衡计分卡》，广东经济出版社 2004 年版。

主动权和制定价格的主动权；零售企业成为市场经营的积极参与者，增强了企业的抗击风险能力，实现了产业利润由制造商向零售商的转移；有利于组成工商战略联盟。

目前，自有品牌最成功的零售商是瑞典的宜家家具，其全部的销售都来自自有品牌。在国外，稍大一些的零售企业几乎都有自己的自有品牌。美国著名品牌零售商西尔斯 90% 的商品都是来自自有品牌，日本最大的零售商大荣连锁集团自有品牌数量占 40%。

（4）网上零售模式。网上零售模式是指零售商应用互联网技术达到价值链优化，从而把商品卖给顾客的一种盈利模式。网上零售即现在所说的电子商务中的 Btoc 模式。网上零售可以打破传统零售的时间和空间限制，达到 24 小时 7 天的服务，实现实时经济，提升顾客价值。网上零售之所以盈利，主要是因为互联网技术使零售企业的价值链得到优化，新的价值链由于应用互联网后的传统商务环节的转移与经营管理成本的下降，导致利润的明显上升。新增利润主要有三个部分：电子商务替代零售企业基本活动中的传统商务环节产生的收益递增利润；电子商务替代零售企业辅助活动中人工操作产生的管理成本的下降；第三方物流达到零库存，从而使经营成本降低。网上零售主要有两种模式：传统零售企业开展电子商务和纯网络型零售企业。一些传统的零售企业因为成本居高不下，现在逐步走向传统零售业电子商务模式。比较成功的例子如沃尔玛、北京西单商场。纯网络型零售企业的典型例子如亚马逊、当当书店、卓越网等。❶

三、国外大型零售商的主要盈利模式

国外零售商一般采取的是通过扩大网点和提高销售规模逼迫供应商降低采购价格，获取采购差价以达到盈利目的的"吃差价盈利模式"❷。国外大型零售商的这种盈利模式要想获得成功，需要满足以下两个条件：第一，零售商要有足够的规模，足以左右厂商的定价行为。零售商如果规模较小，就丧失了与厂商议价的能力。第二，零售商通过大量销售降低了厂商的库存，使厂商即使降低了零售商的进价也还有利可图。

---

❶　朱荣坡、张洁："现代零售企业盈利模式"，载《合作经济与科技》2006 年第 12 期。
❷　吴红光："我国本土零售商的盈利模式与规模扩张"，载《社会科学家》2010 年第 4 期。

（一）沃尔玛模式

沃尔玛模式的核心竞争力是先进的信息系统与现代化的物流配送系统，是指通过降低采购、物流成本来实现盈利，且注重与供应商发展良好的合作关系，以降低供应商的运营成本。沃尔玛模式可以简单概括为以下几点：（1）总部统一采购，避开中间商；（2）低廉的物流成本；（3）更有效的库存管理；（4）良好的零供合作伙伴关系。

（二）家乐福模式

家乐福模式又称"通道费"模式，通道费是家乐福"盘剥"供应商最主要的手段，占到家乐福整体收入的1/3以上，而且家乐福又通过极低的进价极大地压缩了供应商的利润空间。❶家乐福模式可以简单概括为：（1）统一进货，利用大量进货压低进货价；（2）严格控制管理费用，减少不必要的开支；（3）通过各种途径压榨供应商。

（三）百思买模式

百思买模式是一种以客户需求为中心的运营模式，它提倡为客户提供最大化的增值服务，而且非常注重单个产品的盈利能力。❷百思买模式具体可以概括为以下三点：第一，差异化营销战略；第二，与消费者、供应商三者的共赢；第三，销售领域内较强的专业能力。

（四）国外大型零售商盈利模式给我国大型零售商的启示

由国外大型零售商的经验可以看出，那种"吃供应商"的盈利模式已经不合时宜，也不能满足我国大型零售商未来发展的需要。因此，我们可以借鉴国外大型零售商盈利模式的成功经验：第一，转变原有的盈利模式，更加注重零售商的桥梁作用，实现零售商、供应商和消费者三者的共赢；第二，根据消费者的不同需求制定差异化经营策略，更加注重以客户需求为中心的营销方式；第三，注重与供应商建立战略合作伙伴关系，通过拓宽盈利渠道、降低物流成本实现企业的真正盈利。

---

❶ 王晗、陈文兵："沃尔玛模式 VS 家乐福模式——基于成本领先战略的分析"，载《企业导报》2010 年第 1 期。

❷ 李云飞："中国家电连锁企业盈利模式分析"，载《科技资讯》2008 年第 30 期。

四、我国大型零售商的主要盈利模式

（一）我国大型零售商盈利模式概说

（1）商品毛利的盈利模式。该盈利模式是以进销差价为基础，利润来自商品销售实现的毛利，零售企业努力压低进货价格，然后用各种促销手段实现销售，以获取最大的购销差价。过去我国零售企业主要采取这种盈利模式。这种零售盈利模式的实现需要具备两个条件：一是零售企业规模足够大，可以左右厂商的价格行为；二是零售企业可以通过大量销售降低厂商的生产成本，以便在降低零售商采购价格后还有利可图。

（2）后台毛利的盈利模式。该盈利模式是零售商从供应商身上获得的收益，前者利用门店和货架资源向后者收取各种名目的通道费和返利，盈利不是实现于前台销售，而是实现于后台交易。后台毛利的多少与零售商的进货数量及企业品牌影响力有很大关系。

（3）占用资金的盈利模式。零售商占用资金包括对供应商资金的占用和对顾客资金的占用两个方面。前者是利用商品出售到付款期的时间差获得资金的利息收入。其中有合理的占用，即在约定的付款期限内；也有不合理的占用，即超过约定期限拖延付款。而现在，许多零售商大都通过延期付款获取资金收益。后者则是通过出售购物卡提前回笼资金，利用购物卡和实现消费之间的时间差获取收益。

与国际大型连锁超市如沃尔玛、家乐福相似，我国本土大型零售企业，如联华模式，就是以多业态经营为主，采用平铺发展与跳跃发展相结合的这样一种模式。而苏果模式就是把先进的连锁超市业态渗透到广大农村市场，建立城乡共用的流通平台这样一种盈利模式。联华模式和苏果模式都是规模化扩张和连锁经营的佼佼者。稍有区别的是，联华的扩张策略是以上海为核心，沿沪宁、沪杭两条高速通道向外辐射扩展，紧接着以跳跃扩张的方式在全国扩张。联华的中心城市跳跃发展战略运用得非常成功，由此奠定了其在我国本土超市集团龙头老大的地位。❶ 而苏果采取的是农村扩张战略，苏果的

---

❶ 孙明："巩固领先优势缔造卓越地位——联华超市持续做大做强"，载《商业企业》2008 年第2 期。

农村战略是基于我国目前的人口分布现状。我国 13 亿人口中有 80% 生活在农村，农村市场蕴藏着无限的发展潜力。正是基于我国的实际情况，苏果制定了农村扩张战略。

（4）增值服务模式。免费增值服务已经悄然成为商家们进行商业竞争的重要武器。免费宰杀、免费切割、免费包装、免费加冰块等提示性海报预示着超市业正在掀起一场在服务上进行深度延伸的商业风暴。更有商业专家认为，与其说超市业开始进入服务竞争的崭新阶段，不如说商家们逐渐意识到差异化经营、个性化服务所带来的商业好处，以"体验经济"的模式来打造购物氛围，这或许是挽救低迷人气、重塑超市形象的一记妙招。

以上模式中，比较受到争议的是后台毛利的盈利模式，即通常意义上的通道费问题。但是，我们不能一味地批评通道费的存在。通道费只是零售商利润的一个组成部分，与零售商其他利润来源具有此消彼长、互相替代的关系。离开零售商的其他利润来源，单独就通道费本身很难解释清楚其形成原因和作用，也难以判断收取通道费是否合理以及是否需要规制。因此，需要从零售商的盈利模式角度来研究这个问题。

根据商务部的统计，2005 年和 2006 年我国连锁超市毛利率分别为 12.6% 和 12.9%。[1] 在如此低毛利的情况下，返利与通道费就成为超市不可或缺的盈利模式。2006 年 11 月，商务部等五部委联合出台的《管理办法》正式实施，该法规对零售商账期进行了规范，付款最长期限为 60 天，零售商不能再对供应商拖延付款以获取收益，故将账期收益改为向供应商索取返点。

针对不同的供应商，零售商往往采取不同的盈利模式，目的是实现货架平均收益。通常来说，拥有一线品牌的是大型供应商，而二线、三线品牌代表的是中小供应商。大型供应商交纳的通道费少于中小供应商（有时是相对量），原因在于大型供应商的产品品牌消费者认知度高、商品销售量大、周转速度快，能给零售企业带来较多的销售毛利和返利。因此，大型供应商可以不交或少交通道费。而大多数中小供应商的产品品牌知名度不高，商品销售慢，销售毛利额的贡献程度小。

因此，零售商就要加大返利和通道费的收取予以弥补。对于三线品牌，

---

[1] 何振红："连锁商企正在向'大而强'迈进"，载《经济日报》2006 年 4 月第 7 期。

由于销售量小，即使提高返利率，其返利额也仍不能满足零售商货架平均收益，零售商只有加大对其收取费用来弥补。零售商是通过调整商品毛利、返利和通道费三个部分而使每个货架都产生平均收益。零售商针对规模与品牌不同的供应商收取不同的通道费，主要不是供应商强弱导致通道费的多少，而是供应商在商品毛利和返利方面的贡献不同导致了通道费的区别。对零售商而言，通道费不是唯一的收入来源，重要的是供应商在前台毛利和后台毛利上的综合贡献。

零售商在这几种盈利模式中的转换与选择，根本上取决于新型合作关系的建立，改变了顾客、零售商、厂商三者之间利益此消彼长的博弈关系。方法是优化渠道价值链，降低费用，使渠道总利润增加，顾客、零售商和厂商三方共享价值链优化带来的利润。优化价值链的核心是降低三方特别是零售商和厂商双方的费用成本，回到零售商通过主营业务盈利的模式上来。沃尔玛和宝洁就建立了这种新型的工商关系。沃尔玛利用信息手段为宝洁产品在各个店铺的销量变化作出了完备记录，宝洁可以进入沃尔玛的电脑系统跟踪自己的所有产品，哪一个品种销量大就及时增加生产，否则就及时减少生产，并根据协议随时自动补货，这不仅使宝洁的产品销售量大大增加，而且使双方的库存和退货物流几乎为零，双方的渠道费用都大大降低，分享了优化价值链所带来的诸多利润。[1] 这应成为中国零售业未来的理想盈利模式。

（二）我国家电连锁企业盈利模式比较分析

1. 国美模式与苏宁模式的相同之处

（1）占取供应商资金的类金融模式。

类金融模式是指在实际经营时零售商延期数月支付供应商货款，这使得其账面上长期存有大量浮存现金，并形成"规模扩张——销售增加提升浮存现金——占用供应商资金用于规模扩张——进一步规模扩张提升零售渠道价值"这样一个资金内循环体系[2]，如图6-1所示。

---

[1] 李飞、汪旭晖："中国零售业盈利模式的演进与发展趋势"，载《改革》2006第8期。
[2] 刘建民："超市通道费法律规制环境研究——五论'零供'关系法律调整"，载《上海商学院学报》2011年第2期。

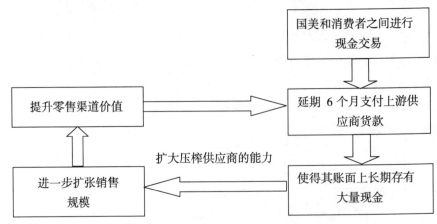

图 6-1　类金融模式运作示意图

（2）"商地搭档"模式。

国美、苏宁依靠类金融模式占用了供应商大量资金，除了满足公司规模扩张的需要之外，还有一大部分剩余资金未被很好地利用。于是，地产与电器零售相结合的"商地搭档"模式应运而生，并且日益成为国美和苏宁商业帝国的企业基石和重要的扩张工具。

2. 国美模式与苏宁模式的不同之处

（1）苏宁有自己明确的商品侧重点。

众所周知，国美商业帝国的企业基石是与其对于影音设备产品的侧重分不开的，而苏宁却反其道而行之，将自己的目光放在了空调市场。原因很简单，苏宁通过对电器商品毛利率的分析得出，空调的毛利率在所有家用电器中最高，可达到约 11.5%；而其他家居常用的电器，如彩电的毛利率只有5.63%，手机为 4.67%，电冰箱及洗衣机为 8.40%，IT 产品为 6.27%，等等。家用电器的毛利率如图 6-2 所示。

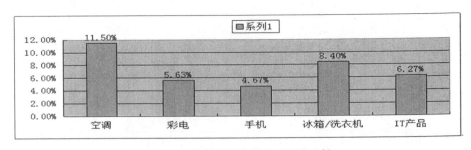

图 6-2　家居常用电器的毛利率比较

注：数据来源于苏宁年报。

（2）苏宁与供应商建立了良好稳定的合作伙伴关系。

苏宁的成功离不开其与几大空调供应商建立起来的合作伙伴关系。在苏宁早期的发家史中，苏宁的成功做法是：淡季打款，旺季销售。由于苏宁可以做到在淡季打款，这就减少了供应商的库存和资金压力；这样，在空调销售的旺季，空调供应商就会优先把产品供应给苏宁，优先而充足的货源保障使得苏宁在当时的"空调大战"中能够占尽优势。反观国美，其非主营业务模式（见图6-3）过多地压榨了供货商的利润，而过分依赖这样的模式也为国美后来的发展埋下了隐患。

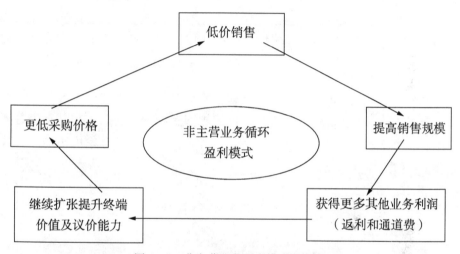

图6-3　非主营业务盈利模式示意图

（3）企业规模扩张的不同。

国美与苏宁的不同之处在于：第一，国美的"外延式增长"方式。国美的快速发展主要得益于其一系列成功的收购事件，如表6-1所示。2009年，国美因受"黄光裕事件"的影响关闭了很多"无效"门店，而苏宁则一鼓作气坐上了我国零售百强的宝座。国美收购后难以消化、尾大不掉的恶果正在显现。

表6-1　2005—2008年国美电器重要收购事件

时间	收购事件	涉及门店数（家）
2005年4月	收购哈尔滨黑天鹅	13
2005年8月	收购深圳易好家	10

续表

时间	收购事件	涉及门店数（家）
2005 年 11 月	收购江苏金太阳家电	8
2006 年 7 月	收购上海永乐 90% 股份	近 70
2007 年 9 月	收购陕西峰星	22
2007 年 12 月	收购北京大中电器	近 90
2007 年 12 月	收购山西北方电器	5
2008 年 2 月	收购大连讯点手机连锁	近 20
2008 年 3 月	控股三联商社	近 200

注：数据来源于国美电器年报，2009 年以后，由于受"黄光裕事件"的影响，国美关闭了 300 多家"无效"门店，国美的并购步伐暂告一段落。

第二，苏宁的"内生式增长"方式。苏宁之所以选择"内生式增长"的发展方式，是因为优秀的标的资源都已经被国美抢走。而国美却硬是逼着苏宁在平台管理上越走越远，苏宁最终苦尽甘来，奠定了自己家电市场领头羊的地位，如图 6-4 所示。

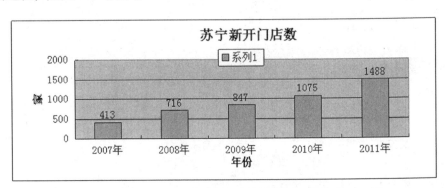

图 6-4　苏宁电器近 5 年来新开门店数

数据来源：中国江苏网，http://www.jschina.com.cn/.

（三）联华模式与苏果模式比较分析

1. 联华模式与苏果模式的相同之处

（1）规模化扩张。

超市连锁企业非常注重规模化扩张。联华始终坚持内生发展之路。截至 2010 年 3 月，联华超市共拥有 5239 家门店，分布在全国 100 多座城市，资产总额高达 700 多亿元，可谓国内首屈一指的超市大集团。苏果是在激烈的市场竞争中迅速成长的。[1] 2003 年，苏果的销售额已达到 95.8 亿元，门店总数为 1162 家；截至 2010 年 3 月，苏果的销售额更是高达 368.28 亿元，拥有门店总数 1905 家，市场范围遍布苏、皖、鲁、豫等地，成为国内仅次于联华的第二大超市集团。[2]

（2）积极进行业态创新，多种业态共同经营。

联华和苏果都非常重视进行新业态的创新，不过，苏果在这一方面做得更加出色。从 1998 年开始，苏果的多业态发展速度惊人，具体表现在：第一，1999 年 2 月在南京尝试开设便利店；第二，2000 年在南京尝试开设大型综合超市；第三，2002 年在南京尝试开设社区店。联华诞生之初只是上海的一家传统的超市公司。如今，除了生活超市以外，联华更是创立了新标超、世纪联华、快客便利、药业连锁、联华 OK 网上销售等五大业态。

2. 联华模式与苏果模式的不同之处

（1）联华的中心城市跳跃发展战略。

联华一向被人冠以"零售连锁推土机"之称，其以业内相当出名的"推土机式"发展为主、"跳跃式"发展为辅的模式进行扩展，由点及面，辐射周边。1997 年以后，联华开始走出上海，向全国扩展。联华的扩张策略就是以上海为核心，沿沪宁、沪杭两条高速通道向外辐射扩展，紧接着以跳跃扩张的方式在全国扩张。联华一开始考察了全国 300 多个城市，而最后只列出了 60 多个城市的名单，这些城市基本上又都是省会中心城市。因此，联华的中心城市跳跃发展战略运用得非常成功，由此奠定了其在我国本土超市集团龙头老大的地位。[3]

（2）苏果的农村扩张战略。

与联华的中心城市跳跃发展战略背道而驰，苏果采取的是农村扩张战略。苏果的农村战略是基于我国目前的人口分布现状。我国 13 亿人口中有 80% 生活在农村，农村市场蕴藏着无限的发展潜力。正是基于我国的实际情况，苏果制定了农村扩张战略。自 1998 年开设第一家农村加盟店以来，截至 2003

---

[1] 孙明："巩固领先优势缔造卓越地位——联华超市持续做大做强"，载《商业企业》2008 年第 2 期。
[2] 上海理工大学："苏果超市——连锁超市电子商务的探索"，载《电子商务》2006 年第 5 期。
[3] 孙明："巩固领先优势缔造卓越地位——联华超市持续做大做强"，载《商业企业》2008 年第 2 期。

年 7 月，苏果的 600 余家加盟店形成了以南京为中心、辐射周边城市的超市网络。当然，苏果的农村扩张战略的成功离不开其农村现代物流的建设，农村现代物流、城乡联动网络是苏果模式的最核心部分。❶

（四）我国若干大型零售商盈利模式优劣分析

1. 优势分析

（1）结合自身特点创立独特的盈利模式，发挥自身优势进行市场竞争。

第一，我国家电巨头的"商地搭档"模式。国美、苏宁依靠"类金融"模式占用了供应商大量的资金，除了满足公司正常需要之外，国美和苏宁将一部分未被充分利用的资金投资房地产业，"商地搭档"模式应运而生，成为国美和苏宁商业帝国的企业基石。

第二，我国大型超市的"多业态经营"模式。所谓"多业态经营"模式，是指一个零售企业或者零售企业集团下有多种业态，其以某一种优势业态为主，针对不同细分市场采用与之相应的业态，以达到和满足不同细分市场的消费者的消费需求，扩大市场覆盖面，以有效占领市场的经营模式。❷ 正如上文提到的那样，目前联华共拥有新标超、世纪联华、快客便利、药业连锁、联华 OK 网上销售等五大业态；苏果共拥有超市、便利店、社区店、大型综合超市等多种业态。"多业态经营"模式已经成为国内大型超市重要的经营模式。

（2）强强联合，进行规模化扩张发展。

就目前国内的实际来看，强强联合，进行规模化扩张是大型零售商进行市场竞争的不二法门。为了应对外资巨头的冲击和挑战，国内的大型零售商纷纷实行规模化扩张，国美就是最好的例证。国美电器的规模化发展以收购为主，截至 2009 年 9 月，国美陆续成功收购了易好家、永乐、大中、三联商社等十几家知名企业，并且连续六年稳居零售百强之首，这与国美的规模化扩张战略是分不开的。当然，超市连锁也选择了同样的道路，2004 年 5 月苏果牵手华润万家和 2009 年 6 月百联全部收购联华股份就是最好的证明。

（3）立足国情，加紧对三四线市场争夺的步伐。

正所谓"知己知彼，百战百胜"。由于外资零售巨头对我国一、二线市场的争夺非常激烈，却尚未进军我国的三、四线市场，所以，本土零售商应该

---

❶ 上海理工大学："苏果超市——连锁超市电子商务的探索"，载《电子商务》2006 年第 5 期。

❷ 洪峰、姚晓宁："企业多业态经营模式及其发展趋势"，载《中国零售研究》2009 年第 2 期。

避开外资零售巨头的竞争，进军三、四线市场。最早意识到这一点的就是苏果，如今，苏果的千余家加盟店已经在苏、皖、鲁等经济发达的三、四线市场遍地开花，形成了以南京为中心、辐射周边城市的超市经营网络。苏果的成功给苏宁的领导人上了一课，苏宁于 2012 年进军三、四线市场，开设 200 余家县镇店。国内最大的零售航母进军三、四线市场，给我国的零售业带来一次重大的冲击和转型。

2. 劣势分析

（1）零售信息化发展缓慢，进行网络销售困难。

从国外的经验来看，沃尔玛是世界上率先使用条形码技术的企业，其于 20 世纪 70 年代率先在全球使用了卫星通信系统，90 年代又率先使用了全球配送系统。作为零售业信息化的重要组成，电子商务已经在全球悄然兴起，并且日益成为提升零售企业核心竞争力的利器。利用电子商务、实现网络销售最成功的例子当属著名的网络零售商亚马逊。除此之外，这样的网络零售商还有英国的特易购（Tesco）和美国的 Safeway、eBay、J. C. Penney 等。但是，电子商务在我国近几年才刚刚兴起，即使像国美和苏宁这样的家电巨头也才刚刚意识到电子商务的重要性。由此可见，我国的零售业信息化发展异常缓慢，而网络销售的重要性还没有引起我国大型零售商的足够重视。

（2）零售商物流建设先天不足，成本非常高。

从国外的经验来看，沃尔玛率先在全球建立起高度专业化、社会化、共同化的物流配送中心，并且创立了通过降低采购、物流成本来实现盈利的"沃尔玛模式"；沃尔玛和家乐福等外资零售巨头也率先在全球构建了零售业供应链体系，以降低零售商的库存和缺货率。相比之下，我国的物流起步晚，发展缓慢，而且物流效率非常低下，物流人才十分匮乏，所有这些造成本土零售商的物流成本非常高。而高物流成本往往会向消费者身上转移，面对沃尔玛、家乐福等外资零售商在国内打着"每日低价"、"平价销售"的旗号，消费者就会采取"报复消费"的方式转而到外资零售商处购物，我国的中小型零售商因为招架不住而纷纷倒闭破产，而大型零售商也只能勉强自保。

（3）零供关系恶化，矛盾重重。

零供之间在所谓的双赢背后，隐藏的都是对各自利益的追逐，零供关系的本质也是竞争。❶ 在国内，现代零售业的快速发展使得零售商在零供关系谈

---

❶ 王涛：《供零战略——供应商如何冲出零售商的货架包围》，中国社会科学出版社 2007 年版。

判中逐渐占据了主动地位，这种变化给供货商带来了前所未有的挑战，供应链的领导者正在从供货商向零售商转移。零售商的强势几乎压得供货商喘不过气来，以前简单的合作关系变成了一段供货商反抗零售商压迫的历史。如国美、苏宁等家电巨头占用供货商大量资金而快速发展的过程，已经迫使很多电器制造商降低了自己的盈利水平。而像联华、苏果等通过"通道费"获取高额利润水平的背后，无不是通过压榨供货商的利润空间得来的。这种恶化的零供关系不利于我国大型零售商的发展。

五、零售商盈利模式的发展

在分析比较国内外大型零售商成功的盈利模式之后，探究我国大型零售商未来的盈利模式是非常必要的。本书主要总结了以下三个盈利模式。

（一）网上销售盈利模式

随着我国电子商务的逐步发展，网络市场近几年来发展迅速。例如淘宝网，截至 2008 年年底，注册会员超过 9800 多万，交易额近 1000 亿元，占据近 80% 的网络市场份额。京东商城已经占据国内 B2C 市场近 30% 的份额，这对本土零售商来说是一个很大的诱惑。苏宁电器的另一项重大变化是下属的苏宁易购公司成立并开始独立运作，网上销售额从 2010 年的 20 亿元上升到 2011 年的 80 亿元，增幅高达 400%；国美电器网上商城也力争 3 年内网上销售占比达到 10%。甚至苏果和联华也开始了网上销售的大胆尝试。网上销售盈利模式未来的前景可谓一片光明。

（二）低成本运营盈利模式

关于这一盈利模式，我国大型零售商可以借鉴沃尔玛的经验。沃尔玛是以节约物流成本著称的，沃尔玛的核心竞争力是通过不断降低物流成本和提高库存周转率等方式来降低成本。而我国的零售企业由于将诸多导购员工资、办公和场地费用转移给了厂商，因此其营业费用非常低。在这一方面做得比较突出的是苏宁电器，苏宁低价的背后是与供应商建立了友好的合作伙伴关系，而有些零售商低价的背后却是压榨供应商的结果。因此，我国大型零售商未来的盈利模式还必须转移至优化渠道价值链的共享收益上来，这样才能和供应商建立良好的合作伙伴关系，才能有利于家电零售商的健康发展。

（三）零供互利盈利模式

零供矛盾由来已久，大型零售商的快速发展无一不是压榨了供应商过多的利润而迅速崛起的。而且，大型零售商占用供应商资金的现象非常普遍，一旦零售商破产或出现经营困难，就会给众多中小型供应商的生存带来严重的影响。因此，我国的大型零售商必须逐步转变靠吃供货商的盈利模式为依靠零供互利的盈利模式。如，苏宁电器早期与几个空调供应商建立了良好的合作关系，苏宁的成功做法是淡季打款、旺季销售。空调供应商给予苏宁的优先而充足的货源保障使苏宁在当时的"空调大战"中占尽先机，这也是苏宁能够迅速崛起的关键原因。因此，我国的大型零售商应该遵循供应链的合作理念，注重与上游供应商紧密合作，打造新型的零供合作关系。

第七章　我国零供关系法律规制

一、我国零供关系现状

(一) 零售商的强势地位逐步确立

零供关系之间的交易行为本质上体现了零售商与供应商之间、零售商与零售商之间、供应商与供应商之间的市场竞争与合作，竞争的结果是资源在各竞争者之间得到配置。

2000年以来，进入中国的外资零售企业加速发展。国内大型连锁企业、便利店、购物中心等纷纷涌现，零售商变得越来越强势。据中国商业联合会和中华全国商业信息中心2008年4月8日联合发布的统计数据显示，全国百强零售企业2001—2006年平均年销售额从23.4亿元跃升至87.43亿元，年均增长率为30.1%；百强企业销售额占全社会消费品零售总额的比重一再提高，2001年百强企业销售额占全社会消费品零售总额的比重为5.44%，以后每年逐渐上升，2005年这一比例达到11.02%，2006年进一步上升至11.47%。2001年百强企业前10名销售额合计792.4亿元，占百强销售额合计的33.8%；2006年前10名企业销售额高达4089.8亿元，占百强企业销售总额的比重上升至46.68%。这些统计数据表明，我国大型零售商的市场份额不断上升，市场集中度进一步提高，同时也显示出国内零售企业规模扩张的强劲势头。

(二) 上海商业零供交易关系的现状调查❶

国家和上海市政府主管部门尽管出台了一系列规范零售商行为的法规，但还存在许多盲点。上海商学院课题组曾受商务部市场建设司委托，经过近

---

❶　参见上海市商务委员会、上海商学院课题报告《上海商业零供交易关系研究》。

两年的调研，分别向零售商和供应商发放了 317 份《零供公平交易状况调研问卷表》（其中，上海地区的零售商有 28 家，涵盖超级市场、便利店、大型综合超市、仓储式会员店、百货商店、家电卖场、建材店等业态；供应商有 41 家，包括休闲食品、饮料、个人护理清洁品、家居用品、百货、家电、建材等行业）；并实地调研了上海市麦德龙、家乐福、华联超市、大润发、良友便利、深圳沃尔玛等零售商，以及上海的光明乳业、冠生园食品、恰恰食品、申美饮料、杭州华味亭食品等供应商，于 2009 年年底完成《中国快速消费品公平交易状况研究》报告。本次本课题组又在上海、北京、深圳、福州、兰州、秦皇岛、威海等地实地调研了多家零售商和供应商，详细了解了目前零供交易中通道收费、退货、账期、购销合同等方面的现状和零供双方对改善交易的认识情况。由于上海是中国现代商业的发源地，处于中国经济最发达的长江三角洲的中心，是中国大型连锁商业总部最集中的市，是中国供应商资源最丰富的城市，也是零供矛盾比较突出的地区之一，所以，以上海地区为典型的零供关系状况调查具有较强的代表性，对上海建设贸易中心有一定的现实意义。

下文就将调研所反映的基本现状简述如下。

1. 目前我国零供交易总体状况评价

大部分零售商与供应商对目前我国零供公平交易总体状况的评价集中于"比较满意"和"一般"，其中零售商达 64.1%，供应商 61.1%；"较不满意"和"不满意"的比例较低，其中零售商为 16.5%，供应商为 23%。由此可知，目前交易双方在对目前我国零供公平交易总体状况评价上持较为乐观和谨慎的态度。

2.《管理办法》颁布前后我国零供公平交易状况的变化

调研发现，《管理办法》颁布前后，零售商与供应商公平交易状况的变化差异不大，零售商与供应商的总体评价都不高。73.2% 的零售商和 68.1 的供应商认为《管理办法》颁布前后公平交易状况"差不多"；回答"有明显改善"的零售商和供应商仅有 14.1% 和 8.4%；还有 8.3% 的供应商认为"更加恶化"。

3.《管理办法》颁布前后公平交易的状况没有明显改善的原因

调研发现，零售商与供应商对《管理办法》颁布前后公平交易状况没有明显改善的原因的看法差异很大。零售商认为是"交易双方博弈的必然结果"的接近 3/4，认为"《管理办法》操作性不够"的占 26.2%，只有不到 10%

的零售商认为是"监管执行不力"和"交易强势方钻《管理办法》空隙"。而供应商认为是"《管理办法》操作性不够"、"监管执行不力"、"交易强势方钻《管理办法》空隙"和"交易双方博弈的必然结果"的比例均超过或接近一半，分别为 54.3%、56.7%、50.2% 和 48.8%。

4. 零售商收取通道费现象存在的客观条件

调研表明，零售商与供应商对零售商收取通道费现象存在的客观条件的看法差异很大。在零售商看来，收取通道费现象存在的客观条件因素按重要性前 3 位排列依次是："谈判博弈"、"零售商经营成本不断提高"和"行规"，分别占 62.4%、53.7% 和 40.9%。而在供应商看来，收取通道费现象存在的客观条件因素按重要性前 3 位排列依次是："买方市场的强势地位"、"谈判博弈"和"行规"，分别占 55.6%、49.5% 和 21.1%。由此可见，零售商并不认同"买方市场的强势地位"对通道收费的影响，供应商也不认同"零售商经营成本不断提高"是收取通道费的理由；同时，零售商和供应商都认同"谈判博弈"和"行规"因素，而不太看重"不同商品市场竞争程度差异"对通道费存在的影响。

5. 供应商向零售商支付通道费的原因

调研表明，超过 6 成（60.7%）的供应商认同支付通道费有利于"增加商品在店内陈列量和改善产品在店内陈列位置"，接近一半（47.3%）的供应商认为支付通道费是"零售商强制要求，避免退出零售商通道"，只有17.6% 的供应商将支付通道费"作为一种有效的竞争手段"。这一结果从一个侧面反映了供应商对通道收费合理性的认同。

6. 通道费在零售商其他业务收入中所占比例和通道费占供应商销售额的平均比例

（1）零售商所回答的通道费在零售商其他业务收入中所占比例为"超过50%""30%~50%""10%~30%"和"不到10%"的分别占 2.7%、13.6%、37.3% 和 46.4%，即超过 8 成的零售商回答通道费在零售商其他业务收入中所占比例不到 30%。

（2）供应商所回答的通道费占供应商销售额的平均比例为"超过 15%""10%~15%""5%~10%"和"不到 5%"的分别占 56.4%、31.3%、10.2% 和 2.1%，有超过一半的供应商回答通道费占供应商销售额的平均比例超过 15%。

综合上述调研结果以及课题组访谈了解的情况，零供双方都有偏颇之处：零售商回答"通道费在零售商其他业务收入中所占比例"偏低，而供应商回答"通道费占供应商销售额的平均比例"偏高。更接近实际情况的答案可能是："通道费在零售商其他业务收入中所占比例"普遍超过50%，而"通道费占供应商销售额的平均比例"平均在12%左右。相关统计表明，从2003年开始，国美、苏宁电器的净利润中非营业收入已超过营业利润。供货商交纳的促销费、进场费、推广费等正是商家"非营业收入"的重要来源。

同时，据麦肯锡估计，供应商为零售商提供的各种通道费大约占销售额的10%~15%，而6年前仅占4%。2004年中国零售上市公司其他业务收入与营业利润、净利润平均值之比分别达到97%和125%。其中，联华超市、华联综超等龙头企业其他业务收入与公司营业利润和净利润之比超过250%。如果扣除来自供应商的返利及交纳的通道费等其他业务利润，这些零售公司实际上均处于亏损境地。

7. 利用通道费排挤小供应商的情况

调研显示，在通道费是否被实力雄厚的大供应商用作竞争策略以阻碍对手的商品上架方面，零售商和供应商的观点截然相反。供应商和零售商在通道费被用作竞争策略方面的观点非常不一致。通道费作为一种排斥竞争的机制，供应商持赞同观点的超过3/4（78.4%），而零售商持反对观点的达到84.4%。

8. 收取通道费以阻碍新商品进场

问卷及访谈调研结果得出以下结论：供应商（77.7%）和零售商（63.6%）都认为通道费致使小供应商减少了新产品进场数量并降低了利润。同时，供应商普遍表示寻找替代分销渠道的原因之一也是通道费过高。

9. 收取通道费能否起到筛选供应商的作用

调研显示，在"收取通道费能否起到筛选供应商的作用"方面，零售商和供应商的观点截然相反。通道费作为一种进入市场的门槛机制，零售商持赞同观点的超过7成（70.3%），而供应商持反对观点的接近2/3（63.6%）。

10. 收取通道费是否会降低零售商内部经营管理意愿和能力

调研显示，在"收取通道费是否会降低零售商内部经营管理意愿和能力"方面，零售商和供应商的观点截然相反。通道费作为现阶段连锁零售商的一种重要利润来源和盈利模式，零售商持反对观点的近9成（89.6%），而供应商持赞同观点的高达（96.3%）。

11. 签订的购销合同文本提供方

问卷及访谈调研结果得出结论：零售商（72.9%）和供应商（84.1%）都反映签订的购销合同文本提供方是零售商。其次是由零供双方协商制定的合同文本（23.4%和14.4%），供应商（主要是大的品牌供应商）提供格式化合同文本的仅占1.9%和1.1%，而零供双方都反映几乎不采用工商管理部门制定的合同范本。这一结果一方面说明交易双方一对多博弈中，由于零售商面临更多的交易对象，由零售商提供合同文本更便于实际操作。

12. 购销合同中有无保底销售额和保底毛利额的规定

调研显示，在"购销合同中是否有保底销售额和保底毛利额的规定"方面，零售商和供应商的观点存在明显差异。近2/3的零售商持否定看法，而近2/3的供应商持肯定看法。由于本问题的表述十分明确，并且不太会出现理解和统计上的异议，所以，这一调研结果反映了零供双方在部分问卷填写时未完全表达真实情况。

（三）上海商业零供交易关系调查反映的主要问题

（1）通道收费依然是现阶段上海乃至我国连锁零售商的主要盈利模式。

调查表明：一方面毛利率持续下降，另一方面经营费用上升。据统计，2010年，上海大型超市快速消费品平均毛利率为10.8%，平均费用率为15.6%，平均净利润率为 –4.8%，即上海零售企业的经营费用率普遍超过毛利率，经营利润普遍处于极低水平（大部分企业的经营利润为负）。上海乃至全国零售商的盈利模式现阶段大多数是选择建立在通道收费的基础上。原来的收费项目换名为形形色色的折扣（收取入账折扣是我国法律明确允许的）和各种促销费；原来的通道费大多属固定费用，而现在的商业折扣随销售额变动。实际费用总额并没有降低，甚至还有所增加。

（2）大的品牌供应商交易合同文本的提供者是交易条件的主导方。

如食品饮料行业的卡夫、可口可乐、康师傅，高端白酒行业的茅台、五粮液，洗化行业的宝洁、联合利华，服装皮具香水行业的奢侈品 Louis Vuitton、Hermes、Prada、Chanel 等大的品牌供应商，虽然市场份额不高，但是影响力很大，市场优势地位极其明显，是交易合同文本的提供者，是交易条件的主导方，大多要求零售商预付货款、配合做促销计划、提供最好的商品陈列货架和位置、无偿提供几百万甚至上千万元的装修费，以及销量不足要按合同规定的数额向对方交纳"保本费"等。

（3）品牌供应商的净利润率大大高于零售商。

根据国家税务总局企业所得税税源报表统计数据测算，各行业平均利润率测算结果如下。工业：7%；运输业：9%；商品流通业（包括批发和零售）：3%；施工房地产开发业：6%；旅游饮食服务业：9%；其他行业：8%。零售商上市公司报表显示净利润率一般都在3%左右（见表7-1），而一般生产快速消费品的品牌商净利润率都在10%左右（见表7-2），奢侈品品牌供应商的净利润率往往都超过20%。

表7-1　主要上市连锁企业利润表——大型零售商

大型零售商	代码	上市地点	2011年净利润（%）	2010年净利润（%）
联华超市	00980	香港HK	2.277	2.404
苏宁电器	002024	深圳SZ	6.689	7.155
国美电器	00493	香港HK	3.076	3.853
物美商业	01025	香港HK	4.024	4.215
欧亚集团	600697	上海SH	3.976	4.296
永晖超市	601933	上海SH	3.400	3.238
步步高	002251	深圳SZ	4.038	3.467
王府井	600859	上海SH	5.080	4.400
人人乐	002336	深圳SZ	1.821	2.776
武汉中商	000785	深圳SZ	3.052	2.686
重庆百货	600729	上海SH	2.884	2.930
大商股份	600694	上海SH	1.655	1.287
乐购	TSCO	英国UK	4.319	4.357
沃尔玛	WMT	美国US	3.912	3.547

表7-2　部分上市生产企业利润表——快速消费品品牌供应商

快速消费品品牌供应商	代码	上市地点	2011年净利润（%）	2010年净利润（%）
青岛啤酒	600600	上海SH	10.601	10.670
承德露露	000848	深圳SZ	13.321	13.230
九阳股份	002242	深圳SZ	13.735	15.518
苏泊尔	002032	深圳SZ	8.703	9.319

快速消费品品牌供应商	代码	上市地点	2011 年净利润（%）	2010 年净利润（%）
五粮液	000858	深圳 SZ	41. 768	39. 059
古井贡酒	000596	深圳 SZ	25. 698	21. 755
三全食品	002216	深圳 SZ	5. 931	7. 232
古越龙山	600059	上海 SH	17. 241	14. 706
伊利股份	600887	上海 SH	4. 662	2. 042
康师傅控股	00322	香港 HK	5. 320	7. 136
雀巢	NESN	瑞士 SIX	11. 325	31. 200
宝洁	PG	美国 US	14. 289	15. 982
联合利华	ULVR	英国 UK	9. 151	9. 588

（4）品牌供应商的相对市场份额远远超过零售商。

以上海家乐福为例，家乐福在上海市场只占到现代零售的3%，而康师傅品牌在方便面这个品类中要占到上海家乐福公司56%的份额。

（四）供应商反映的主要问题

供应商反映的问题主要表现在以下几个方面。

（1）零售商拖欠、占用供应商的货款用于自身扩张。虽然零售商与供应商订立了合同，规定了结款期限，但在现实中，零售商往往以各种借口挪用和拖欠供应商的货款，甚至半年或一年都不结算。在这种情况下，供应商虽持有一纸合同，但面对"渠道为王"的零售商而不敢轻易诉诸法律。零售商一方面与消费者进行现金交易，另一方面对供应商延期付款、滚动压批结算，其账面上长期存有大量浮存现金用于自身的规模扩张。

（2）零售商对供应商提出名目繁多的收费，挤压供应商的利润。零售商对进店的供应商征收进场费、上架费、促销费、节日赞助费、商场庆典费等名目繁多的费用，而这些收费没有公认的规则，没有理由，没有商议，完全由零售商一方决定。

（3）零售商以不公平条款或要挟行为转嫁自身成本。零售商除了在货款支付时间上不守承诺、征收名目繁多的收费之外，还利用自己的渠道优势、议价能力与供应商签订不平等的合同条款，如，零售商对供应商的行为有解释权和处置权，每次促销活动都要向供应商提出费用赞助要求，如花篮、横幅、充气拱门、媒体广告等。每逢夏季来临，都要发生电视、空调等电器商品价格战，许多价格战不是由生产厂家挑起的，而是由大零售商家操作的，要挟供应商降价来配合零售商统一的促销行为。

2009 年，中国供应商研究中心、中国农业科学院、国际行动援助组织等单位联合发布了《中国供应商生存状态调查》、《农产品供应链调查》和《中国茶叶供应链调查》3 份报告，对全国 20 多个城市供应链各方进行了供应链模式、利益分配、政策措施等方面的调查。调查显示，我国目前供应商群体以中小企业为主，注册资本在 500 万元以下的企业占总数的 92.38%；绝大部分被调查者认为零售商是零供双方中掌握话语权的一方，有 77.67% 被调查的供应商表示，零售商处于绝对优势地位，供应商没有讨价还价的能力；有近80% 的被调查者认为零售商在与供应商谈判时有强行压低价格的行为；甚至有 52.73% 的被调查者称，合同经常被零售商擅自变更或解除。调查显示，零售商转嫁给供应商的费用按保守数值计算占供应商销售额的 7%，按平均数值计算占销售额的 10% 左右，供应商利润的主要来源即商品毛利的绝大部分甚至全部被零售商拿走，导致供应商盈利艰难，甚至亏损。

零售商的这些行为激化了其与供应商之间的矛盾，导致零供关系越来越紧张。这些问题存在的根源在于零售商的盈利模式和强势地位的滥用。一方面，大型零售商规模化扩张策略对资金的渴求日趋强烈；另一方面，国内主要城市零售市场竞争不断加剧，商家为了吸引消费者，不断通过挤占供应商的利润空间来压低商品价格。在强大的零售商面前，供应商失去了话语权。一些供应商戏称，商家把"能卖的资源全都高价卖给供应商了"。虽然零售商以各种方式挤占供应商的利益，但供应商即使受到不公平待遇，也不敢轻易反抗。特别是对于中小供应商来讲，如果打官司，供应商可能会赢，但如果真撕破脸，被大型零售商封杀，不准商品进场销售，到头来失去的是市场。一些有能力的供应商和生产厂商如格力、美的、TCL、格兰仕等，由于不堪大型零售商的重压，采取了自建销售渠道、大规模推进自营门店的对抗措施。❶

　　（4）超市扩张与资金周转。规模效益对超市的发展具有举足轻重的影响，这不仅体现在品牌的知名度上，更是超市提升销售额、扩展利润、平摊物流成本的关键。所以，超市要生存就必须扩张，要扩张就需要资金，在银行贷款艰难且要支付利息的情况下，收取通道费甚至扣押供货款就成

---

❶　尚珂："流通领域零供交易关系的平等性研究"，载《中国流通经济》2010 年第 2 期。

为最简便、最价廉的方式。这种案例在一些大的家电企业身上显现得比较明显。某集团在与供货商签订的协议中明确规定,上游企业产品要进入卖场,除了交纳必要的通道费外,还需要提交货款总额的 30% 作为质押金,还款期限以一个供货周期为限。这样一来,该集团在短时间内可以聚积大量的现金,而且不需要支付利息,纵使资金供应出现紧张,一个供货周期的时间也能够让企业从容应对。这种压榨上游企业利润空间的做法成为该集团不断扩张的有效保障。

同时,近年来随着我国制造业的逐渐发达,市场逐渐培养了一批有实力的大型品牌供应商,供应商的力量逐渐增强,一些大的品牌供应商依靠雄厚的实力开始建立自己的分销渠道,企图改变其弱势地位。而零售商之间也加紧进行竞争和整合,不断向组织化、规模化发展。双方的力量对比加剧,零售商和供应商在交易中争夺话语权,矛盾再次升级,零供关系更加紧张。❶2002 年,福建零售巨头华榕超市因 500 家供应商联合向其追讨拖欠货款并全面停止供货而宣告破产。可见,通道费盈利模式在中国是普遍存在的,但是这种模式对中国的市场稳定和零售业的健康发展构成了威胁。

(5)整体租赁不断转嫁经营成本。现在在我国的很多大型超市中,甚至是在外资超市如沃尔玛、家乐福等中,许多类似于生猪冷鲜、月饼糕点、茶酒烟水的柜台采取了整体租赁的形式来收取利益并转嫁风险。这类似于在超市中建立起私人摊位,摊主在交纳相关费用后自负盈亏。

有人对北京市某超市烟酒专柜进行调查发现,该超市中烟酒虽然放在一个专柜中,但是卖烟的是一家,出售白酒的是另一家,销售红酒的还有一个老板。他们入柜的标准是每月向超市交纳 5 万 ~ 10 万元不等的租赁费,然后自己采购货物,采购多少、如何定价超市均不干涉,只收取管理费。这就相当于在超市里租了个柜台,开自己的商店。通过进一步了解发现,除此之外,超市内的蔬菜、家禽等也均是采取这种方式。某销售糕点的人员以 2012 年中秋期间月饼的销售情况为例进行了说明:为了进入超市销售月饼,其与超市签订了协议,规定入场通道费为当月 20 万元,承包超市中所有稻香村品牌月饼。超市负责提供货柜、允许张贴广告,但是营销人员需要自行提供,超市也不负责月饼的供给,货物渠道需要自行负责。单盒月饼的定价不能超过其

---

❶ 董丽丽:"从家乐福现象看我国零供关系",载《北京工商大学学报(社会科学版)》2011 年 9 月第 26 卷第 5 期。

他超市类似品牌的价格，在中秋节结束后，超市内所有该品牌月饼需要由供货商运走，或者选择打折出售。而在中秋结束一周后该合同终止，如果月饼有剩余，且未运出，超市自动取得滞留货物的所有权。这份合作协议十分苛刻，但是本着薄利多销的目的，这位销售人员还是选择了签约，并且前后供应了接近百万元的货物，由于没有事前的市场评估，也没有事后的渠道保障，其供应的货物的 40% 没有售出，20% 以 5 折促销，最后损失 40 万元，但是超市仍然盈利 20 万元。

由上述两个例子可以看出，连锁超市想方设法降低风险，不顾一切地转嫁成本，并以通道费、租赁费的方式保障盈利。这样一来，中小供货商被裹挟进终端销售中，只要合约不终止，他们对超市的要求就只能百依百顺，一旦出现问题，超市会把责任推卸得一干二净。

二、我国现阶段对零供关系的法律规制

(一) 法律层面的规制

通道费是零供矛盾的焦点。对于通道费的法律规制，有两种观点：其一，认定为商业贿赂，用《反不正当竞争法》规制；其二，认定为滥用市场优势/支配地位，用《反垄断法》规制。

1. 商业贿赂

国家工商行政管理总局 1996 年颁布的《关于禁止商业贿赂行为的暂行规定》根据《反不正当竞争法》第 8 条规定定义了商业贿赂，即"经营者为销售或者购买商品而采用财物或者其他手段贿赂对方单位或者个人的行为"。上述法律规定直接使用了"贿赂"的概念。因此，我们在理解商业贿赂时可以借鉴《中华人民共和国刑法》（以下简称《刑法》）的有关规定。《刑法》第 164 条规定了"对非国家工作人员行贿罪"的构成要件，即为谋取不正当利益，给予公司、企业或者其他单位的工作人员以财物。因此，商业贿赂的行贿方需要有谋取不正当利益的主观目的，有给予财物的客观行为。结合零供关系，若通道费符合下述两方面，即可构成商业贿赂：其一，供应商希望通过支付通道费获得不正当的竞争优势，包括使经营者规避市场的公平竞争和获得优于其竞争对手的竞争优势；其二，实际支付或收取了不合理的通道费（关于通道费的合理性下文再加论述，此处不赘述）。

有学者认为，根据《反不正当竞争法》第 8 条，商业贿赂应当具有隐蔽

性，而超市在收取通道费时一般都是采取明码标价或公开竞争、价高者得的方式，不具有隐蔽性，因而通道费不属于商业贿赂。但是，也有人有不同意见，认为《反不正当竞争法》第8条规定的商业贿赂着重强调了账外回扣属于商业贿赂，但并没有将商业贿赂局限于隐蔽方式。并且，国家工商行政管理总局在《关于在柜台联营中收取对方商业赞助金宣传费广告费行为能否按商业贿赂定性问题的答复》（工商公字〔2001〕第152号）中规定，"如果未发生宣传、广告等相应的具体商业行为，而是假借宣传费、广告费、商业费赞助等名义，以合同、补充协议等形式公开收受和给付对方单位或个人除正常商品价款或服务费用以外的其他经济利益，即构成商业贿赂"。

2. 滥用市场优势/支配地位

借鉴外国立法例，有学者提出了通道费属于滥用市场优势地位的观点，"界定相对优势地位需要把握的另一个重要的特点是，交易相对人面对自己不愿意接受的交易条件时，是否能够重新选择交易对象或拒绝交易（依赖性），对于合同的主要内容是否有选择权和一定程度上的决定权"。因此，只要一个供应商无法或很难通过不同的零售商进入市场，难以拒绝向那些企图影响其实现较高利润的零售商供货，则零售商具有相对优势，应当受到《反垄断法》的规制。

对此，也有人提出，应当注意，滥用市场优势地位在我国《反垄断法》中没有明确规定，我国《反垄断法》仅规定了滥用市场支配地位。

（二）法规、规章层面的规制

对于零供关系存在的诸多问题，我国相关部门先后出台了多种法律法规，包括国务院2005年6月9日颁布的《关于促进流通业发展的若干意见》（国发〔2005〕19号）。该意见明确提出要"引导和规范零售商的促销和进货交易等行为，依法打击商业欺诈，整顿规范流通秩序"。

上海市于2002年9月19日颁布的《意见》规定了超市必须公平合理收费、公开约定收费、公平规范收费，并且列举了"不当收费"的情形："1. 要求供货商负担与其商品销售无直接关连性的费用；2. 要求供货商负担的费用金额，已超过供货商可直接获得的商业利益；3. 完全出于达到超市本身财务指标的目的，而要求供货商负担的费用；4. 假借各种名目向供货商滥收费用，从中获取不当收费；5. 借罚款名义，向供货商收取费用；6. 其他不当收费行为。"

2004年7月1日，国家税务总局发布实施了《关于商业企业向货物供应方收取的部分费用征收流转税问题的通知》（国税发〔2004〕136号）。该通知规定："对商业企业向供货方收取的与商品销售量、销售额无必然联系，且商业企业向供货方提供一定劳务的收入，例如进场费、广告促销费、上架费、展示费、管理费等，不属于平销返利，不冲减当期增值税进项税金，应按营业税的适用税目税率征收营业税。"

2005年2月1日，北京市商委发布实施了《北京市商业零售企业进货交易行为规范（试行）》。该规范规定："零售商不得借新店开业、店庆、节日庆典等名义向供货商强行索取赞助费用；不得重复设置或变相设置收费项目；禁止在合同以外强行收取与供货商业务无直接关联的费用；禁止在无合同约定或收费项目、金额未达成一致的情况下，擅自克扣供货商结算货款。"

随后，商务部、发展和改革委员会、公安部、国家税务总局、国家工商行政管理总局五部委于2006年11月15日发布实施了《管理办法》。《管理办法》对零售商的制约主要表现在三个方面：第一，规定了零售商不得收取或变相收取的费用项目，如超过成本的条码费、促销员收费、店庆费、新店开业费等；第二，要求零售商在收取促销服务费时，必须"明确约定提供服务的项目、内容、期限，收费的项目、标准、数额、用途、方式及违约责任等内容"；第三，必须约定货款支付的期限最长不超过收货后60天。

2011年12月19日《清理整顿大型零售企业向供应商违规收费工作方案》（商秩发〔2011〕485号）颁布。该方案明确规定："禁止违规收费。零售商利用市场优势地位，向供应商收取的合同费、搬运费、配送费、节庆费、店庆费、新店开业费、销售或结账信息查询费、刷卡费、条码费（新品进店费）、开户费（新供应商进店费）、无条件返利等均属于违规收费。重点禁止违规收取下列费用：一是以签订或续签合同为由收取的费用。二是向使用店内码的供应商收取超过实际成本的条码费；或者在商品供应商已经按照国家有关规定取得商品条码并可在零售商经营场所内正常使用，但零售商仍向商品供应商重复收取的店内码费用。三是店铺改造、装修（饰）时，向供应商收取的未专门用于该供应商特定商品销售区域的装修、装饰费。四是与促销无关或超出促销需要，以节庆、店庆、新店开业、重新开业、企业上市、合并等为由收取的费用。五是要求供应商无条件提供销售返利，或者约定以一定销售额为返利前提，供应商未完成约定销售额须返还的利润。六是其他与销售商品没有直接关系、应当由零售商自身承担或未提供服务而收取的费用。"

（三）不足之处

上述法律法规、规章之间的内容相互不统一，有的甚至相互矛盾，对我国大城市零供关系的规制并没有达到预想的效果，零供关系仍然乱象丛生，问题重重。究其原因，主要有以下几个方面。

首先，法律法规层面的规范虽然位阶较高，但规定的内容过于原则和模糊，难以适应复杂多样的通道费现象。而规定相对具体的规范却又只是部门规章或地方性规章，效力较低，甚至只能在某一地区适用。

其次，对象有局限性。虽然北京市和上海市的规章均将其辖区内所有的终端零售商纳入规范范围，但备受关注的《管理办法》作为适用于全国的部门规章，将规范对象限定在"直接向消费者销售商品，年销售额（从事连锁经营的企业，其销售额包括连锁店铺的销售额）1000 万元以上的企业及其分支机构"。而实际上，一些销售额未达到规定数额的零售商也可以因其有利的地理位置所形成的相对优势地位而向供应商收取各种通道费，如景点内的商店、小超市等。

最后，处罚力度过轻。《管理办法》第 23 条没有规定没收违法所得，并且限定了罚款的上限是 3 万元，这对于大型零售商所收取的巨额通道费而言起不到任何威慑作用。况且，有些规章根本就没有规定具体的罚则，如北京、上海的规章。

（四）原因分析❶

有人认为，零供矛盾尖锐化，既有市场条件等外部原因，也有企业自身方面的因素，还有制度环境的原因。

1. 市场条件——零售商掌控交易主导地位

随着市场进入了相对过剩时期，产业链的核心要素表现为货架稀缺和渠道稀缺，从而导致零售商凭借与消费的接近能力在产业链中占据主导地位。

2. 零售企业自身原因——经营成本上升，经营利润下降，经营模式异化

1996 年以来，众多投资进入门槛低、现金流量大、风险较低的零售业导致零售商为抢夺市场而进行激烈的竞争（主要是价格竞争），行业的经营成本持续上升，而平均利润率直线下降。

---

❶ 上海市商务委员会、上海商学院课题报告《上海零供关系交易关系研究》。

（1）经营成本持续上升。

据中国连锁经营协会公布的统计数据，仅 2011 年，中国连锁零售企业人工费用上涨 26%，租金成本上升 10%。

（2）经营利润相对于国外零售业总体水平低下。

关于毛利润率和净利润率两个重要指标，拿我国前 10 名的零售商和连锁百强与国外平均做比较：以毛利率而言，我国最好的前 10 名是 13% 左右，连锁百强是 12% 左右，而国外平均是 21% 左右；用净利润做比较，我国前 10 名的超市净利润是 1.77%，前 100 名是 1.32%，而国外平均是 2.2%。也就是说，以毛利率或净利润率而言，我国最好的零售商经营利润还是大大低于国外平均水平。沃尔玛在美国市场以 77% 的销售额创造了 89% 的利润，在亚洲各国（包括中国）以 16% 的销售额创造了 11.4% 的利润；家乐福在法国市场以 49% 的销售额创造了 67% 的利润，在亚洲（主要是中国市场）以 7% 的销售额创造了 5% 的利润。

（3）商业盈利模式异化。

零售商把经营成本向上游分摊，向供应商收取形形色色的通道费则成为最现实、最自然的选择。这导致大型连锁零售商的盈利模式发生巨大改变，后台毛利（通道费）成为零售企业的主要利润来源。

3. 制度因素——法规衔接

（1）竞争法体系有待完善。

目前规制零供之间关系的法律规范主要有《合同法》、《反垄断法》、《反不正当竞争法》、《管理办法》及相关的地方性法规。

主张相对优势地位的学者认为，零供之间存在交易合同，故应适用《合同法》，但《合同法》不关注名义上平等的主体之间的非常态交易，如，垄断交易行为、不正当交易行为一般都符合合同的形式要件，但《合同法》无法对其中的不公平之处加以规制。《合同法》的评判依据是合同文本或合同内容，在大部分情况下不考虑合同之外如市场势力等因素（格式合同是极少数考虑合同双方市场力量不对等的情况）。由此，当订立合同的双方中一方的市场优势地位过于强大时，《合同法》的表面公平并不能为弱势的一方带来实际公平，难以切实规制零供关系。《反垄断法》在第三章"滥用市场支配地位"中对不公平竞争有所涉及，如，具有市场支配地位的经营者以不公平的高价销售商品或者以不公平的低价购买商品；没有正当理由，以低于成本的价格销售商品；没有正当理由，拒绝与交易相对人进行交易；没有正当理由，限定交易相对人只能与其进行交易或者只能与其指定的经营者进行交易；没有正当理由搭售商品，或者在交易时附加其他不合理的交易条件；没有正当理由，对条件相同的交易相对人在交易价格等交易条件上实行差别待遇；等等。然而《反垄断法》对形成滥用市场地位规定的前提条件要求太高，就目前市场情况来看，零供交易领域几乎不可能产生滥用市场地位的情况，但现实是：很多企业利用自身的市场势力和在局部市场上的优势地位，不顾对方交易人的利益行事；交易对方则为了维持合同，保护已有的市场而不得不牺牲该部分合法利益。可见，《反垄断法》虽涉及我们所谓的不公平竞争，但由于规定的达成条件过高，对零供关系的规制并不具有可行性。而《反不正当竞争法》所规定的不正当竞争行为相当宽泛，但主要集中在同类经营者之间的不正当竞争行为（如恶意损害同类竞争者的品牌声誉）等。而供应链上下游之间利用市场优势所产生的不公平竞争在《反不正当竞争法》中没有太多涉及。《管理办法》提到了零售商与供应商之间存在不公平竞争，但没有具体说明何为不公平竞争，只是采用条款列举的方式指出一些不公平竞争的行为，如零售商拒收货物、强迫供应商无条件返利等，而这些行为只有在一方市场势力过于强大，并足以利用这种市场势力从另一方当事人处谋取不公平的实质利益的情况下，才能称其为不公平竞争，然而《管理办法》没有对这一前提进行规定，故所谓的拒收货物、强迫供应商无条件返利等在表面上只需要由《合同法》调整即可，受到侵害的供应商只需要依《合同法》起诉，即可得到法律救济。

该观点还认为，零供之间的不公平交易行为是合同法无法完全调整的，应由竞争法加以调整。竞争法分三块，即同类竞争者之间的不正当竞争、上下游之间的垄断性竞争和上下游竞争者之间利用市场支配地位进行的不正当竞争。前两者在我国由《反不正当竞争法》和《反垄断法》调整；而零供之间的不公平交易行为属滥用市场优势地位，不属以上任何一种，目前主要由2006年发布的《管理办法》调整，但该办法本身存在种种缺陷，无法对零供之间的复杂矛盾进行有效调整。因此，在此种情况下，零供之间的不公平交易状况存在无法可依的情况。

（2）执法机构设置不科学，执行缺乏力度。

第一，有监管权力的部门过多，监管主体不明确，导致出现人人有权监管而又人人不管的现象。《管理办法》是由商务部、发展和改革委员会、公安部、税务总局、工商行政管理总局五部委联合发布的，第21条规定，各地商务、价格、税务、工商等部门依照法律法规及本办法，在各自的职责范围内对本办法规定的行为进行监督管理。对涉嫌犯罪的，由公安机关依法予以查处。县级以上商务主管部门应会同同级有关部门对零售商供应商公平交易行为实行动态监测，进行风险预警，及时采取防范措施。根据该条，各地商务、价格、税务、工商等部门都有权对零供公平交易关系进行监管，但并没有确定对零供关系的最终监管权利由哪一部门具体负责，在都有权负责却权责不明确的情况下，几乎没有一个部门会主动耗费本部门的资源对零供关系的公平性进行监管。而有意实行监管的部门如商务部及地方经济主管部门，则存在无专门人力资源监管的状况。

第二，监管程序缺失。由于没有对监管部门主动监管的程序性要求，监管部门只会在接受举报的情况下才对零供公平交易关系进行监管，《管理办法》第22条规定，对违反本办法规定的行为，任何单位和个人均可向上述部门举报，相关部门接到举报后应当依法予以查处。该条仅规定了非行政主体的举报权利，并没有提及相关权利和责任部门如何主动开始监管，接到举报后又如何进行具体监管的程序。

（五）3个案例

1. 瑞安市塘下珍味楼酒店与瑞安市工商行政管理局工商行政处罚纠纷上诉案

（1）案情简介。❶

原告（上诉人）：瑞安市塘下珍味楼酒店（以下简称珍味楼酒店）

被告（被上诉人）：瑞安市工商行政管理局（以下简称瑞安工商局）

第三人：瑞安市五洲副食品有限公司（以下简称五洲公司）

第三人五洲公司系百威啤酒经销商。2004年12月10日，该公司为推销百威啤酒，以"专场费"的名义给付珍味楼酒店29000元。2005年3月10日，该公司又以"进场费"的名义给付珍味楼酒店29000元。珍味楼酒店收受上述款项后均未记入法定财务账。2006年4月10日，瑞安工商局作出瑞工商处字〔2006〕第189号行政处罚决定，认定珍味楼酒店在商品购销过程中

---

❶ 笔者认为，案例处理结果及理由有讨论余地。对于因合同中明确规定的通道费而发生的纠纷，合同双方可以依据《合同法》相关规定协商解决或诉讼处理。如果零售商收取的通道费未在合同中明确规定，则涉嫌欺诈，权益受损方可依据民商法关于欺诈的相关规定寻求权利救济。此外，不能将通道费一概而论地作为商业贿赂对待。

收受五洲公司的贿赂，根据《反不正当竞争法》第 22 条、《关于禁止商业贿赂行为的暂行规定》第 9 条第 2 款的规定，决定没收珍味楼酒店违法所得 58000 元，并罚款 17000 元。珍味楼酒店不服处罚，向法院提起诉讼。

（2）法律分析。

本案双方争议的焦点为：珍味楼酒店是否构成商业贿赂？

根据上文论述可知，商业贿赂的构成要件有二：一是供应商希望通过支付通道费获得不正当的竞争优势，包括使经营者规避市场的公平竞争和获得优于其竞争对手的竞争优势；二是实际收取了不合理的通道费。那么珍味楼酒店的行为是否符合上述要件呢？

其一，本案中，珍味楼酒店和五洲公司的负责人均明确表示，五洲公司向珍味楼支付上述正常价款以外的款项是为了更好地销售百威啤酒给后者。对五洲公司而言，珍味楼酒店具有较大的零售优势，通过后者可以更好地使百威啤酒进入市场，最终到达消费者。在公平竞争机制下，五洲公司应当通过提高质量和合理降低价格来争取进入珍味楼酒店进行销售。而五洲公司通过额外支付"专场费"、"进场费"获得不正当的竞争优势，在竞争中赢得了胜利。因此，其符合商业贿赂的第一项构成要件。

其二，珍味楼酒店收取了不合理的通道费。本案中的通道费具体指"专场费"和"进场费"，共计 58000 元。珍味楼酒店在收取上述正常货款之外的款项后并未开具发票、计入法定财务账。并且，珍味楼酒店没有就上述费用向五洲公司提供对价。珍味楼酒店尽管提出抗辩，称"专场费"和"进场费"是用于百威啤酒的广告、仓储、促销人员吃住等方面的支出，但无证据证明，该抗辩不能成立。因此，其符合商业贿赂的第二项构成要件。

综上所述，珍味楼酒店的行为构成商业贿赂，瑞安市工商局依据《反不正当竞争法》对本案通道费作出的行政处罚符合法律规定。

2. 上海炒货企业与家乐福非诉讼纠纷案

（1）案情简介。

2003 年 6 月上海炒货企业与家乐福超市因为入场费的问题发生争执，上海炒货行业协会出面和家乐福超市进行谈判，要求改变现有的供货方式。其中，超市收费"三不"是供货商抱怨最集中的焦点问题。一是收费项目不合理。收费额度过高，且相互攀比，收费项目逐年增加，企业不堪重负。如家乐福超市收取的"法国节日费"、"信息更换费"等。二是收费过程不透明。超市收费随意性太强，例如，家乐福要求供货商支付每家店人民币 2 万元的

"老店翻新费"，在具体执行过程中，既没有让厂家对老店翻新进行确认，也没有征得供货商的同意，而是超市单方面认定并在供货商结算款中对此费用进行了扣除。三是合作地位不平等。谈判中，超市企业与供货商尤其是中小供货商往往处于不平等的地位，双方签订的合同中常常附带"不平等条约"，所有合同条款基本上都由超市说了算。而家乐福超市则以收取入场费是"国际惯例"为由加以拒绝。通过协商双方仍然无法达成共识，阿明、正林、洽洽等占全国炒货市场 8 成份额的 10 家著名炒货企业停止向家乐福供货。在此之后，全国 10 多家行业协会对炒货行业协会表示声援。

（2）法律分析。

本案争议的主体较之前的通道费案例存在较大不同：一方是零售巨头家乐福；另一方是上海炒货行业协会，该协会会员企业中，6 家企业在上海的市场销售量占全市销售总量的 75%，10 家企业的市场销售量高达全国销售总量的 85% 以上，客观地讲，上海炒货行业协会可以算是目前国内唯一可以代表全国炒货企业的行业协会。本案没有进入司法程序，只是民事主体自主开展了商业谈判，但是，我们可以从法律层面分析本案例。本案中，炒货企业被迫向家乐福交付各种名目的入场费并不是为了获得不正当的竞争优势，事实上也没有获得优于其他企业的竞争优势。因此，本案中家乐福的行为不能用商业贿赂的规范进行规制。

3. 某超市通道费民事诉讼案

自 2006 年 10 月商务部等五部委颁布《管理办法》以来，法院受理的超市通道费纠纷民事诉讼案件数量增多。大部分诉请为供应商催讨货款，但审理的焦点并不是原告所主张的货款，而是被告超市公司所主张的抵扣费用，即超市公司主张的收费是否合法、金额是否合理。此类纠纷往往涉及众多供应商，处理不当则易引发群体诉讼。

（1）双方争议与主张。

A 贸易公司与 B 超市公司从 2000 年起建立了业务关系。双方每年签订供货合作协议，对供货及货款结算、付款期限等有明确的约定。根据合同约定，供货后 2 个月结算货款。B 超市公司与 A 贸易公司结算每一批次货款时，A 贸易公司从未对货款结算提出任何异议。2006 年 9 月，A 贸易公司以拖欠货款为由起诉称：从 2000 年起至起诉之日，其向 B 超市公司供货 3600 万元，但 B 超市公司仅付款 2900 万元，因此要求判令 B 超市公司支付货款 700 万元。

B 超市公司答辩称：双方签订的是供货合作协议；除约定供货、付款条款外，还约定了 A 贸易公司应当支付返利费、促销费、广告宣传费等费用；上述费用以账扣的形式在支付货款时扣除（抵销），费用扣除后，B 超市公司不拖欠 A 贸易公司货款；A 贸易公司与 B 超市公司之间的结算方式是货与款一一对应的关系，A 贸易公司对每一批次货物进行价款结算时明知应扣除的相关费用，在双方约定的异议期之后，A 贸易公司无权再次提出异议；A 贸易公司的大部分诉讼请求已超过诉讼时效，自起诉日起两年前的部分不应列入审理范围。

A 贸易公司在一审中提出了补充意见：双方是买卖关系，而不是合作关系；合同中的扣款条款属于无效条款；其对 B 超市公司所述扣款情况并不知晓，故主张 7 年货款没有超过诉讼时效。

一审法院认定双方存在滚动供货、付款的行为，确认审理范围为 2000 年 1 月 1 日至 2006 年 8 月 31 日；结合双方对供货款、付款、退货款、扣款事项的质证意见，"酌情"认定扣款金额。各项费用经折抵后，认定 B 超市公司欠 A 贸易公司货款金额为 200 万元。

一审判决后，A 贸易公司、B 超市公司均不服而提起上诉。二审法院认为：根据双方合同约定，B 超市公司应在规定时间内与 A 贸易公司结算，支付货款；B 超市公司可以从应付货款中直接扣除各种费用（抵销）；一方根据合同约定主张抵销时，相对方有权对抵销主张提出异议，但是异议权应当在合同约定的期限或者合理期限内行使。二审法院认定，A 贸易公司可以对其起诉前两年内 B 超市公司账扣抵销的费用提出异议。

在双方对货款、已付款没有异议的前提下，二审法院归纳双方的争议焦点为账扣费用抵销货款的效力和抵销金额问题，并就扣款事项进行了逐一审查，认定 A 贸易公司起诉前两年内，B 超市公司可以收取各类费用合计 100 万元，B 超市公司实际账扣 150 万元。因此，B 超市公司应给付 A 贸易公司多扣的 50 万元。

（2）滚动结算、定期结算与诉讼时效。

在超市货款纠纷案件审理中，认定双方存在滚动供货、滚动付款行为的做法比较普遍。其理由是，供应商与零售商签订的是商品买卖合同。固定的两个合作伙伴交易的标的物相同，只不过是每年签订一次合同。零售商基于合同关系而支付货款是一个整体性、连续性的义务，是滚动付款。供应商起诉主张的货款往往是几年累积下来的总货款，是用数额巨大的总进货款减去已付货款总额所得出的余额。

问题是：滚动供货、滚动付款是否是超市通道费纠纷案件中必然的或者唯一的结算方式？这里有必要先搞清楚何谓滚动结算。

滚动结算是指交易双方之间有长期业务往来关系，一方定期或不定期连续向另一方交付货物或提供劳务等，而另一方不定期支付部分价款，且付款与每笔业务价款并不一一对应结算价款的交易方式。滚动结算交易的特点归纳为四点：交易次数多或交易时间跨度长；不定期支付部分价款；付款与交易对象并不一一对应；不定期进行结算价款。其中，付款与交易对象并不一一对应是认定是否存在滚动结算的主要依据。

对照本案双方在合同中的约定：B超市公司与A贸易公司根据提供的商品价格和应当扣除的费用，每两个月结算一次。A贸易公司根据合同约定结算周期向B超市公司提供销售发票，B超市公司根据A贸易公司的发票，扣除合同约定的费用，支付相应货款。B超市公司在每一笔货款结算时都提供了相应的结算清单，结算清单货款精确到元角分，与A贸易公司发票一一对应，笔笔结清。这种交易方式与没有明确约定结算周期，当事人之间持续供货，不是每笔结清货款的滚动供货、滚动结算的交易方式是有区别的。据此，应当认定本案交易方式为年度（常年）供货、定期结算（付款），而不是滚动供货、滚动结算。

滚动结算纠纷案件往往有自身特点及规律。如，当事人往往把法院当成对账机构，有的案件仅仅对账就花去半年多甚至更长的时间，有严重浪费司法资源之嫌；我国发票管理规定要求保管5年，送货退货等凭证则没有保管5年的要求。即使有长期保管凭证的规定，也将增加企业运行成本，不必要地浪费社会资源。因此，在一些滚动结算时间跨度较长的案件中，要求当事人提供证据特别是全部原始凭证显得有点强人所难，这种情况下，若当事人仅能够提供比较完善的账册资料而无法提供原始凭证，不宜轻易否定其证据效力；等等。对于该类案件的特点及社会影响，审判中应给予关注。例如，本案审理中，供应商提供了几万页送货凭证，超市公司提供了几千页扣款等结算凭证。如果任何一个供应商都可以以滚动结算为由，随时推翻长达7年之久的双方往来账，将造成严重讼累、扰乱市场经济秩序和社会秩序的后果。

认定滚动结算或定期结算的法律意义还在于诉讼时效的确定。在审判实践中，一般根据不同结算方式来确定诉讼时效的起算。如果认定零售商是滚动付款，此前双方未对账，则对具体每一笔应付货款金额往往无法认定。供应商起诉主张的货款就是几年累积下来的总货款，是用数额巨大的总进货款减去已付货款总额所得出的余额。此时，诉讼时效应从零售商最后一笔货款履行期限届满次日开始起算。如果零售商与供应商在合同中有约定并按照合同约定分批结算货款，则应该按照合同约定的履行期限来起算。

（3）抵销的效力及异议期限。

抵销是合同终止的原因之一。根据我国《合同法》规定，若出现抵销之情形，合同双方当事人将终止合同关系，合同确立的权利义务关系消灭。该问题前以述及，本节不予赘述。当然，若低销成立，合同双方当事人终止合同关系，合同确立的权利义务关系消灭。根据"私法自治"原则，将已经抵销的债权债务再次司法审理，干预当事人之间合同约定的权利义务关系（重新酌情认定扣款项目和金额），没有法律和事实依据。

（4）本案能否适用《管理办法》？

首先，根据法律朔及力的一般规定，2006年10月商务部等五部委联合颁布的《管理办法》中并没有溯及既往的规定。A贸易公司2006年9月起诉，所发生的事实都在该办法颁布之前，该办法不能作为本案判决的依据。其次，《管理办法》作为行政规章，在审判实践中不具有直接作为裁判依据的法律效力。

（5）超市通道费是否违反法律强制性规范？是否为无效合同条款？

本案中，A贸易公司的主要诉讼理由之一是B超市公司在合同中约定的收费条款违反法律规定，属于无效合同条款。

笔者认为：

首先，应当了解我国《合同法》关于合同无效的规定。1982年通过的《中华人民共和国经济合同法》第7条规定，违反法律和国家政策、计划的合同为无效合同；1993年，该条修改为"违反法律和行政法规"的合同无效。现行《合同法》的规定是"违反法律、行政法规的强制性规定"的合同无效。《管理办法》作为政府部门的规章，不能作为认定合同无效的法律依据。

其次，《管理办法》也未对超市收费一概禁止。虽然进场费是零售商与供应商争议最大的焦点问题，但是《管理办法》中规定不得收取的六项费用中并没有包括进场费。一般认为，零售商及其商场作为商品从供应商向终端消费者流通的中间销售渠道、设施，本身具有一定的商业价值。零售商与供应商可以约定收取合理的进场费；返利费用实质上是双方对经营利润或销售利益再分配的约定，不违反法律的强制性规范，应当予以认可、支持。

第八章　完善零供关系法律规制的若干思考

一、对《管理办法》实施效果的评估

有学者对《管理办法》的实施效果进行了调查、评估。[1] 通过问卷调查，对照上海商情信息中心连续 5 年开展的供应商对零售商满意度调查，其中包括供应商对零售商在收费水平以及货款拖欠等方面的满意度数据，发现超过90% 的供应商认为《管理办法》的实施效果不明显，监管及执行力度都不够，没有能够切实保障供应商的利益。很多连锁企业对《管理办法》根本视而不见。这表明旨在保证零供交易公平、促进零供关系和谐的《管理办法》在实施中没有取得预期效果。

有人认为，超市通道费实质上是买卖（零供）双方利益关系的一种调节机制。在向消费者提供产品和服务的过程中，零售商与供应商之间是一种合作生产关系，合作的收益就是渠道总利润，即商品零售收入扣除成本后的剩余。收益的分配与双方的市场权力成正比。零售商的市场权力主要来自其市场覆盖率，供应商的权力主要来自其产品的功能价值。出厂价格、进销差价和进场费都是收益分配的形式，当出厂价格不能灵敏地反映权力对比关系时，进场费作为一种调节机制出现，其作用是保证渠道利润的分配始终与双方的权力对比关系相一致。进场费在客观上将零售商之间的竞争压力及时地传递给供应商，形成较低的零售价格和较高的市场销量，具有增加消费者福利的作用。政府限制收取进场费会阻断竞争信号的传导，使市场机制变得迟滞。限制收取进场费会减少零售商的利润，但并不一定增加供应商的利润。从长期来看，限制进场费有可能削弱供应商改进产品的动机，并刺激零售商进一

---

[1] 巫景飞、李骏阳："《零售商供应商公平交易管理办法》有效性分析与经济学反思"，载《商业经济与管理》2008 年第 11 期。

步扩张零售网络。零供矛盾激化表面上由零售商收取通道费引起，顺理成章的措施似乎应该是限制收取进场费。然而政府直接插手经济活动恰恰是我国长期实行计划经济养成的习惯性思维。而且，《管理办法》的执行也存在诸多难点：一是进场费的界定存在很大的模糊性；二要监管如此频繁的商业交易活动，政府的管理成本将不堪负担。当然，这并不意味着政府可以放任失调的零供关系任意发展。然而干预应慎重，干预的方式可以有多种选择。

二、零供关系法律适度干预原则

根据有关零售商与供应商纵向约束行为的理论讨论❶，国外学者 Rey 和 Vergé（2005）将之分为两类：一类是关于交易双方就交易价格或支付所达成的条款，如通道费等非线性收费（Non-Linear Pricing）、转售价格维持（Resale Price Maintenance，RPM）；另一类是对交易某一方或双方的权利进行限制的条款，如排他交易（Exclusive Dealing）、区域市场圈定（Exclusive Territories）、捆绑销售（Tying）等。关于政府是否需要规制这些行为，大体上有三种观点：哈佛学派、芝加哥学派和后芝加哥学派。

哈佛学派以哈佛大学的 Edward S Mason 和 Joe S Bain 为代表，把纵向约束行为和垄断动机联系起来，认为企业通过纵向约束或一体化，将其在一个市场中拥有的垄断势力延伸到其他市场中，这不可避免地遏制了竞争，导致社会福利损失。因此，政府必须对纵向约束进行规制。20 世纪 60 年代之前，哈佛学派成为反垄断政策的重要理论基础，依据所谓"本身原则"（Per Se Rule），纵向约束被视为违法行为。芝加哥学派则以新古典经济学的价格理论为基础，以经济效率为标准对市场结构与行为进行分析，主要代表人物为 Robert H Bork、Richard A Posner 等。芝加哥学派认为，与市场失灵相联系的任何问题都总是根源于横向竞争，而非纵向合约安排，纵向约束不会产生额外的垄断租金。企业实行纵向一体化与约束行为的动机是为了提高效率、节约交易成本，垄断动机微乎其微。合理原则（Reasonable Rule）而不是本身原则应该成为反垄断法的判定准则。20 世纪 90 年代，以 Jean Tirole、Salop 等人为代表的后芝加哥学派兴起。这一学派吸收了博弈论和信息经济学的研究方

---

❶ 巫景飞、李骏阳："《零售商供应商公平交易管理办法》有效性分析与经济学反思"，载《商业经济与管理》2008 年第 11 期。

法和相关理论，用非合作博弈模型对掠夺性定价、合谋、进入壁垒、排他性交易等企业的策略性行为进行了动态分析，得出了许多与芝加哥学派相左的结论。他们认为，纵向约束协议在某些条件下是有害于竞争的，无论对消费者福利改进还是对整个社会福利的改进都有害，因此，应当通过动态分析，综合权衡约束行为的反竞争效应与效率提高效应。

上述三个学派探讨纵向约束行为规制问题的结论不同，但都将政府视为公共利益的代表，认为采取规制措施是政府对市场失灵的一种自然反应，但没有考察政府是否会存在失灵的问题。事实上，正如 Stigler、Peltzman 和 Becker 等人指出的那样，政府也是追求私利的，并非代表公共利益，因此会出现利益集团能够说服政府运用其规制权力为本集团利益服务的情况。规制被滥用，资源被大量用于寻租活动（Rent Seeking），最终导致社会福利的损失。Stigler 通过实证研究发现：受规制产业并不比无规制产业具有更高的效率、较低的价格。随后，更多学者持续跟进，形成了较为完善的规制经济学理论，使我们得以更深刻地理解规制形成的微观机理以及所存在的成本与风险。国内学者余晖持续多年对我国医药、出租车和电信等行业管制进行了一系列深入研究，取得了丰硕的成果。❶❷ 但从目前的研究来看，规制经济学主要关注诸如电信、电力、煤气、自来水等自然垄断行业，对于零售行业的研究较少，实证研究更加薄弱。

可以说，供货商承担通道费一般不涉及第三方利益，也不影响社会福利，仅仅导致企业之间利润的转移。因此，这只是一个交易合同是否"公平"的问题。而政府部门作为市场游戏规则的制定者和监督者，直接介入企业之间交易的公平问题是极难操作的，而且很可能会扭曲市场环境，造成其他效率损失。行业协会作为企业间、企业与政府间的社会中介组织，可以在维护企业之间公平竞争秩序等方面发挥作用。❸ 英国有这方面的范例。如，英国的《超级市场执业准则》（Supermarkets Code of Practice）规范了大型零售企业如超级市场与其供货商之间的交易关系。❹ 我国合肥市供货商协会也有一个关于

---

❶　余晖：《谁来管制管制者》，广东经济出版社 2004 年版。

❷　巫景飞、李骏阳："《零售商供应商公平交易管理办法》有效性分析与经济学反思"，载《商业经济与管理》2008 年第 11 期。

❸　徐伟敏、纪金洁："通道费的法律思考"，载哈工大法学院网站，http://law.hit.edu.cn/article/2009/07-08/07081146.htm，访问日期：2009 年 12 月 8 日。

❹　孙艺军："大型零售商滥用市场优势地位及应对策略"，载《北京工商大学学报：社会科学版》2008 年第 5 期。

商业零售企业逾期结款、拖欠货款的三级预警办法，在帮助供应商维权方面发挥了积极的作用。❶

我们应当鼓励和支持行业协会制定行业自律规范，引导企业规范经营。特别是在调整零供关系的法律、法规尚不健全的情况下，发挥行业协会在供应商与零售商建立合同谈判磋商机制等方面的作用，促进零售商和供应商交易准则和行为规范的完善，促进市场经济的稳定、发展。

三、工商关系与零供关系

零供关系主要反映为工商关系，即供应商、生产商、工厂或工业企业与商业企业（批发商、零售商等）的关系。新中国成立后的工商关系大致可分为三个阶段。❷

1. 第一阶段：计划经济时期的批发商主导阶段（1950—1978 年）

1950—1978 年，我国实行的是典型的计划经济体制。这一时期的突出特征是工商企业为大一统的公有制企业尤其是国有制企业，整个社会处于商品短缺状态（卖方市场），政府通过控制批发商建立和维持计划经济的运转秩序。

（1）工业企业逐渐为政府所有和控制。新中国成立前，中国的工业是极为落后的。新中国成立后，中国政府确立了加速工业发展尤其是优先发展重工业的战略，以尽快实现"赶英超美"的战略目标。在工业的发展中，又以发展全民所有制工业和集体所有制工业为主。新中国成立后，公有制工业特别是全民所有制工业获得极快发展。到了 1957 年，国有工业总产值占工业总产值的 53.8%，集体工业总产值占工业总产值的 19%，全民制工业在工业中已占主导地位。这种状况一直强化到改革开放前都没有发生实质性改变。1978 年已没有其他成分，国有工业总产值占工业总产值的 77.6%，集体工业总产值占工业总产值的 22.4%。

（2）商业企业逐渐为政府所有或控制。新中国成立后，除了剥夺官僚资本主义商业，使之变为社会主义的国有商业外，政府还新建了许多国有商业

---

❶ 合肥市供货商协会："关于商业零售企业逾期结款、拖欠货款的三级预警办法"，载商务部网站，http://scjss.mofcom.gov.cn/aarticle/a/cz/i/200606/20060602496094.html，访问日期：2009 年 10 月 18 日。

❷ 牛全保："中国工商关系的演变历程与特点"，载《商业经济与管理》2006 年第 4 期。

企业，主要是批发企业，扩大批发业务，把私营批发商从批发市场排挤出去。1950 年 3 月，国家采取强力措施统一全国财政经济工作后，主要工业产品全部或大部分掌握在国有企业中。对于主要农产品，则由国有商业委托供销合作社大量收购。1953 年，国家对粮食、棉花、油料实行统购后，则进一步把这些关系国计民生、左右市场物价的重要农产品全部掌握在国有商业手中。这样，在主要商品的经营上，私人批发商不是被排挤出去，就是被大大削弱了。相应地，国有商业的批发额在全国纯商业机构批发总额中所占的比重迅速上升。1955 年，国有商业批发额在全国商业批发总额中的比重增加到82.2%。1956 年，在社会主义改造的高潮中，对仍允许其经营的私人小批发商实行全行业的公私合营，这样，国有工业企业所有制结构与工业总产值商业便完全控制了批发商业。

国家在大力发展国有批发商业的同时，也开始逐步发展国有零售商业。新中国成立后不久，国家在各大中城市成立了由地方商业行政部门领导的国有零售公司，公司下设零售商店。1956 年，通过全行业的公私合营，相当一部分零售商业转变为国有零售商业，1957 年国有零售商业占社会消费品零售总额的 37.2%，已控制整个零售业，尤其是城市零售业。到了 1978 年，国有零售商业占社会消费品零售总额的比例更是达到 55% 的水平。除了建立和发展国有商业外，新中国成立后还建立和发展了合作社商业。1950—1955 年，合作社商业的批发额在全国纯商业机构批发总额中的比重由 0.6% 上升到12.6%；合作社商业的零售额在社会商品零售总额中的比重由 6.6% 上升到35.7%，1957 年达到 41.3%，1978 年为 43%。

很显然，到 1957 年，公有制尤其是国有制商业一统天下，几乎覆盖了整个批发、零售领域，这种局面一直持续到改革开放。

（3）批发商主导。由上所述可知，工业和商业到 1956 年后全都由公有制企业尤其是国有企业控制，政府作为国有企业事实上的所有者，一手托二。政府为控制整个经济按计划运转，通过控制生产资料批发和消费品批发两大手段，掌握主要的物资与消费品，以上控制造商、下控零售商。如，1952 年，工业自销的消费品与通过商业销售的比例为 1：5.58；而到了 1978 年，工业基本不自销商品，工业自销的消费品与通过商业销售的比例为 1：18.63，批发完全由政府建立的国有批发企业控制。因此，工商之间不要说没什么矛盾，即使有矛盾，政府也完全有能力进行协调。

总之，中国在计划经济体制下，由于排斥商品生产和交换，制造商和分销商都不过是政府的附属物，工商企业没有多少自主权可言，其间的关系完全处于政府计划主导和控制之下，其表现形式为批发商控制。

2. 第二阶段：转轨时期的制造商主导阶段（1979—1997 年）

计划经济体制下批发商主导渠道的模式强化了商品短缺和僵化了经济体制，因为批发商对制造商掌握的成本信息和对零售商掌握的市场信息是双重缺失的，这经常使生产和消费出现不协调。因此，从 1978 年开始，国家不得不对这种体制进行改革。

（1）中国改革工业先于商业，也快于商业，赢得了先发优势。1978 年 12 月底党的十一届三中全会拉开了中国改革开放的序幕，自此，以农村为重点的改革在我国全面展开；1984 年党的十二届三中全会之后，我国改革的重点从农村转向城市，从农业转向工业和商业。中国的城市改革，工业早于商业，改革的步伐也快于商业，最早的改革措施往往是先在工业企业进行试验，成功后在全国范围内推广，商业参照工业企业的相关政策进行改革。工业企业改革之初，最明显的措施是允许工业企业自销一部分产品，并灵活定价（即所谓"双轨制"），这样，工业企业在一定范围内直接接触市场，并承担了一部分批发功能，冲击了商业批发企业，批发商业企业在渠道中相对处于不太有利的位置。制造商主导就是在这种情况下出现的。

（2）商业在工业的带动下也有改革和发展，积蓄了力量。长期以来，我国商业由国有、集体经济一统天下、垄断经营，城市农村的大小商品都由公有制商业统包，其结果是造成官商作风，流通效率低下，流通渠道单一。因此，自 20 世纪 80 年代初开始，国家确定商业改革的方向是所谓的"三多一少"，即"多种经济形式、多种经营方式、多条流通渠道、少流通环节"。

（3）工业企业在工商关系中赢得了主导地位。工业和商业（包括批发、零售和餐饮业）相比较而言，尽管从总的趋势来说，工业相对于商业的产值倍数在下降，从 1979 年的 7.96 下降到 1997 年的 5.24，但仍达 5 倍以上，说明工业的影响力从总体上比商业（包括批发、零售）要大得多，其地位是商业无法撼动的。更为重要的是，在此期间，由于允许工业企业可以自销，工业企业自身的销售比例大为提高，从 1978 年的 1∶18.63 提高到 1∶9.11。这样，工业向批发零售业的渗透也削弱了批发商的影响力和谈判力。加之制造商的品牌意识和广告意识，国家在价格管理方面对商业的管理严于工业，在税收中重于工业，这均使其处于不利地位。

从商业内部来看，与计划经济时期相比，批发商业的地位大大下降。因为在计划经济时期，国家是通过批发控制整个流通领域的，而在改革过程中，国家逐渐放松了对流通领域的控制，批发商的地位自然就不那么重要了。从批发与零售比率的下降可见批发商地位下降这一点。1994 年批发额为零售额的 3.79 倍，而到了 1997 年，批发额为零售额的倍数降为 3.32。工业企业的定价办法也极大地限制了批发业的活动余地。一方面，工业企业为了回收资金、维持再生产，不再对不同批发层次和零售作统一定价，致使批发业价格空间缩小；另一方面，不少制造商为了提高竞争力，尽量降低零售价格，甚至将零售价格直接标识在产品包装上，使价格固化，削弱了批发商的定价自由度和积极性。然而批发额仍为零售额的 3 倍以上，说明零售从总体上还不敌批发的影响。

因此，改革开放以后到 1997 年，尽管政府通过批发主导工商关系的局面被打破，商业尤其是零售业获得一定发展，但制造商由于基础雄厚，得到国家的重视，发展得更快，在渠道中自然赢得了主导地位。

3. 第三阶段：全面买方市场条件下的零售商主导阶段（1998 年至今）

1998 年以来，我国社会主义市场经济体制初步确立，并且全面转向买方市场。在对外开放新形势和新的市场格局下，零售商获得极快发展，并逐渐控制分销渠道，成为渠道主导。

（1）全面买方市场的形成。1997 年，中国由卖方市场全面转向买方市场。这一年，供过于求的商品占全部消费品的 98.4%，供不应求的商品占消费品的 1.6%；生产资料市场货源充足，总体供过于求，呈现明显的买方市场局面。而在此之前的 1996 年，商品市场处于供求基本平衡的局面。94% 的消费品供求基本平衡或供略大于求；90% 的生产资料供求平衡或供大于求。全面买方市场的形成，意味着掌握市场的极端重要性。零售商由于离市场最近，对市场及其变化的把握处于最有利的位置，这为其赢得渠道主导地位提供了先机。

（2）工业稳步发展。自 1998 年以来，中国的工业一直在稳定发展，并逐渐成为世界制造中心，在世界范围内赢得了声誉。1998 年工业产值为 33387.9 亿元，2004 年为 62815.1 亿元，增长 88.1%，高出同期国内生产总值 64.3% 的增长速度近 24 个百分点。工业产值在国内生产总值中的比重从 1998 年的 42.6% 增至 2004 年的 45.9%。

（3）批发业地位下降。1998—2003 年，批发业的销售额有了一定的增加，从 22090.8 亿元增至 37974.3 亿元，增长 71.9%；但零售额增长更快，从 5056.1 亿元增至 10638.9 亿元,增长 110.4%。限额以上批发企业法人数呈逐年下降趋势,从 1999 年的 16382 个降至 2003 年的 14937 个,而同期限额以上零售企业法人数从 10733 个增至 12403 个。因此,批发商业在商业领域的地位相对下降。原因之一是大型零售业向批发领域渗透。

(4) 零售业突飞猛进地发展。这一时期,零售业得到较快发展,大量资本向零售行业流动。这一时期通过其他行业资本的介入、外资的介入以及零售业内部的资产重组,零售商及零售业的规模急剧扩大,产生一些规模较大的零售企业。2001 年,中国零售企业百强实现商品销售总额 2342.36 亿元,同比增长 32.5%,占社会消费品零售额的 5.06%。2003 年,39 家商品流通企业进入中国 500 强,商品流通企业首次进入中国 500 强企业前 50 名。2004 年,作为零售业的百联集团首次进入中国 500 强企业前 50 名(位列第 37 名)。在中国 500 强前 50 名中,消费品制造商也不过 2 名(海尔和 TCL)。2005 年,百联集团又跃居中国企业 500 强第 16 位,排在海尔集团(第 18 名)和 TCL(第 54 名)之前。

(5) 零售业内部的结构优化。这一时期,零售行业内部也在进行调整,做大做优。主要做法包括产品多元化、业态多元化、组织连锁化、行业多元化等。

(6) 零售商逐渐主导,渠道冲突逐渐显现。零售业的规模扩大(单体扩大和规模连锁)和结构优化(新的业态出现并占重要地位)使其地位在悄悄发生变化。现在,很多制造商都抱怨,商品进入商场尤其是连锁企业铺面均需巨额的进场费、上架费、各种名目的促销费、分摊的广告费、快速通道费等。同时,大的零售企业还通过向制造商买断产品、定牌生产、后向一体化等挤压制造商的利润。这表明,在中国的工商关系中,零售商逐渐主导了渠道。同发达国家一样,在渠道主导过程中,尤其是渠道主导权的转换过程中,渠道冲突开始显现。

计划经济时期,我国商业企业的盈利模式主要是进销差价。20 世纪 80 年代,制造行业一度盛行工业自销而引发"工商矛盾"。事实上,工业自销也需要投资建设流通渠道,同时存在市场风险。1988 年前后出现大批库存积压产品,随后开展全国性的治理整顿,给国人留下了深刻的印象及经验教训。20 世纪 90 年代,我国曾有过"十点利"的大讨论,即商业企业的利润大约只有十点,其余都让利给了消费者。后来,又过渡到五点利、零点利即净价销售。随后,商业企业的进销差价、批零差价开始出现负值。向上游供货商要利润即收取通道费逐渐成为一种流行的商业盈利模式。从此角度而言，可以认为零售商收取进场费是零售商与供应商双方利益博弈的结果。

四、商业模式与零供关系

著名管理学大师彼得·德鲁克曾说过："当今企业之间的竞争，不是产品之间的竞争，而是商业模式之间的竞争。"学界对商业模式内涵的界定尚未达成共识。大多数学者倾向于将商业模式看作一个由若干要素构成的高速运转的、有效率的系统，这个系统能为企业提供获取竞争优势并达成盈利目标的整体解决方案。零售企业的商业模式是包含业态发展模式、空间扩张模式、资本扩张模式、盈利模式、物流运作模式、店铺营销模式六个子模式在内的一个动态集成体系。这个体系中的每一个子模式都有助于零售企业竞争优势的塑造，而且各个子模式之间存在相互影响的关系。❶

当前大型零售企业的盈利模式主要有以下几类：依靠购销差价获利；依靠类金融模式获利；依靠进场费（通道费）获利；通过优化供应链的低成本模式获利。购销差价模式是零售企业最传统的盈利模式，通过较低价格从供货商处进货，以较高的价格卖给顾客，以获得利润。类金融模式则是零售商与消费者之间进行现金交易的同时，延期数月支付上游供应商货款，这使得其账面上长期存有大量浮存现金，并形成"规模扩张—销售规模提升带来账面浮存现金—占用供应商资金用于规模扩张或转作他用——进一步规模扩张提升零售渠道价值以带来更多账面浮存现金"这样一个资金内循环体系。进场费（通道费）模式是指大型零售商在商品定价外，向供货商直接收取或从应付货款中扣除，或以其他方式要求供货商额外负担的各种费用。低成本模式则是通过有效的供应商管理，大规模采购而降低成本的一种盈利模式。此外，在百货店或购物中心还存在一种典型的盈利模式，即出租场地或变相出租场地的联营方式。

有人认为，沃尔玛长期致力于优化供应链以获取商业利润，可称为降低物流成本以获取商业利润的"沃尔玛模式"。事实上，在其他几种商业盈利模式中也可优化供应链以降低物流成本。由于家乐福采取的是典型的向上游供

---

❶　汪旭晖："中外大型零售企业中国市场商业模式的对比分析"，载《现代经济探讨》2008年第8期。

应商要利润的方式，因而其通道费模式又称为"家乐福模式"。家乐福向供应商收取的费用包括配货费、上架费、条码费、新品上柜费、节庆费、店庆费、商场海报费、商场促销费、全国推荐产品服务费、老店翻新费、新店开办费等，这些费用成为家乐福的主要利润来源。国美电器除了收取进场费外，类金融模式的运作也较为典型，国美可以延期 6 个月以上支付供应商货款，这种拖欠使其占有大量的资金，导致了其强烈的多元化冲动，结果多元化投资于资金需求较大的房地产行业，形成了"商业＋地产"的模式。

虽然中外零售企业的盈利模式有所差异，但进场费（通道费）模式已经成为零售企业主要的盈利模式之一是一个不争的事实。积极探索盈利模式创新是中外零售企业都应该思考的重大问题。零售企业商业模式决定着零售企业的竞争优势。对商业模式进行分析对比对于零售企业发展有着重要启示。采取立体化的盈利模式，逐步改变以进场费和类金融为主的盈利模式结构，注重渠道和谐发展，在科学定位的基础上，寻求自身差别化优势，有利于实现零售企业商业模式创新和综合竞争优势。

五、国外"大店法"及其借鉴意义

有人认为，当前零供矛盾突出与我国未建立大型零售商选址等相关配套制度有关。有我国"大店法"之称的《城市商业网点条例（征求意见稿）》中也专门对商业网点经营者与供应商的行为规范作了规定。❶

发达的市场经济国家普遍重视商业网点规划工作，如，日本以项目审批为主要管理手段，美国以规划约束为主，法国是规划和审批并用。其中，日本对大型零售店铺的规制最严格和精细。《日本大规模零售店立地法》规定，凡是 1000 平方米以上的商业设施，均要按照合理商业布局、保护生活环境原则进行审批。我国商务部官员也曾表示，发达国家通过制定和实施商业网点规划，保证了商业网点建设的持续健康发展，保证了商业网点建设与社会经济的协调发展，其经验值得我们借鉴。❷

---

❶ 《国务院法制办公室就〈城市商业网点条例（征求意见稿）〉公开征求意见的通知》（2008），载国务院法制办网站，http://www.gov.cn/gzdt/2008 - 04/02/content_ 935148. htm，访问日期：2010年10月29日。

❷ 黄海："用科学发展观指导城市商业网点规划工作——黄海部长助理在地级城市商业网点规划工作座谈会上的讲话"，载《城市商业网点规划资料汇编》2008 年版。

（一）《日本大店法》的演变历史

零售业是劳动密集型行业，对劳动力具有极强的吸纳力，许多国家的政府都将发展零售业作为扩大就业机会的一条有效途径给予高度重视，而大型店铺的过度进入会夺去周围中小零售店的发展机会，不利于发挥零售业"就业机器"的职能，因此要对其加以限制。另外，大型零售店铺有可能造成某一地区零售业的垄断，不利于保障消费者的利益。但是，各国对大型零售店铺的规制程度有很大不同，其中，日本对大型零售店铺的规制最严格和精细。

《日本大店法》的演变经历了四个阶段。

第一阶段（1937—1973年）《日本百货商店法》实施，以经济性规制为主的阶段。

1937年，日本制定了《日本百货商店法》。19世纪初，随着百货商店在日本的蓬勃兴起，零售业竞争十分激烈，为了防止百货商店之间的"自相残杀"和"以大欺小"，日本政府在1937年制定了首部《日本百货商店法》。然而二战后，《日本百货商店法》因与新制定的《日本禁止垄断法》有所抵触而一度被废除。而在百货商店从恢复期走向成长期的过程中，日本国内出现了反对百货商店的运动，导致了1956年新的百货商店法的出台。1956年，日本政府重新颁布了与1937年内容相同的《日本百货商店法》，一般被称为"第二次《日本百货商店法》"，也就是《日本大店法》的前身。该法除明确了百货店的经营范围和营业时间等行为基准外，还规定百货店新设、增设必须得到通产大臣的许可，以防止百货店在零售业形成垄断。百货商店的设店再度被置于许可制之下。

《日本百货商店法》以百货商店为对象，对其设店加以限制，但其后出现的超级市场因业态不同而不在该法律的限制范围之内。20世纪60年代以后，超级市场作为新型业态迅速发展。对此，中小零售商和百货商店整个业界都感受到极大的不平等。在此背景下，日本政府于1973年废除了《日本百货商店法》，取而代之的是《关于调整大规模零售企业活动的法律》，简称《日本大店法》。《日本大店法》规定，不论采取何种业态，只要是店铺面积超过1500平方米的商店，一律采取"事先申报审查制度"，对其加以限制，并以大规模零售商店事业活动"是否对其周边中小零售商业的事业活动造成相当程度的影响"为标准，在开店日、店铺面积、闭店时间、歇业天数四个方面进行调整。此后，政府又于1978年对该法进行了修改，将管制对象扩大到店铺面积超过500平方米的商店。

第二阶段（1974 年至 20 世纪 80 年代末）《日本大店法》实施，经济性规制加强阶段。《日本百货商店法》仅仅对百货商店作出了规制，对各类新型业态的大型零售店无能为力。同时，《日本百货商店法》对营业面积的规制是以企业为单位的，许多商业企业设法逃避规制，出现了"类似百货店"问题。于是，日本政府于 1974 年废除了《日本百货商店法》，正式实施《日本大店法》，对包括超级市场等新兴业态在内的大型零售店进行规制。《日本大店法》的实施，在规范流通秩序、限制过度竞争、增强零售商业的活力、保护中小零售商的正当权益等方面的确发挥了积极的作用。后因第一次石油危机爆发，日本经济步入低潮，中小零售业对大店的反对运动日益高涨，1979 年《日本大店法》第一次被修正，修正法的规制对象比原来有所扩大。

第三阶段：（20 世纪 90 年代）《日本大店法》的经济性规制缓和阶段。20 世纪 80 年代以前，日本政府对大型零售商店的管制是十分严格的，进入 90 年代以后，日本成为世贸组织成员，迫于来自各方面特别是欧美国家的压力，开始向松动管制的方向转变，从 1990 年开始，日本政府对《日本大店法》进行了一系列调整，并于 1999 年将法规改成《日本大规模零售店立地法》。在《日本大店法》实施的 25 年中，日本零售商业基本完成了现代化的过程，也基本保证了中小零售商业的"正常"发展，从而较好地发挥了零售商业扩大就业、稳定社会、提高生活质量的功能。

第四阶段（2000 年至今）《日本大规模零售店立地法》实施，以社会性规制为主的阶段。随着日本政府规制缓和的推进，产业省相关部门逐渐发现，大型零售店的开设对其周边的交通、环境有着极大的影响，有必要融合于社区。同时，为与 WTO 规则接轨，需要减少产业进入中的经济性规制。为此，日本政府于 2000 年废止了《日本大店法》，颁布并正式实施《日本大规模零售店立地法》。与之相配套的《日本中心市区繁荣法》和《日本城市规划法》也正式实施，这三部法律统称为"日本城市建设三法"。《日本大规模零售店立地法》的实施，标志着日本对大型零售店的发展转向以社会性规制为主的规制手段。日本大型零售店开店和经营进一步自由化。

近年来，我国大型零售业蓬勃发展，但在商业网点发展的规制上还存在缺失和疏漏。对此，日本的大店立法经验具有一定的借鉴意义。❶❷

---

❶ 刘建民等：《商品流通法律规制研究》，复旦大学出版社 2009 年版。

❷ 余晖："日本的大店法及对中国零售业规制的启示"，载《开放导报》2006 年第 4 期。

（二）法国对大型店的规制

除了日本以外，法国也制定了专门的法律，对大型店的开设进行了严格规制。法国通过地方和全国城市商业计划委员会对大店铺的发展实施管理。1969年，法国各省建立了规范商业管理的机构———城市商业规划委员会，规定不能随便建超级市场。1973年，法国制定了被称为"LoiRoyer"法的《法国商业和手工业指导法》；同时增加了各省城市商业规划委员会的人数，对大型商店的设立加以管理。该法规定：建筑面积在3000平方米（4万人以下城市为2000平方米）以上、营业面积在1500平方米（4万人以下城市为1000平方米）以上的店铺，或者是现有达到限制面积的店铺增加200平方米以上的面积时，都要向地方城市商业计划委员会申请，由地方委员会批准后才能开设。若申请方对批准结果存有争议，则由全国城市商业计划委员会最终裁决。

法国在1981年和1993年曾两度冻结超级市场的审批。1993年后，上述法规规定，建设超过400平方米以上规模的商店，要由省经济部、城市发展部、工商会等部门批准；兴建1000平方米以上规模的超市，须经全国专家委员会投票决定，该委员会由7人组成。该法同时规定：在一定区域内不能开设两家巨型超市，一个企业集团不能在同一区域开设三家以上的店铺。1996年，法国又进一步加强了这方面的管理。现行的法律是在小商店主和地方政府两种利益集团的游说下通过的。凡设立营业面积超过300平方米的商店都必须获得批准，各种形式的超市及大商场都被限制。凡设立、改建和扩建的商业面积超过300平方米时，均要向省级商业配置委员会提出申请。销售面积2000平方米的商业单位对经营范围的任何变更也都需要审批。法国同时还规定了对交通及公共交通的影响、接待装卸货车辆能力等审核标准。

法国的有关法律不仅规定严格，而且审批程序复杂，时间很长。如，要报送11份申请资料（如须进行公众调查，则须交12份资料）；有三种程序：销售面积小于1000平方米的简单程序，1000～6000平方米的正常程序，6000平方米以上的则要经过繁琐程序；批复审查期限为4个月，而申请建设许可证的预审期限为6个月。法国政府对多达60万平方米的大店采取了搁置的态度。

（三）美国对大型店的限制

美国虽然没有像日本和法国那样制定专门的法规，但对大型店的开设仍有一定限制，主要是联邦政府授权州政府把商业网点规划纳入整体规划中，大型店的开设必须服从城市的整体开发计划。这种规制不是为了对店铺本身进行规制，而是出于有效、合理地利用土地的考虑。

美国关于零售业管理的相关政策法规主要包括三个方面：禁止垄断和保护竞争的法规有《谢尔曼法反托拉斯》（1890）、《克莱顿法》（1914）、《罗宾逊—帕特曼法》（1936，现已名存实亡）等；维护公平交易的法规有《联邦贸易委员会法》（1914）、《惠勒-利法》（1938）、《公证的包装和标签法》（1966）、《消费品定价法》（1975）；保护消费者权益与安全的法规有《联邦食品和药品法》（1906）、《儿童保护法》（1966）和《消费产品安全法》（1972）等。

各州和地方性法规就更多了，几乎涉及零售业经营的各个方面。例如，限制零售店开设地点的《区域法案》、限制零售店营业时间的《蓝色法》、限制推销时间和方式以保护消费者隐私的《上门推销法》、限制并购和扩张的《反托拉斯法案》等。

美国对大店铺开设的限制在于两个方面：一是通过地区的土地开发计划限制店铺的开设；二是通过反不正当竞争条款限制大店铺的发展。

第一，土地规划限制。美国联邦政府对各地商业设施的建立没有具体的规定，但是各州政府都制定有详细的城市商业发展规划，政府规划部门在批准的时候会考虑交通问题、环境问题以及对中心商业区和就业的影响。美国州政府把所辖土地划分成若干区域，每个区域有不同的开发计划，店铺的开设必须符合该计划。因此，其是把大店选址方面的规定结合到区域规划和土地利用计划之中，规定了哪些地方可以建商业设施，哪些地方不能建商业设施。可见，美国不是直接限制店铺开与不开，而是从有效利用土地角度来规划的。具体法规有：《区域法案》，限制店铺的位置和建筑设施的类型；《环境法》，限制零售业使用某些土地。

1997 年，美国有一家很著名的大型连锁超市准备在纽约的哈姆莱区建一个大店，计划很快报到纽约市的规划部门。规划部门对之进行了公告，但规划遭到周边中小型商店和消费者的一致反对，规划部门最后没有批准。

第二，反垄断限制。1922 年，全国食品杂货零售商协会敦促政府制定限制连锁店数量的法律，大多数州对连锁店实行了累进税。例如，马里兰特州规定：第 1~5 家店，各店征税 5 美元；第 5~10 家店，各店征税 20 美元；第 11~20 家店，各店征税 100 美元；21 家以上的店铺，各店征税 150 美元。

1936 年通过的《罗宾逊-帕特曼法》又称《反连锁商店法》，限制连锁店采购商品时取得特别折扣。

德国和英国没有专门的法律来规制大型店的开设，但在土地开发和城市建设等法律中对大型店的开设有所规制，只要大型店没有对城市的环境、交通、地区景观和传统风格及其他公共事业带来负面影响，原则上大型店的开设和经营是自由的，但购物中心只能在部分指定的区域开设。

六、国外商业流通规制对我国零售业的启示

日本、法意、美英等国对商品市场特别是对大型零售企业的规制是具有典型性的。不同国家由于国情和具体经济体制的不同，政府对大型零售企业的规制动机、规制方式和规制程度也不尽相同。日本最典型，半个多世纪来经历了以《日本大店法》为主线的零售业规制的演变，政府根据各个时期社会经济的变化，及时修订乃至废止旧法律而制定新法律，以推进零售业的健康发展，使零售业法规既保持了严肃性、延续性，又充分保持了灵活性。研究各国对于大型零售企业的规制模式，对我国大型零售企业规制体系的建立具有重要的借鉴意义。

（一）制定、实施中国特色"大店法"的必要性

商业是连接生产与消费的流通环节。商业网点设施、流通企业经营活动直接面临市场，同时也直接关涉人民群众的日常生活，是一项重要的民生工程。

在我国，对于零售业的规制还存在较大缺失，主要表现为：一是规制的"空白"，缺乏专门针对零售企业进入及行为的可操作性规制，如大型零售网点的听证制度等。二是存在规制措施冲突问题。零售业涉及的管理部门较多，城市规划、工商、商务、环保等部门有时会按各自的职能制定并执行相关的政策。三是我国零售业仍存在过度竞争或低效竞争现象，零售网点布局不合理，外资零售企业对国内零售业形成了较大冲击。零售行业结构失调，经营功能雷同。特别是大型商店过度开发，使我国许多城市出现了不同程度的大店过剩现象，许多已建成的购物中心经营业绩不理想。因此，中国有必要根据日本的经验，尽快制定具体的政策法规，对零售业尤其是大型零售店的发展进行规制。

（二）对零售业进行规制的主要动机与目的

目前，国内本土流通企业对大型零售企业准入规制的期望很高，希望政府能借此延缓外资流通企业的扩张步伐，从而达到保护民族企业的目的。前文也已提及，根据WTO的规则，准入规制将使外资、内资以及国有、民营企业都适用一套市场准入规则，都置于同一许可制下。政府如果在审批开店许可权过程中有意刁难外资企业而放纵内资企业，不仅会招致外国政府的责问，而且在客观上会保护落后企业，损害消费者的利益。

各国的实践都表明，政府对大型零售企业实施进入规制，其直接目的应当是防止过度进入和过度竞争，间接上也达到了保护民族商业的目的。

从《日本大店法》的实施效果及我国目前零售业发展状况来看，对我国零售业进行规制的出发点或目的主要考虑三方面：一是限制大店过度竞争；二是保护居民生活环境；三是有效合理地利用土地，减少各种资源浪费。在规制法律政策的制定上，要吸取《日本大店法》的教训，避免因规制过严而导致对零售业的某些领域保护过度或限制过强，影响零售业整体效率。

（三）流通政策应当是一个科学的体系

日本流通政策的突出特点就是该体系的核心是大量针对流通领域的法律，同时辅以一些政府针对流通领域的发展规划、指导意见等，二者共同构成了一个严密而系统的政策体系。与日本相比，我国的流通政策还没有形成体系，尤其缺少以法律形式固定下来的流通政策，因而政策多带有较明显的随意性和临时性。流通政策体系是一个与时俱进的动态系统，该系统是与其所处的环境和所规制的对象相互影响的，政策体系必须随着环境要素和规制对象的变化有所调整，从而保证政策体系的有效性。日本流通调整政策从《日本百货商店法》到《日本大店法》的演变充分表明了这一点。流通产业的现代化和国际化离不开政策推动。在将传统商业改造成现代化流通产业的过程中，流通政策起到了巨大的推动作用。流通现代化是流通国际化的前提，针对性强的流通现代化政策极大地加快了由传统商业向现代化流通产业，进而向国际化流通产业演进的过程。同时，日本流通政策的局限性也很明显，主要表现在其政策体系缺乏统一性方面，即不同政策的目标之间存在矛盾与冲突。这种冲突尤其表现为对中小流通企业进行保护的政策倾向性不仅造成了日本流通渠道多环节和高成本的弊端，更导致了流通产业的强烈封闭性与排他性。前者与消费者权益导向的流通政策产生了内在冲突，而后者造成的商业壁垒则与流通产业的对外开放政策产生了冲突。

（四）对零售业进行规制的主要方式

日本对零售业发展的规制以《日本百货商店法》、《日本大店法》、《日本大规模零售店立地法》三大法为主，辅以专业性法规，形成了全面的、立体的零售业政策法规体系。在我国，也可以采取多种方式制定相关的系列法规。一是国家及地方政府从实际出发，制定不同层级的、专门的法律，对零售店的开设条件及标准等进行规制；二是在其他法规，如《城市商业网点条例》中，附加对零售店开设或营业的规范性条款；三是将商业网点规划纳入城市总体规划，以确保城市商业功能与布局的合理性。当然，无论采取哪种方式，规制范围都不可能是整个零售业，而是有重点地选择规制对象，主要包括重点的商业项目（购物中心、商业旺区等）、大型零售店及连锁经营零售业等，为符合国际惯例，应以社会性规制为主。

（五）对零售业进行规制的主要内容

根据对零售业进行规制的目的，笔者认为对我国的零售业进行规制主要可以从以下方面入手：一是对大型零售网点的开设条件和程序进行立法或设立听证制，主要考虑大型网点的开设对城市环境、交通、土地占用、周边商业和人民生活质量是否有影响，这可以有效防止大型零售网点的盲目或过度开发。二是设立统一的商业分级设置标准，根据商业区的规模、辐射范围、客流量、业种业态的组合特点等，将商业区划分为不同层次，并根据各级商业的特点设立相应的商业指引（主要针对大中型以上商业区）或配置标准（主要针对社区商业），以优化商业布局，有效配置资源，指导城市行政区域内各级商业的规划与建设管理。三是加强对大型商业项目建设的管理，主要对商业区、购物中心等大型商业项目的规划、建设进行管理，将其规划纳入城市整体规划，并设定相应的开发商准入标准，以确保项目的成功，避免造成对城市空间结构、景观、交通、环境等的影响以及对土地等宝贵资源的浪费。

（六）建立市场分级管理规范体系

日常规制措施应由直接承担管理责任的大中小型城市以及负责中级规模管理的省级政府管理部门制定，并负责其贯彻落实。其中包括经济社会影响评估、综合规划、发展延缓、限制对企业的援助、保护专营零售店等措施。反垄断法等法律保护措施则由中央政府承担。

（七）实现城市规划和商业网点规划的有机统一

商业网点规划是一项科学性、政策性、社会性很强的系统工程。对此，应从城市整体功能定位出发，处理好商业网点规划与城市总体发展规划的关系、商业规划与城市商业总体规划的关系、商业网点规划与其他功能规划之间的关系及规划与实施的关系。❶

（八）引入公众参与机制

公众参与是国外商业网点发展法律规制的成功经验之一。包括大型商业网点建设在内的重大城市建设活动都必须征求居民的意见，以改善商业环境，刺激商业发展。❷公众参与也是商业网点规划"以人为本"的体现，有利于更好地做到利益平衡。同时，应当增强民意代表（包括人大代表、业界代表等）的作用。❸设立大型商业网点时实施听证制度，促进商业网点和社会的和谐发展。

---

❶ 王海鹰、郝胜宇："城市商业网点规划问题研究"，载《经济纵横》2008 年第 9 期。
❷ 谢涤湘："市场经济体制下城市商业网点规划研究"，载《现代城市研究》2008 年第 3 期。
❸ 袁勇："关于《城市商业网点条例（征求意见稿）》的十点个人意见"，载北大法律信息网，http：//vip. chinalawinfo. com/newlaw2002/SLC/slc. asp? db = art&gid = 335586789 访问日期：2011 年 1 月 26 日。

附录一

一、中华人民共和国反垄断法

（2007 年 8 月 30 日第十届全国人民代表大会常务委员会第二十九次会议通过）

第一章　总则

第一条　为了预防和制止垄断行为，保护市场公平竞争，提高经济运行效率，维护消费者利益和社会公共利益，促进社会主义市场经济健康发展，制定本法。

第二条　中华人民共和国境内经济活动中的垄断行为，适用本法；中华人民共和国境外的垄断行为，对境内市场竞争产生排除、限制影响的，适用本法。

第三条　本法规定的垄断行为包括：

（一）经营者达成垄断协议；

（二）经营者滥用市场支配地位；

（三）具有或者可能具有排除、限制竞争效果的经营者集中。

第四条　国家制定和实施与社会主义市场经济相适应的竞争规则，完善宏观调控，健全统一、开放、竞争、有序的市场体系。

第五条　经营者可以通过公平竞争、自愿联合，依法实施集中，扩大经营规模，提高市场竞争能力。

第六条　具有市场支配地位的经营者，不得滥用市场支配地位，排除、限制竞争。

第七条　国有经济占控制地位的关系国民经济命脉和国家安全的行业以及依法实行专营专卖的行业，国家对其经营者的合法经营活动予以保护，并对经营者的经营行为及其商品和服务的价格依法实施监管和调控，维护消费者利益，促进技术进步。

前款规定行业的经营者应当依法经营，诚实守信，严格自律，接受社会公众的监督，不得利用其控制地位或者专营专卖地位损害消费者利益。

第八条　行政机关和法律、法规授权的具有管理公共事务职能的组织不得滥用行政权力，排除、限制竞争。

第九条　国务院设立反垄断委员会，负责组织、协调、指导反垄断工作，履行下列职责：

（一）研究拟订有关竞争政策；

（二）组织调查、评估市场总体竞争状况，发布评估报告；

（三）制定、发布反垄断指南；

（四）协调反垄断行政执法工作；

（五）国务院规定的其他职责。

国务院反垄断委员会的组成和工作规则由国务院规定。

第十条　国务院规定的承担反垄断执法职责的机构（以下统称国务院反垄断执法机构）依照本法规定，负责反垄断执法工作。

国务院反垄断执法机构根据工作需要，可以授权省、自治区、直辖市人民政府相应的机构，依照本法规定负责有关反垄断执法工作。

第十一条　行业协会应当加强行业自律，引导本行业的经营者依法竞争，维护市场竞争秩序。

第十二条　本法所称经营者，是指从事商品生产、经营或者提供服务的自然人、法人和其他组织。

本法所称相关市场，是指经营者在一定时期内就特定商品或者服务（以下统称商品）进行竞争的商品范围和地域范围。

第二章　垄断协议

第十三条　禁止具有竞争关系的经营者达成下列垄断协议：

（一）固定或者变更商品价格；

（二）限制商品的生产数量或者销售数量；

（三）分割销售市场或者原材料采购市场；

（四）限制购买新技术、新设备或者限制开发新技术、新产品；

（五）联合抵制交易；

（六）国务院反垄断执法机构认定的其他垄断协议。

本法所称垄断协议，是指排除、限制竞争的协议、决定或者其他协同行为。

第十四条 禁止经营者与交易相对人达成下列垄断协议:

(一) 固定向第三人转售商品的价格;

(二) 限定向第三人转售商品的最低价格;

(三) 国务院反垄断执法机构认定的其他垄断协议。

第十五条 经营者能够证明所达成的协议属于下列情形之一的,不适用本法第十三条、第十四条的规定:

(一) 为改进技术、研究开发新产品的;

(二) 为提高产品质量、降低成本、增进效率,统一产品规格、标准或者实行专业化分工的;

(三) 为提高中小经营者经营效率,增强中小经营者竞争力的;

(四) 为实现节约能源、保护环境、救灾救助等社会公共利益的;

(五) 因经济不景气,为缓解销售量严重下降或者生产明显过剩的;

(六) 为保障对外贸易和对外经济合作中的正当利益的;

(七) 法律和国务院规定的其他情形。

属于前款第一项至第五项情形,不适用本法第十三条、第十四条规定的,经营者还应当证明所达成的协议不会严重限制相关市场的竞争,并且能够使消费者分享由此产生的利益。

第十六条 行业协会不得组织本行业的经营者从事本章禁止的垄断行为。

第三章 滥用市场支配地位

第十七条 禁止具有市场支配地位的经营者从事下列滥用市场支配地位的行为:

(一) 以不公平的高价销售商品或者以不公平的低价购买商品;

(二) 没有正当理由,以低于成本的价格销售商品;

(三) 没有正当理由,拒绝与交易相对人进行交易;

(四) 没有正当理由,限定交易相对人只能与其进行交易或者只能与其指定的经营者进行交易;

(五) 没有正当理由搭售商品,或者在交易时附加其他不合理的交易条件;

(六) 没有正当理由,对条件相同的交易相对人在交易价格等交易条件上实行差别待遇;

(七) 国务院反垄断执法机构认定的其他滥用市场支配地位的行为。

本法所称市场支配地位，是指经营者在相关市场内具有能够控制商品价格、数量或者其他交易条件，或者能够阻碍、影响其他经营者进入相关市场能力的市场地位。

第十八条 认定经营者具有市场支配地位，应当依据下列因素：

（一）该经营者在相关市场的市场份额，以及相关市场的竞争状况；

（二）该经营者控制销售市场或者原材料采购市场的能力；

（三）该经营者的财力和技术条件；

（四）其他经营者对该经营者在交易上的依赖程度；

（五）其他经营者进入相关市场的难易程度；

（六）与认定该经营者市场支配地位有关的其他因素。

第十九条 有下列情形之一的，可以推定经营者具有市场支配地位：

（一）一个经营者在相关市场的市场份额达到二分之一的；

（二）两个经营者在相关市场的市场份额合计达到三分之二的；

（三）三个经营者在相关市场的市场份额合计达到四分之三的。

有前款第二项、第三项规定的情形，其中有的经营者市场份额不足十分之一的，不应当推定该经营者具有市场支配地位。

被推定具有市场支配地位的经营者，有证据证明不具有市场支配地位的，不应当认定其具有市场支配地位。

第四章 经营者集中

第二十条 经营者集中是指下列情形：

（一）经营者合并；

（二）经营者通过取得股权或者资产的方式取得对其他经营者的控制权；

（三）经营者通过合同等方式取得对其他经营者的控制权或者能够对其他经营者施加决定性影响。

第二十一条 经营者集中达到国务院规定的申报标准的，经营者应当事先向国务院反垄断执法机构申报，未申报的不得实施集中。

第二十二条 经营者集中有下列情形之一的，可以不向国务院反垄断执法机构申报：

（一）参与集中的一个经营者拥有其他每个经营者百分之五十以上有表决权的股份或者资产的；

（二）参与集中的每个经营者百分之五十以上有表决权的股份或者资产被同一个未参与集中的经营者拥有的。

第二十三条　经营者向国务院反垄断执法机构申报集中，应当提交下列文件、资料：

（一）申报书；

（二）集中对相关市场竞争状况影响的说明；

（三）集中协议；

（四）参与集中的经营者经会计师事务所审计的上一会计年度财务会计报告；

（五）国务院反垄断执法机构规定的其他文件、资料。

申报书应当载明参与集中的经营者的名称、住所、经营范围、预定实施集中的日期和国务院反垄断执法机构规定的其他事项。

第二十四条　经营者提交的文件、资料不完备的，应当在国务院反垄断执法机构规定的期限内补交文件、资料。经营者逾期未补交文件、资料的，视为未申报。

第二十五条　国务院反垄断执法机构应当自收到经营者提交的符合本法第二十三条规定的文件、资料之日起三十日内，对申报的经营者集中进行初步审查，作出是否实施进一步审查的决定，并书面通知经营者。国务院反垄断执法机构作出决定前，经营者不得实施集中。

国务院反垄断执法机构作出不实施进一步审查的决定或者逾期未作出决定的，经营者可以实施集中。

第二十六条　国务院反垄断执法机构决定实施进一步审查的，应当自决定之日起九十日内审查完毕，作出是否禁止经营者集中的决定，并书面通知经营者。作出禁止经营者集中的决定，应当说明理由。审查期间，经营者不得实施集中。

有下列情形之一的，国务院反垄断执法机构经书面通知经营者，可以延长前款规定的审查期限，但最长不得超过六十日：

（一）经营者同意延长审查期限的；

（二）经营者提交的文件、资料不准确，需要进一步核实的；

（三）经营者申报后有关情况发生重大变化的。

国务院反垄断执法机构逾期未作出决定的，经营者可以实施集中。

第二十七条　审查经营者集中，应当考虑下列因素：

（一）参与集中的经营者在相关市场的市场份额及其对市场的控制力；

（二）相关市场的市场集中度；

（三）经营者集中对市场进入、技术进步的影响；

（四）经营者集中对消费者和其他有关经营者的影响；

（五）经营者集中对国民经济发展的影响；

（六）国务院反垄断执法机构认为应当考虑的影响市场竞争的其他因素。

第二十八条　经营者集中具有或者可能具有排除、限制竞争效果的，国务院反垄断执法机构应当作出禁止经营者集中的决定。但是，经营者能够证明该集中对竞争产生的有利影响明显大于不利影响，或者符合社会公共利益的，国务院反垄断执法机构可以作出对经营者集中不予禁止的决定。

第二十九条　对不予禁止的经营者集中，国务院反垄断执法机构可以决定附加减少集中对竞争产生不利影响的限制性条件。

第三十条　国务院反垄断执法机构应当将禁止经营者集中的决定或者对经营者集中附加限制性条件的决定，及时向社会公布。

第三十一条　对外资并购境内企业或者以其他方式参与经营者集中，涉及国家安全的，除依照本法规定进行经营者集中审查外，还应当按照国家有关规定进行国家安全审查。

第五章　滥用行政权力排除、限制竞争

第三十二条　行政机关和法律、法规授权的具有管理公共事务职能的组织不得滥用行政权力，限定或者变相限定单位或者个人经营、购买、使用其指定的经营者提供的商品。

第三十三条　行政机关和法律、法规授权的具有管理公共事务职能的组织不得滥用行政权力，实施下列行为，妨碍商品在地区之间的自由流通：

（一）对外地商品设定歧视性收费项目、实行歧视性收费标准，或者规定歧视性价格；

（二）对外地商品规定与本地同类商品不同的技术要求、检验标准，或者对外地商品采取重复检验、重复认证等歧视性技术措施，限制外地商品进入本地市场；

（三）采取专门针对外地商品的行政许可，限制外地商品进入本地市场；

（四）设置关卡或者采取其他手段，阻碍外地商品进入或者本地商品运出；

（五）妨碍商品在地区之间自由流通的其他行为。

第三十四条　行政机关和法律、法规授权的具有管理公共事务职能的组织不得滥用行政权力，以设定歧视性资质要求、评审标准或者不依法发布信息等方式，排斥或者限制外地经营者参加本地的招标投标活动。

第三十五条 行政机关和法律、法规授权的具有管理公共事务职能的组织不得滥用行政权力，采取与本地经营者不平等待遇等方式，排斥或者限制外地经营者在本地投资或者设立分支机构。

第三十六条 行政机关和法律、法规授权的具有管理公共事务职能的组织不得滥用行政权力，强制经营者从事本法规定的垄断行为。

第三十七条 行政机关不得滥用行政权力，制定含有排除、限制竞争内容的规定。

第六章 对涉嫌垄断行为的调查

第三十八条 反垄断执法机构依法对涉嫌垄断行为进行调查。

对涉嫌垄断行为，任何单位和个人有权向反垄断执法机构举报。反垄断执法机构应当为举报人保密。

举报采用书面形式并提供相关事实和证据的，反垄断执法机构应当进行必要的调查。

第三十九条 反垄断执法机构调查涉嫌垄断行为，可以采取下列措施：

（一）进入被调查的经营者的营业场所或者其他有关场所进行检查；

（二）询问被调查的经营者、利害关系人或者其他有关单位或者个人，要求其说明有关情况；

（三）查阅、复制被调查的经营者、利害关系人或者其他有关单位或者个人的有关单证、协议、会计账簿、业务函电、电子数据等文件、资料；

（四）查封、扣押相关证据；

（五）查询经营者的银行账户。

采取前款规定的措施，应当向反垄断执法机构主要负责人书面报告，并经批准。

第四十条 反垄断执法机构调查涉嫌垄断行为，执法人员不得少于二人，并应当出示执法证件。

执法人员进行询问和调查，应当制作笔录，并由被询问人或者被调查人签字。

第四十一条 反垄断执法机构及其工作人员对执法过程中知悉的商业秘密负有保密义务。

第四十二条 被调查的经营者、利害关系人或者其他有关单位或者个人应当配合反垄断执法机构依法履行职责，不得拒绝、阻碍反垄断执法机构的调查。

第四十三条　被调查的经营者、利害关系人有权陈述意见。反垄断执法机构应当对被调查的经营者、利害关系人提出的事实、理由和证据进行核实。

第四十四条　反垄断执法机构对涉嫌垄断行为调查核实后，认为构成垄断行为的，应当依法作出处理决定，并可以向社会公布。

第四十五条　对反垄断执法机构调查的涉嫌垄断行为，被调查的经营者承诺在反垄断执法机构认可的期限内采取具体措施消除该行为后果的，反垄断执法机构可以决定中止调查。中止调查的决定应当载明被调查的经营者承诺的具体内容。

反垄断执法机构决定中止调查的，应当对经营者履行承诺的情况进行监督。经营者履行承诺的，反垄断执法机构可以决定终止调查。

有下列情形之一的，反垄断执法机构应当恢复调查：

（一）经营者未履行承诺的；

（二）作出中止调查决定所依据的事实发生重大变化的；

（三）中止调查的决定是基于经营者提供的不完整或者不真实的信息作出的。

第七章　法律责任

第四十六条　经营者违反本法规定，达成并实施垄断协议的，由反垄断执法机构责令停止违法行为，没收违法所得，并处上一年度销售额百分之一以上百分之十以下的罚款；尚未实施所达成的垄断协议的，可以处五十万元以下的罚款。

经营者主动向反垄断执法机构报告达成垄断协议的有关情况并提供重要证据的，反垄断执法机构可以酌情减轻或者免除对该经营者的处罚。

行业协会违反本法规定，组织本行业的经营者达成垄断协议的，反垄断执法机构可以处五十万元以下的罚款；情节严重的，社会团体登记管理机关可以依法撤销登记。

第四十七条　经营者违反本法规定，滥用市场支配地位的，由反垄断执法机构责令停止违法行为，没收违法所得，并处上一年度销售额百分之一以上百分之十以下的罚款。

第四十八条　经营者违反本法规定实施集中的，由国务院反垄断执法机构责令停止实施集中、限期处分股份或者资产、限期转让营业以及采取其他必要措施恢复到集中前的状态，可以处五十万元以下的罚款。

第四十九条 对本法第四十六条、第四十七条、第四十八条规定的罚款，反垄断执法机构确定具体罚款数额时，应当考虑违法行为的性质、程度和持续的时间等因素。

第五十条 经营者实施垄断行为，给他人造成损失的，依法承担民事责任。

第五十一条 行政机关和法律、法规授权的具有管理公共事务职能的组织滥用行政权力，实施排除、限制竞争行为的，由上级机关责令改正；对直接负责的主管人员和其他直接责任人员依法给予处分。反垄断执法机构可以向有关上级机关提出依法处理的建议。

法律、行政法规对行政机关和法律、法规授权的具有管理公共事务职能的组织滥用行政权力实施排除、限制竞争行为的处理另有规定的，依照其规定。

第五十二条 对反垄断执法机构依法实施的审查和调查，拒绝提供有关材料、信息，或者提供虚假材料、信息，或者隐匿、销毁、转移证据，或者有其他拒绝、阻碍调查行为的，由反垄断执法机构责令改正，对个人可以处二万元以下的罚款，对单位可以处二十万元以下的罚款；情节严重的，对个人处二万元以上十万元以下的罚款，对单位处二十万元以上一百万元以下的罚款；构成犯罪的，依法追究刑事责任。

第五十三条 对反垄断执法机构依据本法第二十八条、第二十九条作出的决定不服的，可以先依法申请行政复议；对行政复议决定不服的，可以依法提起行政诉讼。

对反垄断执法机构作出的前款规定以外的决定不服的，可以依法申请行政复议或者提起行政诉讼。

第五十四条 反垄断执法机构工作人员滥用职权、玩忽职守、徇私舞弊或者泄露执法过程中知悉的商业秘密，构成犯罪的，依法追究刑事责任；尚不构成犯罪的，依法给予处分。

第八章 附则

第五十五条 经营者依照有关知识产权的法律、行政法规规定行使知识产权的行为，不适用本法；但是，经营者滥用知识产权，排除、限制竞争的行为，适用本法。

第五十六条 农业生产者及农村经济组织在农产品生产、加工、销售、运输、储存等经营活动中实施的联合或者协同行为，不适用本法。

第五十七条　本法自 2008 年 8 月 1 日起施行。

二、中华人民共和国反不正当竞争法

（1993 年 9 月 2 日第八届全国人民代表大会常务委员会第三次会议通过，1993 年 9 月 2 日中华人民共和国主席令第十号公布）

第一章　总则

第一条　为保障社会主义市场经济健康发展，鼓励和保护公平竞争，制止不正当竞争行为，保护经营者和消费者的合法权益，制定本法。

第二条　经营者在市场交易中，应当遵循自愿、平等、公平、诚实信用的原则，遵守公认的商业道德。

本法所称的不正当竞争，是指经营者违反本法规定，损害其他经营者的合法权益，扰乱社会经济秩序的行为。

本法所称的经营者，是指从事商品经营或者营利性服务（以下所称商品包括服务）的法人、其他经济组织和个人。

第三条　各级人民政府应当采取措施，制止不正当竞争行为，为公平竞争创造良好的环境和条件。

县级以上人民政府工商行政管理部门对不正当竞争行为进行监督检查；法律、行政法规规定由其他部门监督检查的，依照其规定。

第四条　国家鼓励、支持和保护一切组织和个人对不正当竞争行为进行社会监督。

国家机关工作人员不得支持、包庇不正当竞争行为。

第二章　不正当竞争行为

第五条　经营者不得采用下列不正当手段从事市场交易，损害竞争对手：

（一）假冒他人的注册商标；

（二）擅自使用知名商品特有的名称、包装、装潢，或者使用与知名商品近似的名称、包装、装潢，造成和他人的知名商品相混淆，使购买者误认为是该知名商品；

（三）擅自使用他人的企业名称或者姓名，引人误认为是他人的商品；

（四）在商品上伪造或者冒用认证标志、名优标志等质量标志，伪造产地，对商品质量作引人误解的虚假表示。

第六条　公用企业或者其他依法具有独占地位的经营者，不得限定他人购买其指定的经营者的商品，以排挤其他经营者的公平竞争。

第七条　政府及其所属部门不得滥用行政权力，限定他人购买其指定的经营者的商品，限制其他经营者正当的经营活动。

政府及其所属部门不得滥用行政权力，限制外地商品进入本地市场，或者本地商品流向外地市场。

第八条　经营者不得采用财物或者其他手段进行贿赂以销售或者购买商品。在账外暗中给予对方单位或者个人回扣的，以行贿论处；对方单位或者个人在账外暗中收受回扣的，以受贿论处。

经营者销售或者购买商品，可以以明示方式给对方折扣，可以给中间人佣金。经营者给对方折扣、给中间人佣金的，必须如实入账。接受折扣、佣金的经营者必须如实入账。

第九条　经营者不得利用广告或者其他方法，对商品的质量、制作成分、性能、用途、生产者、有效期限、产地等作引人误解的虚假宣传。

广告的经营者不得在明知或者应知的情况下，代理、设计、制作、发布虚假广告。

第十条　经营者不得采用下列手段侵犯商业秘密：

（一）以盗窃、利诱、胁迫或者其他不正当手段获取权利人的商业秘密；

（二）披露、使用或者允许他人使用以前项手段获取的权利人的商业秘密；

（三）违反约定或者违反权利人有关保守商业秘密的要求，披露、使用或者允许他人使用其所掌握的商业秘密。

第三人明知或者应知前款所列违法行为，获取、使用或者披露他人的商业秘密，视为侵犯商业秘密。

本条所称的商业秘密，是指不为公众所知悉、能为权利人带来经济利益、具有实用性并经权利人采取保密措施的技术信息和经营信息。

第十一条　经营者不得以排挤竞争对手为目的，以低于成本的价格销售商品。有下列情形之一的，不属于不正当竞争行为：

（一）销售鲜活商品；

（二）处理有效期限即将到期的商品或者其他积压的商品；

（三）季节性降价；

（四）因清偿债务、转产、歇业降价销售商品。

第十二条　经营者销售商品，不得违背购买者的意愿搭售商品或者附加其他不合理的条件。

第十三条　经营者不得从事下列有奖销售：

（一）采用谎称有奖或者故意让内定人员中奖的欺骗方式进行有奖销售；

（二）利用有奖销售的手段推销质次价高的商品；

（三）抽奖式的有奖销售，最高奖的金额不超过五千元。

第十四条　经营者不得捏造、散布虚伪事实，损害竞争对手的商业信誉、商品声誉。

第十五条　投标者不得串通投标，抬高标价或者压低标价。

投标者和招标者不得相互勾结，以排挤竞争对手的公平竞争。

第三章　监督检查

第十六条　县级以上监督检查部门对不正当竞争行为，可以进行监督检查。

第十七条　监督检查部门在监督检查不正当竞争行为时，有权行使下列职权：

（一）按照规定程序询问被检查的经营者、利害关系人、证明人，并要求提供证明材料或者与不正当竞争行为有关的其他资料；

（二）查询、复制与不正当竞争行为有关的协议、账册、单据、文件、记录、业务函电和其他资料；

（三）检查与本法第五条规定的不正当竞争行为有关的财物，必要时可以责令被检查的经营者说明该商品的来源和数量，暂停销售，听候检查，不得转移、隐匿、销毁财物。

第十八条　监督检查部门工作人员监督检查不正当竞争行为时，应当出示检查证件。

第十九条　监督检查部门在监督检查不正当竞争行为时，被检查的经营者、利害关系人和证明人应当如实提供有关资料或者情况。

第四章　法律责任

第二十条　经营者违反本法规定，给被侵害的经营者造成损害的，应当承担损害赔偿责任，被侵害的经营者的损失难以计算的，赔偿额为侵权期间因侵权所获得的利润；并应当承担被侵害的经营者因调查该经营者侵害其合法权益的不正当竞争行为所支付的合理费用。

被侵害的经营者的合法权益受到不正当竞争行为损害的，可以向人民法院提起诉讼。

第二十一条　经营者假冒他人的注册商标，擅自使用他人的企业名称或者姓名，伪造或者冒用认证标志、名优标志等质量标志，伪造产地，对商品质量作引人误解的虚假表示的，依照《中华人民共和国商标法》、《中华人民共和国产品质量法》的规定处罚。

经营者擅自使用知名商品特有的名称、包装、装潢，或者使用与知名商品近似的名称、包装、装潢，造成和他人的知名商品相混淆，使购买者误认为是该知名商品的，监督检查部门应当责令停止违法行为，没收违法所得，可以根据情节处以违法所得一倍以上三倍以下罚款；情节严重的，可以吊销营业执照；销售伪劣商品，构成犯罪的，依法追究刑事责任。

第二十二条　经营者采用财物或者其他手段进行贿赂以销售或者购买商品，构成犯罪的，依法追究刑事责任；不构成犯罪的，监督检查部门可以根据情节处以一万元以上二十万元以下的罚款，有违法所得的，予以没收。

第二十三条　公用企业或者其他依法具有独占地位的经营者，限定他人购买其指定的经营者的商品，以排挤其他经营者的公平竞争的，省级或者设区的市的监督检查部门应当责令停止违法行为，可以根据情节处以五万元以上二十万元以下的罚款。被指定的经营者借此销售质次价高商品或者滥收费用的，监督检查部门应当没收违法所得，可以根据情节处以违法所得一倍以上三倍以下的罚款。

第二十四条　经营者利用广告或者其他方法，对商品作引人误解的虚假宣传的，监督检查部门应当责令停止违法行为，消除影响，可以根据情节处以一万元以上二十万元以下的罚款。

广告的经营者，在明知或者应知的情况下，代理、设计、制作、发布虚假广告的，监督检查部门应当责令停止违法行为，没收违法所得，并依法处以罚款。

第二十五条　违反本法第十条规定侵犯商业秘密的，监督检查部门应当责令停止违法行为，可以根据情节处以一万元以上二十万元以下的罚款。

第二十六条　经营者违反本法第十三条规定进行有奖销售的，监督检查部门应当责令停止违法行为，可以根据情节处以一万元以上十万元以下的罚款。

第二十七条　投标者串通投标，抬高标价或者压低标价；投标者和招标者相互勾结，以排挤竞争对手的公平竞争的，其中标无效。监督检查部门可以根据情节处以一万元以上二十万元以下的罚款。

第二十八条 经营者有违反被责令暂停销售，不得转移、隐匿、销毁与不正当竞争行为有关的财物的行为的，监督检查部门可以根据情节处以被销售、转移、隐匿、销毁财物的价款的一倍以上三倍以下的罚款。

第二十九条 当事人对监督检查部门作出的处罚决定不服的，可以自收到处罚决定之日起十五日内向上一级主管机关申请复议；对复议决定不服的，可以自收到复议决定书之日起十五日内向人民法院提起诉讼；也可以直接向人民法院提起诉讼。

第三十条 政府及其所属部门违反本法第七条规定，限定他人购买其指定的经营者的商品，限制其他经营者正当的经营活动，或者限制商品在地区之间正常流通的，由上级机关责令其改正；情节严重的，由同级或者上级机关对直接责任人员给予行政处分。被指定的经营者借此销售质次价高商品或者滥收费用的，监督检查部门应当没收违法所得，可以根据情节处以违法所得一倍以上三倍以下的罚款。

第三十一条 监督检查不正当竞争行为的国家机关工作人员滥用职权、玩忽职守，构成犯罪的，依法追究刑事责任；不构成犯罪的，给予行政处分。

第三十二条 监督检查不正当竞争行为的国家机关工作人员徇私舞弊，对明知有违反本法规定构成犯罪的经营者故意包庇不使他受追诉的，依法追究刑事责任。

第五章 附则

第三十三条 本法自 1993 年 12 月 1 日起施行。

三、中华人民共和国消费者权益保护法

（1993 年 10 月 31 日第八届全国人民代表大会常务委员会第四次会议通过；根据 2009 年 8 月 27 日第十一届全国人民代表大会常务委员会第十次会议《关于修改部分法律的决定》第一次修正；根据 2013 年 10 月 25 日第十二届全国人民代表大会常务委员会第五次会议《关于修改〈中华人民共和国消费者权益保护法〉的决定》第二次修正，自 2014 年 3 月 15 日起施行。）

第一章 总则

第一条 为保护消费者的合法权益，维护社会经济秩序，促进社会主义

市场经济健康发展，制定本法。

第二条　消费者为生活消费需要购买、使用商品或者接受服务，其权益受本法保护；本法未作规定的，受其他有关法律、法规保护。

第三条　经营者为消费者提供其生产、销售的商品或者提供服务，应当遵守本法；本法未作规定的，应当遵守其他有关法律、法规。

第四条　经营者与消费者进行交易，应当遵循自愿、平等、公平、诚实信用的原则。

第五条　国家保护消费者的合法权益不受侵害。

国家采取措施，保障消费者依法行使权利，维护消费者的合法权益。

国家倡导文明、健康、节约资源和保护环境的消费方式，反对浪费。

第六条　保护消费者的合法权益是全社会的共同责任。

国家鼓励、支持一切组织和个人对损害消费者合法权益的行为进行社会监督。

大众传播媒介应当做好维护消费者合法权益的宣传，对损害消费者合法权益的行为进行舆论监督。

第二章　消费者的权利

第七条　消费者在购买、使用商品和接受服务时享有人身、财产安全不受损害的权利。

消费者有权要求经营者提供的商品和服务，符合保障人身、财产安全的要求。

第八条　消费者享有知悉其购买、使用的商品或者接受的服务的真实情况的权利。

消费者有权根据商品或者服务的不同情况，要求经营者提供商品的价格、产地、生产者、用途、性能、规格、等级、主要成分、生产日期、有效期限、检验合格证明、使用方法说明书、售后服务，或者服务的内容、规格、费用等有关情况。

第九条　消费者享有自主选择商品或者服务的权利。

消费者有权自主选择提供商品或者服务的经营者，自主选择商品品种或者服务方式，自主决定购买或者不购买任何一种商品、接受或者不接受任何一项服务。

消费者在自主选择商品或者服务时，有权进行比较、鉴别和挑选。

第十条　消费者享有公平交易的权利。

消费者在购买商品或者接受服务时，有权获得质量保障、价格合理、计量正确等公平交易条件，有权拒绝经营者的强制交易行为。

第十一条　消费者因购买、使用商品或者接受服务受到人身、财产损害的，享有依法获得赔偿的权利。

第十二条　消费者享有依法成立维护自身合法权益的社会团体的权利。

第十三条　消费者享有获得有关消费和消费者权益保护方面的知识的权利。

消费者应当努力掌握所需商品或者服务的知识和使用技能，正确使用商品，提高自我保护意识。

第十四条　消费者在购买、使用商品和接受服务时，享有其人格尊严、民族风俗习惯得到尊重的权利。

第十五条　消费者享有对商品和服务以及保护消费者权利工作进行监督的权利。

消费者有权检举、控告侵害消费者权益的行为和国家机关及其工作人员在保护消费者权益工作中的违法失职行为，有权对保护消费者权益工作提出批评、建议。

第三章　经营者的义务

第十六条　经营者向消费者提供商品或者服务，应当依照本法和其他有关法律、法规的规定履行义务。

经营者和消费者有约定的，应当按照约定履行义务，但双方的约定不得违背法律、法规的规定。

经营者向消费者提供商品或者服务，应当恪守社会公德，诚信经营，保障消费者的合法权益；不得设定不公平、不合理的交易条件，不得强制交易。

第十七条　经营者应当听取消费者对其提供的商品或者服务的意见，接受消费者的监督。

第十八条　经营者应当保证其提供的商品或者服务符合保障人身、财产安全的要求。对可能危及人身、财产安全的商品和服务，应当向消费者作出真实的说明和明确的警示，并说明和标明正确使用商品或者接受服务的方法以及防止危害发生的方法。

宾馆、商场、餐馆、银行、机场、车站、港口、影剧院等经营场所的经营者，应当对消费者尽到安全保障义务。

第十九条　经营者发现其提供的商品或者服务存在缺陷，有危及人身、财产安全危险的，应当立即向有关行政部门报告和告知消费者，并采取停止销售、警示、召回、无害化处理、销毁、停止生产或者服务等措施。采取召回措施的，经营者应当承担消费者因商品被召回支出的必要费用。

第二十条　经营者向消费者提供有关商品或者服务的质量、性能、用途、有效期限等信息，应当真实、全面，不得作虚假或者引人误解的宣传。

经营者对消费者就其提供的商品或者服务的质量和使用方法等问题提出的询问，应当作出真实、明确的答复。

经营者提供商品或者服务应当明码标价。

第二十一条　经营者应当标明其真实名称和标记。

租赁他人柜台或者场地的经营者，应当标明其真实名称和标记。

第二十二条　经营者提供商品或者服务，应当按照国家有关规定或者商业惯例向消费者出具发票等购货凭证或者服务单据；消费者索要发票等购货凭证或者服务单据的，经营者必须出具。

第二十三条　经营者应当保证在正常使用商品或者接受服务的情况下其提供的商品或者服务应当具有的质量、性能、用途和有效期限；但消费者在购买该商品或者接受该服务前已经知道其存在瑕疵，且存在该瑕疵不违反法律强制性规定的除外。

经营者以广告、产品说明、实物样品或者其他方式表明商品或者服务的质量状况的，应当保证其提供的商品或者服务的实际质量与表明的质量状况相符。

经营者提供的机动车、计算机、电视机、电冰箱、空调器、洗衣机等耐用商品或者装饰装修等服务，消费者自接受商品或者服务之日起六个月内发现瑕疵，发生争议的，由经营者承担有关瑕疵的举证责任。

第二十四条　经营者提供的商品或者服务不符合质量要求的，消费者可以依照国家规定、当事人约定退货，或者要求经营者履行更换、修理等义务。没有国家规定和当事人约定的，消费者可以自收到商品之日起七日内退货；七日后符合法定解除合同条件的，消费者可以及时退货，不符合法定解除合同条件的，可以要求经营者履行更换、修理等义务。

依照前款规定进行退货、更换、修理的，经营者应当承担运输等必要费用。

第二十五条　经营者采用网络、电视、电话、邮购等方式销售商品，消费者有权自收到商品之日起七日内退货，且无需说明理由，但下列商品除外：

（一）消费者定作的；

（二）鲜活易腐的；

（三）在线下载或者消费者拆封的音像制品、计算机软件等数字化商品；

（四）交付的报纸、期刊。

除前款所列商品外，其他根据商品性质并经消费者在购买时确认不宜退货的商品，不适用无理由退货。

消费者退货的商品应当完好。经营者应当自收到退回商品之日起七日内返还消费者支付的商品价款。退回商品的运费由消费者承担；经营者和消费者另有约定的，按照约定。

第二十六条　经营者在经营活动中使用格式条款的，应当以显著方式提请消费者注意商品或者服务的数量和质量、价款或者费用、履行期限和方式、安全注意事项和风险警示、售后服务、民事责任等与消费者有重大利害关系的内容，并按照消费者的要求予以说明。

经营者不得以格式条款、通知、声明、店堂告示等方式，作出排除或者限制消费者权利、减轻或者免除经营者责任、加重消费者责任等对消费者不公平、不合理的规定，不得利用格式条款并借助技术手段强制交易。

格式条款、通知、声明、店堂告示等含有前款所列内容的，其内容无效。

第二十七条　经营者不得对消费者进行侮辱、诽谤，不得搜查消费者的身体及其携带的物品，不得侵犯消费者的人身自由。

第二十八条　采用网络、电视、电话、邮购等方式提供商品或者服务的经营者，以及提供证券、保险、银行等金融服务的经营者，应当向消费者提供经营地址、联系方式、商品或者服务的数量和质量、价款或者费用、履行期限和方式、安全注意事项和风险警示、售后服务、民事责任等信息。

第二十九条　经营者收集、使用消费者个人信息，应当遵循合法、正当、必要的原则，明示收集、使用信息的目的、方式和范围，并经消费者同意。经营者收集、使用消费者个人信息，应当公开其收集、使用规则，不得违反法律、法规的规定和双方的约定收集、使用信息。

经营者及其工作人员对收集的消费者个人信息必须严格保密，不得泄露、出售或者非法向他人提供。经营者应当采取技术措施和其他必要措施，确保信息安全，防止消费者个人信息泄露、丢失。在发生或者可能发生信息泄露、丢失的情况时，应当立即采取补救措施。

经营者未经消费者同意或者请求，或者消费者明确表示拒绝的，不得向其发送商业性信息。

第四章　国家对消费者合法权益的保护

第三十条　国家制定有关消费者权益的法律、法规、规章和强制性标准，应当听取消费者和消费者协会等组织的意见。

第三十一条　各级人民政府应当加强领导，组织、协调、督促有关行政部门做好保护消费者合法权益的工作，落实保护消费者合法权益的职责。

各级人民政府应当加强监督，预防危害消费者人身、财产安全行为的发生，及时制止危害消费者人身、财产安全的行为。

第三十二条　各级人民政府工商行政管理部门和其他有关行政部门应当依照法律、法规的规定，在各自的职责范围内，采取措施，保护消费者的合法权益。

有关行政部门应当听取消费者和消费者协会等组织对经营者交易行为、商品和服务质量问题的意见，及时调查处理。

第三十三条　有关行政部门在各自的职责范围内，应当定期或者不定期对经营者提供的商品和服务进行抽查检验，并及时向社会公布抽查检验结果。

有关行政部门发现并认定经营者提供的商品或者服务存在缺陷，有危及人身、财产安全危险的，应当立即责令经营者采取停止销售、警示、召回、无害化处理、销毁、停止生产或者服务等措施。

第三十四条　有关国家机关应当依照法律、法规的规定，惩处经营者在提供商品和服务中侵害消费者合法权益的违法犯罪行为。

第三十五条　人民法院应当采取措施，方便消费者提起诉讼。对符合《中华人民共和国民事诉讼法》起诉条件的消费者权益争议，必须受理，及时审理。

第五章　消费者组织

第三十六条　消费者协会和其他消费者组织是依法成立的对商品和服务进行社会监督的保护消费者合法权益的社会组织。

第三十七条　消费者协会履行下列公益性职责：

（一）向消费者提供消费信息和咨询服务，提高消费者维护自身合法权益的能力，引导文明、健康、节约资源和保护环境的消费方式；

（二）参与制定有关消费者权益的法律、法规、规章和强制性标准；

（三）参与有关行政部门对商品和服务的监督、检查；

（四）就有关消费者合法权益的问题，向有关部门反映、查询，提出建议；

（五）受理消费者的投诉，并对投诉事项进行调查、调解；

（六）投诉事项涉及商品和服务质量问题的，可以委托具备资格的鉴定人鉴定，鉴定人应当告知鉴定意见；

（七）就损害消费者合法权益的行为，支持受损害的消费者提起诉讼或者依照本法提起诉讼；

（八）对损害消费者合法权益的行为，通过大众传播媒介予以揭露、批评。

各级人民政府对消费者协会履行职责应当予以必要的经费等支持。

消费者协会应当认真履行保护消费者合法权益的职责，听取消费者的意见和建议，接受社会监督。

依法成立的其他消费者组织依照法律、法规及其章程的规定，开展保护消费者合法权益的活动。

第三十八条　消费者组织不得从事商品经营和营利性服务，不得以收取费用或者其他牟取利益的方式向消费者推荐商品和服务。

第六章　争议的解决

第三十九条　消费者和经营者发生消费者权益争议的，可以通过下列途径解决：

（一）与经营者协商和解；

（二）请求消费者协会或者依法成立的其他调解组织调解；

（三）向有关行政部门投诉；

（四）根据与经营者达成的仲裁协议提请仲裁机构仲裁；

（五）向人民法院提起诉讼。

第四十条　消费者在购买、使用商品时，其合法权益受到损害的，可以向销售者要求赔偿。销售者赔偿后，属于生产者的责任或者属于向销售者提供商品的其他销售者的责任的，销售者有权向生产者或者其他销售者追偿。

消费者或者其他受害人因商品缺陷造成人身、财产损害的，可以向销售者要求赔偿，也可以向生产者要求赔偿。属于生产者责任的，销售者赔偿后，有权向生产者追偿。属于销售者责任的，生产者赔偿后，有权向销售者追偿。

消费者在接受服务时，其合法权益受到损害的，可以向服务者要求赔偿。

第四十一条　消费者在购买、使用商品或者接受服务时，其合法权益受到损害，因原企业分立、合并的，可以向变更后承受其权利义务的企业要求赔偿。

第四十二条　使用他人营业执照的违法经营者提供商品或者服务，损害消费者合法权益的，消费者可以向其要求赔偿，也可以向营业执照的持有人要求赔偿。

第四十三条　消费者在展销会、租赁柜台购买商品或者接受服务，其合法权益受到损害的，可以向销售者或者服务者要求赔偿。展销会结束或者柜台租赁期满后，也可以向展销会的举办者、柜台的出租者要求赔偿。展销会的举办者、柜台的出租者赔偿后，有权向销售者或者服务者追偿。

第四十四条　消费者通过网络交易平台购买商品或者接受服务，其合法权益受到损害的，可以向销售者或者服务者要求赔偿。网络交易平台提供者不能提供销售者或者服务者的真实名称、地址和有效联系方式的，消费者也可以向网络交易平台提供者要求赔偿；网络交易平台提供者作出更有利于消费者的承诺的，应当履行承诺。网络交易平台提供者赔偿后，有权向销售者或者服务者追偿。

网络交易平台提供者明知或者应知销售者或者服务者利用其平台侵害消费者合法权益，未采取必要措施的，依法与该销售者或者服务者承担连带责任。

第四十五条　消费者因经营者利用虚假广告或者其他虚假宣传方式提供商品或者服务，其合法权益受到损害的，可以向经营者要求赔偿。广告经营者、发布者发布虚假广告的，消费者可以请求行政主管部门予以惩处。广告经营者、发布者不能提供经营者的真实名称、地址和有效联系方式的，应当承担赔偿责任。

广告经营者、发布者设计、制作、发布关系消费者生命健康商品或者服务的虚假广告，造成消费者损害的，应当与提供该商品或者服务的经营者承担连带责任。

社会团体或者其他组织、个人在关系消费者生命健康商品或者服务的虚假广告或者其他虚假宣传中向消费者推荐商品或者服务，造成消费者损害的，应当与提供该商品或者服务的经营者承担连带责任。

第四十六条　消费者向有关行政部门投诉的，该部门应当自收到投诉之日起七个工作日内，予以处理并告知消费者。

第四十七条　对侵害众多消费者合法权益的行为，中国消费者协会以及在省、自治区、直辖市设立的消费者协会，可以向人民法院提起诉讼。

第七章　法律责任

第四十八条　经营者提供商品或者服务有下列情形之一的，除本法另有规定外，应当依照其他有关法律、法规的规定，承担民事责任：

（一）商品或者服务存在缺陷的；

（二）不具备商品应当具备的使用性能而出售时未作说明的；

（三）不符合在商品或者其包装上注明采用的商品标准的；

（四）不符合商品说明、实物样品等方式表明的质量状况的；

（五）生产国家明令淘汰的商品或者销售失效、变质的商品的；

（六）销售的商品数量不足的；

（七）服务的内容和费用违反约定的；

（八）对消费者提出的修理、重作、更换、退货、补足商品数量、退还货款和服务费用或者赔偿损失的要求，故意拖延或者无理拒绝的；

（九）法律、法规规定的其他损害消费者权益的情形。

经营者对消费者未尽到安全保障义务，造成消费者损害的，应当承担侵权责任。

第四十九条　经营者提供商品或者服务，造成消费者或者其他受害人人身伤害的，应当赔偿医疗费、护理费、交通费等为治疗和康复支出的合理费用，以及因误工减少的收入。造成残疾的，还应当赔偿残疾生活辅助具费和残疾赔偿金。造成死亡的，还应当赔偿丧葬费和死亡赔偿金。

第五十条　经营者侵害消费者的人格尊严、侵犯消费者人身自由或者侵害消费者个人信息依法得到保护的权利的，应当停止侵害、恢复名誉、消除影响、赔礼道歉，并赔偿损失。

第五十一条　经营者有侮辱诽谤、搜查身体、侵犯人身自由等侵害消费者或者其他受害人人身权益的行为，造成严重精神损害的，受害人可以要求精神损害赔偿。

第五十二条　经营者提供商品或者服务，造成消费者财产损害的，应当依照法律规定或者当事人约定承担修理、重作、更换、退货、补足商品数量、退还货款和服务费用或者赔偿损失等民事责任。

第五十三条　经营者以预收款方式提供商品或者服务的，应当按照约定提供。未按照约定提供的，应当按照消费者的要求履行约定或者退回预付款；并应当承担预付款的利息、消费者必须支付的合理费用。

第五十四条　依法经有关行政部门认定为不合格的商品，消费者要求退货的，经营者应当负责退货。

第五十五条　经营者提供商品或者服务有欺诈行为的，应当按照消费者的要求增加赔偿其受到的损失，增加赔偿的金额为消费者购买商品的价款或者接受服务的费用的三倍；增加赔偿的金额不足五百元的，为五百元。法律另有规定的，依照其规定。

经营者明知商品或者服务存在缺陷，仍然向消费者提供，造成消费者或者其他受害人死亡或者健康严重损害的，受害人有权要求经营者依照本法第四十九条、第五十一条等法律规定赔偿损失，并有权要求所受损失二倍以下的惩罚性赔偿。

第五十六条　经营者有下列情形之一，除承担相应的民事责任外，其他有关法律、法规对处罚机关和处罚方式有规定的，依照法律、法规的规定执行；法律、法规未作规定的，由工商行政管理部门或者其他有关行政部门责令改正，可以根据情节单处或者并处警告、没收违法所得、处以违法所得 1 以上 10 倍以下的罚款，没有违法所得的，处以 50 万元以下的罚款；情节严重的，责令停业整顿、吊销营业执照：

（一）提供的商品或者服务不符合保障人身、财产安全要求的；

（二）在商品中掺杂、掺假，以假充真，以次充好，或者以不合格商品冒充合格商品的；

（三）生产国家明令淘汰的商品或者销售失效、变质的商品的；

（四）伪造商品的产地，伪造或者冒用他人的厂名、厂址，篡改生产日期，伪造或者冒用认证标志等质量标志的；

（五）销售的商品应当检验、检疫而未检验、检疫或者伪造检验、检疫结果的；

（六）对商品或者服务作虚假或者引人误解的宣传的；

（七）拒绝或者拖延有关行政部门责令对缺陷商品或者服务采取停止销售、警示、召回、无害化处理、销毁、停止生产或者服务等措施的；

（八）对消费者提出的修理、重作、更换、退货、补足商品数量、退还货款和服务费用或者赔偿损失的要求，故意拖延或者无理拒绝的；

（九）侵害消费者人格尊严、侵犯消费者人身自由或者侵害消费者个人信息依法得到保护的权利的；

（十）法律、法规规定的对损害消费者权益应当予以处罚的其他情形。

经营者有前款规定情形的，除依照法律、法规规定予以处罚外，处罚机关应当记入信用档案，向社会公布。

第五十七条　经营者违反本法规定提供商品或者服务，侵害消费者合法权益，构成犯罪的，依法追究刑事责任。

第五十八条　经营者违反本法规定，应当承担民事赔偿责任和缴纳罚款、罚金，其财产不足以同时支付的，先承担民事赔偿责任。

第五十九条　经营者对行政处罚决定不服的，可以依法申请行政复议或者提起行政诉讼。

第六十条　以暴力、威胁等方法阻碍有关行政部门工作人员依法执行职务的，依法追究刑事责任；拒绝、阻碍有关行政部门工作人员依法执行职务，未使用暴力、威胁方法的，由公安机关依照《中华人民共和国治安管理处罚法》的规定处罚。

第六十一条　国家机关工作人员玩忽职守或者包庇经营者侵害消费者合法权益的行为的，由其所在单位或者上级机关给予行政处分；情节严重，构成犯罪的，依法追究刑事责任。

第八章　附则

第六十二条　农民购买、使用直接用于农业生产的生产资料，参照本法执行。

第六十三条　本法自 1994 年 1 月 1 日起施行。

附录二

一、商务部关于请提供零供交易管理立法建议的函

各省、自治区、直辖市、计划单列市及新疆生产建设兵团商务主管部门：

为贯彻落实《国务院办公厅关于印发降低流通费用提高流通效率综合工作方案的通知》（国办发〔2013〕5 号）等文件精神，抓紧研究制定零售商供应商公平交易管理的法规，我部拟会同法制办、发展改革委、工商总局等部门于（2013 年）6 月中旬至 8 月中旬赴部分地区开展立法调研。为切实做好立法准备工作，请你们通过召开座谈会、查阅资料、实地考察等方式，调研了解本地区零供交易情况、存在的主要问题及原因、立法意见建议等，于 7 月 15 日前将有关情况报我司。

联系人：于世伟　刘红宇

电　话：85093316　85093361

邮　箱：qlzd@ mofcom. gov. cn

商务部市场秩序司

2013 年 6 月 4 日

二、国务院关于促进流通业发展的若干意见

（国发〔2005〕19 号）

各省、自治区、直辖市人民政府，国务院各部委、各直属机构：

随着改革开放不断深入和社会主义市场经济体制的完善，我国流通业在促进生产、引导消费、推动经济结构调整和经济增长方式转变等方面的作用日益突出。当前，我国商品市场供求总格局已发生根本性变化，面临的国际化竞争更趋激烈，但流通领域仍存在流通企业规模偏小、组织化程度低、现

代化水平不高、市场体系不够完善等问题，迫切需要我们在流通领域树立和落实科学发展观，建设大市场，发展大贸易，搞活大流通，加快推进内外贸一体化和贸工农一体化，促进经济结构调整和经济增长方式转变，为促进城乡协调发展和国民经济持续快速健康发展作出新贡献。为此，特提出以下意见。

一、加大改革力度，提高流通企业竞争能力

（一）大力推进国有流通企业改组改制。积极推进国有流通企业改革，建立现代企业制度。各级人民政府要因地制宜，采取多种方式支持国有流通企业改组改制，增强国有流通企业活力，提高盈利能力；对资不抵债、长期亏损、扭亏无望的国有流通企业，依法实施租赁、出售、债务重组和关闭破产；支持企业进行跨行业、跨地区、跨所有制的资产重组，鼓励各种资本参与流通企业改组改造；在深化流通企业改革过程中，注意保全银行信贷资产，防止逃废银行债务。

（二）妥善处理国有流通企业历史包袱。允许国有流通企业通过将其使用的、已划拨的土地在补办出让手续、补交土地出让金后纳入企业总资产冲抵企业债务；经财政、国有资产管理部门同意，按照国家有关规定，国有流通企业可以通过出售所持国有产权抵偿历史债务。

（三）妥善安置职工，降低国有流通企业改革成本。国有流通企业享受原国家经贸委等八部门《关于国有大中型企业主辅分离辅业改制分流安置富余人员的实施办法》（国经贸企改〔2002〕859号）的政策措施；对流通企业依法出售自有产权的营业或办公用房收入以及处置企业使用划拨土地的收入，可优先留给企业用于缴纳社会保险费和安置职工；对向企业经营者或职工定向出售的国有中小流通企业资产，应规范"招拍挂"程序，在履行决策、资产清查、财务审计和资产评估审核程序后，要维护企业职工权益，在同等价格条件下，优先卖给本企业职工，卖给其他单位和个人的，要切实妥善安排好原企业的职工；纳税确有困难的流通企业，可按现行规定申请减免生产性用房的房产税和城镇土地使用税。

（四）加快培育大型流通企业集团。要按照市场经济规律和世贸组织规则，积极培育一批有著名品牌和自主知识产权、主业突出、核心竞争力强、具有国际竞争力的大型流通企业；鼓励具有竞争优势的流通企业通过参股、控股、承包、兼并、收购、托管和特许经营等方式，实现规模扩张，引导支持流通企业做强做大。

国务院各有关部门和有关金融机构要扶持流通企业做强做大，在安排中央外贸发展基金和国债资金、设立财务公司、发行股票和债券、提供金融服务等方面予以支持。重点培育的大型流通企业可直接向商务部申请进出口配额、许可证、国营贸易经营权和相关资质等。

地方各级人民政府要结合实际，采取具体措施，支持国家和地方重点培育大型流通企业的发展。

（五）进一步放开搞活中小流通企业。商务部、发展改革委、财政部、科技部等有关部门要按照资金使用方向和程序，在安排中央外贸发展基金、中小企业发展专项资金、中小企业科技创新资金等方面支持中小流通企业发展。鼓励有条件的流通企业到境外开展流通业务。

地方各级人民政府要采取切实有效的措施支持中小流通企业发展，在市场准入、信用担保、金融服务、物流服务、人才培训、信息服务等方面进行扶持。

（六）努力创造流通企业公平竞争的环境。加快电价改革步伐，积极推动工商企业同网同价；引导和规范零售企业的促销和进货交易等行为，依法打击商业欺诈，整顿规范流通秩序；有序推进流通业对外开放，鼓励流通企业实行内外贸一体化经营，为内外资流通企业公平竞争创造良好的环境。

二、加快创新步伐，提高流通现代化水平

（七）切实推进连锁经营快速发展。国务院各部门和地方各级人民政府要进一步研究制订并完善实施办法，切实把《国务院办公厅转发国务院体改办国家经贸委关于促进连锁经营发展若干意见的通知》（国办发〔2002〕49号）的各项政策措施落到实处。

（八）推动流通企业进行流通方式和技术创新。充分运用财政和金融手段支持流通企业进行结构调整，重点支持现代流通方式的推广和运用。地方各级人民政府要在财政补贴、土地使用等方面，鼓励连锁经营企业发展，尤其是到城市社区、农村建立营销网络；鼓励发展循环经济，从财政等方面支持优势再生资源回收企业通过连锁经营等方式拓展回收网络；加大利用信息技术改造流通业传统作业方式的力度，采用现代物流的管理模式，提高管理效率，降低成本，鼓励各类流通企业发展电子商务。

（九）鼓励发展物流配送中心。企业利用原使用的国有划拨土地使用权引进资金和设备建设物流配送中心，可在依法办理经营性用地出让手续、按市场价格补缴土地使用权出让金后，将土地使用权作为法人资产出资。根据城市规划需要对旧仓库等设施进行拆迁易地改造且新建物流配送中心的，城市政府在拆迁或收回企业土地使用权和建筑物时，应依法进行合理补偿，并在城市物流规划用地上给予相应安排。对农产品仓储设施建设用地按仓储用地对待。

三、加强流通基础设施建设，建立健全流通领域公共信息服务体系

（十）加大流通基础设施建设投入力度。积极运用财政贴息等政策措施，加大对农产品批发市场、物流配送中心等流通基础设施建设的投入力度；加强食品安全，支持"三绿工程"发展，建立、完善流通环节食品检疫检测体系，实行无害化处理制度，所发生费用由财政负担的相应列入各级财政预算。

（十一）建立健全流通领域公共信息服务体系。中央财政从 2005 年起每年拿出一定资金支持全国流通领域公共信息服务系统建设，从中央外贸发展基金中安排一定资金支持全国市场信息服务体系建设。地方各级财政要加大资金投入，支持当地商品信息服务系统的建设和运行维护。商务主管部门要制订流通领域公共信息服务体系建设规划，加强管理。

四、建立调控和应急机制，确保国内市场稳定有序

（十二）建立和完善重要商品储备制度。要进一步完善糖、肉、边销茶等生活必需品和茧丝绸等重要商品的中央储备制度，妥善处理储备商品历史遗留问题。中央储备商品储备费用按有关规定执行。地方各级人民政府也要结合实际建立地方生活必需品储备制度，所需储备费用由地方政府确定。

（十三）建立应急调控快速反应机制。中央应急调控发生的费用由商务部商财政部根据国家有关突发事件应急保障的规定，保障组织应急物资供应所需的合理费用；地方应急调控发生的费用，由地方商务主管部门商地方财政部门根据当地人民政府有关规定处理。

五、支持商业服务业发展，方便人民群众生活

（十四）支持生活保障性服务业发展。支持发展社区商业网点，逐步形成门类齐全、便民利民的城市社区服务网络。重点支持与人民群众生活息息相关的便利店和便民早餐网点、清真餐饮网点、废旧物资回收网点建设。在城市开发建设的新居住区内，规划确定的商业网点用房、用地，以及作为小区公益性资产的便民网点，不得挪作他用。各地也要从改善农民生产生活条件、方便农民消费需求出发，发展综合性的农村社区商业服务网点。

地方各级人民政府要采取各种措施解决低收入群体的洗浴问题，优先保证便民浴池用水，并实行优惠政策；对吸纳下岗失业人员的服务型企业和自

谋职业从事服务业的下岗失业人员，要按规定切实落实好有关再就业优惠政策；鼓励经济型连锁饭店进行卫生、安全设施改造；鼓励和支持新兴服务业发展。

六、积极培育统一大市场，扩大国内消费需求

（十五）打破地区封锁，加快建设全国统一大市场。切实清除制约全国统一市场形成、实行地区封锁的有关规定，取消各种不合法收费，推进全国高效率鲜活农产品流通"绿色通道"建设，并加大执法和舆论宣传力度。

（十六）加大知识产权保护力度，实施品牌战略。鼓励流通企业创立和维护商标信誉，培育企业品牌。加大对侵权行为的打击力度，重视和加强对知名流通企业、全国性和地方性商业老字号的"著名商标"和"驰名商标"的认定和保护工作。

（十七）建立和完善农村流通体系。加大农村市场建设的力度，完善农村流通基础设施，促进农村市场的形成，有条件的地区要在财政预算中安排一定数量的资金给予支持。鼓励优势流通企业用连锁经营方式完善农村流通网络，采取多种方式开拓农村市场，引导农村消费。开展农产品连锁经营试点，对增值税一般纳税人购进免税农产品按13%的扣除率计算进项税抵扣；对试点企业从农业生产单位购进农产品的，鼓励其取得农业生产单位开具的普通发票，作为进项税额抵扣凭证；对试点企业建设冷藏、低温仓储、运输为主的农产品冷链系统的，可以实行加速折旧。

（十八）规范和发展消费信贷。努力扩大消费需求，优化消费结构，完善消费手段，扩大消费信贷品种、范围和规模。打破垄断，鼓励竞争，支持商业银行与流通企业在充分协商的基础上推广银行卡。大力推进商业信用体系建设。

七、完善政策法规，为流通业发展提供有力保障

（十九）加快制定我国流通领域的法律法规。要从建立和完善统一开放、竞争有序的现代市场体系出发，按照依法行政和实现对全社会流通统一管理的要求，借鉴发达国家流通立法经验，结合我国丰富的流通实践，加快修订和研究制定规范商品流通活动、流通主体、市场行为、市场调控和管理等方面的法律法规和行政规章。

（二十）加强队伍建设，理顺和强化流通行业管理。各级人民政府要按照中央提出的"加强内贸"的要求，切实加强领导，充分发挥国内流通行业主管部门的职能作用；加强队伍建设，吸引优秀人才参与国内流通业的管理；

加强人员培训，建立多层次人才培训体系，鼓励大专院校、研究院所设置专业课程培训高级流通业管理人才，鼓励中介组织开展职业培训，提高流通从业人员素质。

（二十一）充分调动各方面的积极性，促进流通业发展。国务院有关部门、地方各级人民政府要积极研究制定促进流通业发展的政策措施，地方政府可根据当地财力和流通业发展实际，建立促进流通业发展的相应机制；加强流通理论研究，做好大型流通设施建设规划，加快流通业标准化建设步伐。充分发挥流通行业中介组织作用，规范行业协会行为，创造良好的流通业发展环境。

国务院

二〇〇五年六月九日

三、关于禁止商业贿赂行为的暂行规定

第一条　为制止商业贿赂行为，维护公平竞争秩序，根据《中华人民共和国反不正当竞争法》（以下简称《反不正当竞争法》）的有关规定，制定本规定。

第二条　经营者不得违反《反不正当竞争法》第八条规定，采用商业贿赂手段销售或者购买商品。

本规定所称商业贿赂，是指经营者为销售或者购买商品而采用财物或者其他手段贿赂对方单位或者个人的行为。

前款所称财物，是指现金和实物，包括经营者为销售或者购买商品，假借促销费、宣传费、赞助费、科研费、劳务费、咨询费、佣金等名义，或者以报销各种费用等方式，给付对方单位或者个人的财物。第二款所称其他手段，是指提供国内外各种名义的旅游、考虑等给付财物以外的其他利益的手段。

第三条　经营者的职工采用商业贿赂手段为经营者销售或者购买商品的行为，应当认定为经营者的行为。

第四条　任何单位或者个人在销售或者购买商品时不得收受或者索取贿赂。

第五条　在账外暗中给予对方单位或者个人回扣的，以行贿论处；对方单位或者个人在账外暗中收受回扣的，以受贿论处。

本规定所称回扣，是指经营者销售商品时在账外暗中以现金、实物或者其他方式退给对方单位或者个人的一定比例的商品价款。

本规定所称账外暗中，是指未在依法设立的反映其生产经营活动或者行政事业经费收支的财务账上按照财务会计制度规定明确如实记载，包括不记入财务账、转入其他财务账或者做假账等。

第六条　经营者销售商品，可以以明示方式给予对方折扣。经营者给予对方折扣的，必须如实入账；经营者或者其他单位接受折扣的，必须如实入账。

本规定所称折扣，即商品购销中的让利，是指经营者在销售商品时，以明示并如实入账的方式给予对方的价格优惠，包括支付价款时对价款总额按一定比例即时予以扣除和支付价款总额后再按一定比例予以退还两种形式。

本规定所称明示和入账，是指根据合同约定的金额和支付方式，在依法设立的反映其生产经营活动或者行政事业经费收支的财务账上按照财务会计制度规定明确如实记载。

第七条　经营者销售或者购买商品，可以以明示方式给中间人佣金。

经营者给中间人佣金的，必须如实入账；中间人接受佣金的，必须如实入账。

本规定所称佣金，是指经营者在市场交易中给予为其提供服务的具有合法经营资格的中间人的劳务报酬。

第八条　经营者在商品交易中不得向对方单位或者其个人附赠现金或者物品。但按照商业惯例赠送小额广告礼品的除外。

违反前款规定的，视为商业贿赂行为。

第九条　经营者违反本规定以行贿手段销售或者购买商品的，由工商行政管理机关依照《反不正当竞争法》第二十二条的规定，根据情节处以一万元以上二十万元以下的罚款，有违法所得的，应当予以没收；构成犯罪的，移交司法机关依法追究刑事责任。

有关单位或者个人购买或者销售商品时收受贿赂的，由工商行政管理机关按照前款的规定处罚；构成犯罪的，移交司法机关依法追究刑事责任。

第十条　商业贿赂行为由县级以上工商行政管理机关监督检查。

工商行政管理机关在监督检查商业贿赂行为时，可以对行贿行为和受贿行为一并予以调查处理。

第十一条　经营者在以贿赂手段销售或者购买商品中，同时有其他违反工商行政管理法规行为的,对贿赂行为和其他违法行为应当一并处罚。

第十二条　本规定自公布之日起施行。

四、国家税务总局关于商业企业向货物供应方收取的部分费用征收流转税问题的通知

（国税发〔2004〕136 号）

各省、自治区、直辖市和计划单列市国家税务局、地方税务局:

据部分地区反映,商业企业向供货方收取的部分收入如何征收流转税的问题,现行政策规定不够统一,导致不同地区之间政策执行不平衡。经研究,现规定如下:

一、商业企业向供货方收取的部分收入,按照以下原则征收增值税或营业税:

（一）对商业企业向供货方收取的与商品销售量、销售额无必然联系,且商业企业向供货方提供一定劳务的收入,例如进场费、广告促销费、上架费、展示费、管理费等,不属于平销返利,不冲减当期增值税进项税金,应按营业税的适用税目税率征收营业税。

（二）对商业企业向供货方收取的与商品销售量、销售额挂钩（如以一定比例、金额、数量计算）的各种返还收入,均应按照平销返利行为的有关规定冲减当期增值税进项税金,不征收营业税。

二、商业企业向供货方收取的各种收入,一律不得开具增值税专用发票。

三、应冲减进项税金的计算公式调整为:

当期应冲减进项税金 = 当期取得的返还资金/（1 + 所购货物适用增值税税率）×所购货物适用增值税税率

四、本通知自 2004 年 7 月 1 日起执行。本通知发布前已征收入库税款不再进行调整。其他增值税一般纳税人向供货方收取的各种收入的纳税处理,比照本通知的规定执行。

特此通知。

国家税务总局

二〇〇四年十月十三日

五、商务部、发展改革委、公安部、民政部、税务总局、工商总局关于做好零售商供应商交易监管工作的通知

（商秩函〔2013〕356号）

各省、自治区、直辖市、计划单列市及新疆生产建设兵团商务主管部门、发展改革（物价）部门、公安厅（局）、民政厅（局）、国家税务局、地方税务局、工商局：

2013年以来，各地认真贯彻《国务院办公厅关于印发降低流通费用提高流通效率综合工作方案的通知》（国办发〔2013〕5号）和商务部、发展改革委、公安部、税务总局、工商总局、国务院纠风办联合召开的视频会议精神，积极采取有效措施，加强零售商供应商交易行为监管工作。但是，零售企业向供应商违规收费、占压供应商货款、拖延合同签订等现象仍不同程度存在。为进一步做好零供交易监管工作，现就有关事项通知如下。

一、加强组织领导，形成监管合力

商务主管部门要会同发展改革（物价）、公安、民政、税务、工商等部门建立组织协调工作机制，明确职责分工，加强协调配合。商务主管部门负责牵头规范促销服务费、组织约谈零售商和办理举报投诉等工作；发展改革（物价）部门负责加强市场价格监管，依法查处各类价格违法和价格垄断行为，清理整顿未按规定实行明码标价的行为；公安机关负责对涉嫌商业贿赂及其他经济犯罪行为及时立案侦查；民政部门负责有关行业协会商会的依法登记管理工作；税务部门依法查处相关部门移送的企业涉税违法行为；工商行政管理部门负责依法查处促销活动中的不正当竞争行为和商业贿赂行为，会同发展改革（物价）部门清理零售商利用市场优势地位违规收费。要建立健全定期沟通、联合检查、督查调研、信息报送等工作制度，强化区域联动，创新监管思路和方式。

二、重点清理违规收费，切实加大监管力度

通过联合抽查和部门专项抽查等多种方式加强监督检查，依法严肃查处违规收费等行为，对情节严重、影响较大的案件及时曝光。加强对零售商与供应商之间合同行为的行政指导，制定推行有关合同示范文本。严肃查处零售商恶意占压拖欠账款、摊派销售等行为。

三、着力抓好投诉办理，努力化解零供矛盾

零售企业、行业组织及政府部门要分别建立健全举报投诉办理制度。要充分发挥"12312"（商务）、"12315"（工商）、"12358"（物价）、"12366"（税务）等举报投诉平台的作用，完善办理机制。要指导、督促零售企业及行业组织成立专门机构，委派专门人员，开设专门渠道，健全相应制度，做好举报投诉办理工作。引导零售商、供应商转变经营理念，加强战略合作，实现和谐发展。

四、建立健全行业组织，促进零供公平竞争

通过支持有关行业协会商会发挥积极作用，提高供应商的组织化程度，增强谈判话语权。引导、鼓励零售商供应商行业组织加强自律，通过零供关系调节平台、零供公平合作信息平台等载体，促进零售商规范经营。鼓励零售商供应商行业组织加强合作，发挥信息沟通、矛盾调解、信用评价等作用，促进公平交易。

五、建立失信企业黑名单制度，推进商务诚信建设

要将零供交易监管工作与社会信用体系建设、商务诚信建设、"金信工程"、行业信用评价等工作相结合，将相关企业和个人违法违规信息及时录入信用信息系统，推动信用信息互联互通，建立黑名单制度，完善奖惩机制，使诚信企业和个人得益、失信企业和个人受制。

各地于 7 月 15 日前将 2013 年以来工作进展情况及下一步工作打算报送商务部（市场秩序司）。

2013 年 6 月 19 日

六、清理整顿大型零售企业向供应商违规收费工作方案

近年来，零售行业发展迅速，对搞活流通、改善民生、引导生产、扩大消费发挥了积极作用。零售商供应商合作关系总体趋势向好，但一些大型零售企业利用市场优势地位，以多种名目向供应商违规收费，加剧零售商与供应商之间的不公平交易，增加部分供应商经营成本，造成国家税收流失，且易滋生商业贿赂。为维护市场秩序和公平交易，促进零售业健康发展，依据《合同法》、《价格法》、《反不正当竞争法》、《反垄断法》、《价格违法行为行政处罚规定》、《零售商供应商公平交易管理办法》、《零售商促销行为管理办法》、《关于商品和服务实行明码标价的规定》等法律法规和部门规章，经国

务院批准，自 2011 年 12 月至 2012 年 6 月，商务部、发展改革委、公安部、税务总局、工商总局五部门在全国集中开展清理整顿大型零售企业向供应商违规收费工作。方案如下。

一、清理整顿的范围

清理整顿主要针对利用市场优势地位向供应商违规收费的超市、百货店、电器专业店等大型零售企业（以下称零售商）及其下属门店。零售商主要是指同时满足以下条件的企业（集团）：

（一）最大单店营业面积超过 6000 平方米（含）。

（二）门店数超过 20 家（含）。

（三）2010 年销售额超过 20 亿元人民币（含）。

不符合上述条件，但供应商反映其存在违规收费行为的零售商，可由省级商务、发展改革（物价）、公安、税收、工商等部门研究纳入清理整顿范围并报国务院有关部门。

二、清理整顿的内容

买断经营的零售商的主要收入来源是进销差价，出租柜台的零售商的主要收入来源是租金，代理销售的零售商的主要收入来源是代销费。根据有关规定，零售商可以收取促销服务费。在以上费用之外，零售商向供应商收取的其他所有费用均应纳入清理之列。在清理过程中，要首先区分收费是否符合法律法规的规定，是否符合自愿、公平、诚信的原则，是否全额用于向供应商提供相应服务，凡不符合这些规定的均应予以整顿。

（一）规范促销服务费。促销服务费是指依照合同约定，为促进供应商特定品牌或特定品种商品的销售，零售商以提供印制海报、开展促销活动、广告宣传等相应服务为条件，向供应商收取的费用。零售商向供应商收取促销服务费，应事先征得供应商同意，订立合同，明确约定提供服务的项目、内容、期限以及收费的项目、标准、数额、用途、方式、违约责任等内容。零售商收取促销服务费要遵循收支平衡的原则，收费后应按照合同约定向供应商提供相应服务，不得擅自中止服务或降低服务标准。零售商未完全提供相应服务的，应向供应商返还未提供服务部分的费用。零售商应将所收取的促销服务费登记入账，向供应商开具发票并按规定纳税。

（二）禁止违规收费。零售商利用市场优势地位，向供应商收取的合同费、搬运费、配送费、节庆费、店庆费、新店开业费、销售或结账信息查询费、刷卡费、条码费（新品进店费）、开户费（新供应商进店费）、无条件返利等均属于违规收费。重点禁止违规收取下列费用：一是以签订或续签合同为由收取的费用。二是向使用店内码的供应商收取超过实际成本的条码费；或者在商品供应商已经按照国家有关规定取得商品条码并可在零售商经营场所内正常使用，但零售商仍向商品供应商重复收取的店内码费用。三是店铺改造、装修（饰）时，向供应商收取的未专门用于该供应商特定商品销售区域的装修、装饰费。四是与促销无关或超出促销需要，以节庆、店庆、新店开业、重新开业、企业上市、合并等为由收取的费用。五是要求供应商无条件提供销售返利，或者约定以一定销售额为返利前提，供应商未完成约定销售额须返还的利润。六是其他与销售商品没有直接关系、应当由零售商自身承担或未提供服务而收取的费用。

（三）落实明码标价。零售商向供应商收取的任何费用，均应按照有关法律法规的规定明码标价。明码标价的形式，可以是标价牌、价目表、价格（收费）手册或者电视显示屏、电脑查询、多媒体终端等；明码标价的内容，应包括收费（服务）项目、服务内容、收费标准（价格）、收费条件等。没有明码标价，或者收费项目、标准、金额等与明码标价不一致的，均应予以清理整顿。

三、清理整顿的步骤

成立由商务部牵头的清理整顿大型零售企业向供应商违规收费工作部际协调小组（以下简称部际协调小组），发展改革委、公安部、税务总局、工商总局参加，部际协调小组日常工作由商务部承担。各省（区、市）人民政府建立相应由商务主管部门牵头的清理整顿大型零售企业向供应商违规收费工作协调小组，制订本地区具体实施方案，全面动员部署清理整顿工作，实施方案于12月30日前报部际协调小组。各省（区、市）协调小组每周向部际协调小组报送工作进展情况，部际协调小组定期向国务院报送简报。

（一）自查自纠。零售商要对照清理整顿的内容，对2010年1月至2011年12月期间向供应商收费情况开展自查自纠，如实填写自查自纠表（见附件1）。零售商自查自纠结果由其企业（集团）总部于2012年1月15日前向总部所在地的地市级商务主管部门报告，地市级商务主管部门于1月18日前报省（区、市）协调小组，省（区、市）协调小组于1月20日前报部际协调小组。自查自纠情况随时向社会公布。

（二）联合检查。2012年2月至4月，各省（区、市）协调小组组织商务、发展改革（物价）、公安、税务、工商等部门开展联合检查（检查表见附件2），总体情况于 2012 年 4 月 30 日前报部际协调小组。检查要覆盖本辖区符合清理整顿范围条件的所有零售商及门店；对跨省（区、市）经营的零售商，检查期间要与其总部所在地的协调小组密切沟通。对检查中发现自查不到位的违法违规问题要从严处理，对发现自纠不到位的要严格监督整改。各省（区、市）协调小组要广泛听取供应商意见，接受对零售商涉嫌违法违规情况的举报并及时查处。商务部、发展改革委、公安部、税务总局、工商总局组织联合检查组，选取重点企业进行联合检查；适时派出联合督查组，督查重点地区工作进展情况。

（三）严肃整改。各省（区、市）协调小组成员单位要加强整改监督指导，收取使用促销服务费不符合规定的要加以规范，违规收取的费用要责令返还，未明码标价的要监督落实，督促企业限期整改并建立完善相关制度，对涉嫌犯罪的要将案件及时移送司法机关。对重点地区，商务部、发展改革委、公安部、税务总局、工商总局组织第二次联合督查，督查清理整顿工作情况。及时曝光典型案例，向社会公布有关整改结果。

（四）建章立制。各省（区、市）协调小组成员单位分类梳理清理整顿过程中遇到的问题，提出政策建议，统一上报部际协调小组。部际协调小组汇总分析成员单位和各省（区、市）协调小组反映的问题和建议，提出引导企业改善经营发展方式的制度措施，推动完善法律法规和相关政策。

各省（区、市）协调小组于 2012 年 6 月 20 日前向部际协调小组报送本地区清理整顿工作总结，部际协调小组及时汇总有关情况，向国务院上报整体工作总结。

四、清理整顿的要求

（一）加强领导，落实工作责任。部际协调小组负责统一指导全国清理整顿工作，积极协调督导，认真检查总结。各省（区、市）协调小组负责统一领导和组织本地区清理整顿工作，明确目标任务，细化责任分工，抓好组织实施，及时报送工作进展。

（二）各司其职，形成工作合力。商务主管部门负责整体组织协调，牵头组织约谈零售商和规范促销服务费工作。发展改革（物价）部门负责加强市场价格监管，规范经营者价格行为，依法查处各类价格违法和价格垄断行为，牵头负责清理整顿未按规定实行明码标价的行为。税务部门对涉嫌税收违法行为的零售商开展税收检查，并依法予以处理。工商行政管理部门依法查处商业贿赂、促销活动中的不正当竞争行为，会同发展改革（物价）部门清理大型零售企业利用市场优势地位违规收费的行为。公安机关对涉嫌商业贿赂及其他经济犯罪行为及时立案侦查。各部门要根据职能分工,各负其责,协调配合,在清理整顿工作中发现其他违法违规行为,要及时依法查处;涉嫌犯罪的案件,行政执法部门要及时移送司法机关。充分发挥零售商、供应商行业协会的作用,促进公平交易。

(三)加强宣传,强化社会监督。部际协调小组将通过行业协会等机构组织符合条件的零售商积极参与,主动开展自查自纠并接受社会监督。充分发挥新闻媒体的作用,曝光违法违规典型案件,震慑警示违法违规行为,宣传工作成效,形成良好工作氛围。部际协调小组专设举报投诉渠道,接受企业和个人的举报投诉,电子邮箱:qlzd@ mofcom. gov. cn;邮政信函:北京市东长安街 2 号商务部市场秩序司,邮编 100731;电话:010-85093316。各省(区、市)协调小组也要设立举报投诉渠道并向社会公布。对于举报投诉发现的线索,协调小组成员单位要根据分工认真核查,属实的要严肃查处。

(四)完善法规,建立长效机制。商务部、发展改革委、公安部、税务总局、工商总局等部门在开展清理整顿工作的基础上,总结经验,进一步研究完善规范大型零售企业违规收费的制度措施,推动零售商供应商建立公平的交易关系。发展改革委、商务部等部门要从清理整顿大型零售企业违规收费工作入手,深入研究清理和规范流通环节所有不合理收费问题。

七、零售商供应商公平交易管理办法

中华人民共和国商务部

中华人民共和国国家发展和改革委员会

中华人民共和国公安部

国家税务总局

国家工商行政管理总局

2006 年第 17 号令

《零售商供应商公平交易管理办法》已经 2006 年 7 月 13 日商务部第七次部务会议审议通过,并经发改委、公安部、税务总局和工商总局同意,现予公布,自 2006 年 11 月 15 日起施行。

二〇〇六年十月十二日

第一条 为规范零售商与供应商的交易行为,维护公平交易秩序,保障消费者的合法权益，制定本办法。

第二条　零售商与供应商在中华人民共和国境内从事的相关交易活动适用本办法。

第三条　本办法所称零售商是指依法在工商行政管理部门办理登记，直接向消费者销售商品，年销售额（从事连锁经营的企业，其销售额包括连锁店铺的销售额）1000万元以上的企业及其分支机构。

本办法所称供应商是指直接向零售商提供商品及相应服务的企业及其分支机构、个体工商户，包括制造商、经销商和其他中介商。

第四条　零售商与供应商的交易活动应当遵循合法、自愿、公平、诚实信用的原则，不得妨碍公平竞争的市场交易秩序，不得侵害交易对方的合法权益。

第五条　鼓励零售商与供应商在交易中采用商务主管部门和工商行政管理部门推荐的合同示范文本。

第六条　零售商不得滥用优势地位从事下列不公平交易行为：

（一）与供应商签订特定商品的供货合同，双方就商品的特定规格、型号、款式等达成一致后，又拒绝接收该商品；但具有可归责于供应商的事由，或经供应商同意、零售商负责承担由此产生的损失的除外；

（二）要求供应商承担事先未约定的商品损耗责任；

（三）事先未约定或者不符合事先约定的商品下架或撤柜的条件，零售商无正当理由将供应商所供货物下架或撤柜的；但是零售商根据法律法规或行政机关依法作出的行政决定将供应商所供货物下架、撤柜的除外；

（四）强迫供应商无条件销售返利，或者约定以一定销售额为销售返利前提，未完成约定销售额却向供应商收取返利的；

（五）强迫供应商购买指定的商品或接受指定的服务。

第七条　零售商不得从事下列妨碍公平竞争的行为：

（一）对供应商直接向消费者、其他经营者销售商品的价格予以限制；

（二）对供应商向其他零售商供货或提供销售服务予以限制。

第八条　零售商不得要求供应商派遣人员到零售商经营场所提供服务，下列情形除外：

（一）经供应商同意，并且供应商派遣人员仅从事与该供应商所供商品有关的销售服务工作；

（二）与供应商协商一致，就供应商派遣人员的工作内容、劳动时间、工作期限等条件达成一致，且派遣人员所需费用由零售商承担。

第九条　存在下列情形的，供应商有权拒绝退货：

（一）零售商因自身原因造成商品污染、毁损、变质或过期要求退货，但不承担由此给供应商造成的损失；

（二）零售商以调整库存、经营场所改造、更换货架等事由要求退货，且不承担由此给供应商造成的损失；

（三）零售商在商品促销期间低价进货，促销期过后将所剩商品以正常价退货。

第十条　零售商向供应商收取促销服务费的，应当事先征得供应商的同意，订立合同，明确约定提供服务的项目、内容、期限，收费的项目、标准、数额、用途、方式及违约责任等内容。

本办法所称促销服务费是指，依照合同约定，为促进供应商特定品牌或特定品种商品的销售，零售商以提供印制海报、开展促销活动、广告宣传等相应服务为条件，向供应商收取的费用。

第十一条　零售商收取促销服务费后，应当按照合同约定向供应商提供相应的服务，不得擅自中止服务或降低服务标准。零售商未完全提供相应服务的，应当向供应商返还未提供服务部分的费用。

第十二条　零售商应当将所收取的促销服务费登记入账，向供应商开具发票，按规定纳税。

第十三条　零售商不得收取或变相收取以下费用：

（一）以签订或续签合同为由收取的费用；

（二）要求已经按照国家有关规定取得商品条码并可在零售商经营场所内正常使用的供应商，购买店内码而收取的费用；

（三）向使用店内码的供应商收取超过实际成本的条码费；

（四）店铺改造、装修时，向供应商收取的未专门用于该供应商特定商品销售区域的装修、装饰费；

（五）未提供促销服务，以节庆、店庆、新店开业、重新开业、企业上市、合并等为由收取的费用；

（六）其他与销售商品没有直接关系、应当由零售商自身承担或未提供服务而收取的费用。

第十四条　零售商与供应商应按商品的属性在合同中明确约定货款支付的期限，但约定的支付期限最长不超过收货后60天。

第十五条　除合同另有约定或供应商没有提供必要单据外，零售商应当及时与供应商对账。

第十六条　零售商以代销方式销售商品的，供应商有权查询零售商尚未付款商品的销售情况，零售商应当提供便利条件，不得拒绝。

第十七条　零售商不得以下列情形为由延迟支付供应商货款：

（一）供应商的个别商品未能及时供货；

（二）供应商的个别商品的退换货手续尚未办结；

（三）供应商所供商品的销售额未达到零售商设定的数额；

（四）供应商未与零售商续签供货合同；

（五）零售商提出的其他违反公平原则的事由。

第十八条　供应商供货时，不得从事下列妨碍公平竞争的行为：

（一）强行搭售零售商未订购的商品；

（二）限制零售商销售其他供应商的商品。

第十九条　鼓励行业协会建立商业信用档案，准确、及时、全面地记载和反映零售商、供应商的信用状况，引导零售商、供应商加强自律，合法经营。

第二十条　鼓励行业协会建立零售商货款结算风险预警机制，对零售商拖欠供应商货款数额较大、期限较长的，应当将有关情况通报商务主管部门，并提示相关的供应商。

第二十一条　各地商务、价格、税务、工商等部门依照法律法规及本办法，在各自的职责范围内对本办法规定的行为进行监督管理。对涉嫌犯罪的，由公安机关依法予以查处。

县级以上商务主管部门应会同同级有关部门对零售商供应商公平交易行为实行动态监测，进行风险预警，及时采取防范措施。

第二十二条　对违反本办法规定的行为任何单位和个人均可向上述部门举报，相关部门接到举报后，应当依法予以查处。

第二十三条　零售商或者供应商违反本办法规定的，法律法规有规定的，从其规定；没有规定的，责令改正；有违法所得的，可处违法所得三倍以下罚款，但最高不超过三万元；没有违法所得的，可处一万元以下罚款；并可向社会公告。

第二十四条　县级以上商务、价格、税务、工商等部门发现零售商涉嫌骗取供应商货款的，应当将其涉嫌犯罪的线索及时移送当地公安机关。公安机关应及时开展调查工作，涉嫌犯罪的，依法立案侦查。

第二十五条　各省、自治区、直辖市可结合本地实际，制定规范零售商供应商公平交易行为的有关规定。

第二十六条　本办法自 2006 年 11 月 15 日起施行。

八、零售商促销行为管理办法

商务部
国家发展和改革委员会
公安部
国家税务总局
国家工商行政管理总局
2006 年第 18 号令

《零售商促销行为管理办法》已经 2006 年 7 月 13 日商务部第 7 次部务会议审议通过，并经发展改革委、公安部、税务总局和工商总局同意，现予公布，自 2006 年 10 月 15 日起施行。

二〇〇六年九月十二日

第一条　为了规范零售商的促销行为，保障消费者的合法权益，维护公平竞争秩序和社会公共利益，促进零售行业健康有序发展，根据有关法律法规，制定本办法。

第二条　零售商在中华人民共和国境内开展的促销活动适用本办法。

第三条　本办法所称零售商是指依法在工商行政管理部门登记注册，直接向消费者销售商品的企业及其分支机构、个体工商户。

本办法所称促销是指零售商为吸引消费者、扩大销售而开展的营销活动。

第四条　零售商开展促销活动应当遵循合法、公平、诚实信用的原则，遵守商业道德，不得开展违反社会公德的促销活动，不得扰乱市场竞争秩序和社会公共秩序，不得侵害消费者和其他经营者的合法权益。

第五条　零售商开展促销活动应当具备相应的安全设备和管理措施，确保消防安全通道的畅通。对开业、节庆、店庆等规模较大的促销活动，零售商应当制定安全应急预案，保证良好的购物秩序，防止因促销活动造成交通拥堵、秩序混乱、疾病传播、人身伤害和财产损失。

第六条　零售商促销活动的广告和其他宣传，其内容应当真实、合法、清晰、易懂，不得使用含糊、易引起误解的语言、文字、图片或影像。不得以保留最终解释权为由，损害消费者的合法权益。

第七条　零售商开展促销活动，应当在经营场所的显著位置明示促销内容，促销内容应当包括促销原因、促销方式、促销规则、促销期限、促销商品的范围，以及相关限制性条件等。

对不参加促销活动的柜台或商品，应当明示，并不得宣称全场促销；明示例外商品、含有限制性条件、附加条件的促销规则时，其文字、图片应当醒目明确。

零售商开展促销活动后在明示期限内不得变更促销内容，因不可抗力而导致的变更除外。

第八条　零售商开展促销活动，其促销商品（包括有奖销售的奖品、赠品）应当依法纳税。

第九条　零售商开展促销活动应当建立健全内部价格管理档案，如实、准确、完整记录促销活动前、促销活动中的价格资料，妥善保存并依法接受监督检查。

第十条　零售商开展促销活动应当明码标价，价签价目齐全、标价内容真实明确、字迹清晰、货签对位、标识醒目。不得在标价之外加价出售商品，不得收取任何未予明示的费用。

第十一条　零售商开展促销活动，不得利用虚构原价打折或者使人误解的标价形式或价格手段欺骗、诱导消费者购买商品。

第十二条　零售商开展促销活动，不得降低促销商品（包括有奖销售的奖品、赠品）的质量和售后服务水平，不得将质量不合格的物品作为奖品、赠品。

第十三条　零售商开展有奖销售活动，应当展示奖品、赠品，不得以虚构的奖品、赠品价值额或含糊的语言文字误导消费者。

第十四条　零售商开展限时促销活动的，应当保证商品在促销时段内的充足供应。

零售商开展限量促销活动的，应当明示促销商品的具体数量。连锁企业所属多家店铺同时开展限量促销活动的，应当明示各店铺促销商品的具体数量。限量促销的，促销商品售完后应即时明示。

第十五条　零售商开展积分优惠卡促销活动的，应当事先明示获得积分的方式、积分有效时间、可以获得的购物优惠等相关内容。

消费者办理积分优惠卡后，零售商不得变更已明示的前款事项；增加消费者权益的变更除外。

第十六条　零售商不得虚构清仓、拆迁、停业、歇业、转行等事由开展促销活动。

第十七条　消费者要求提供促销商品发票或购物凭证的，零售商应当即时开具，并不得要求消费者负担额外的费用。

第十八条　零售商不得以促销为由拒绝退换货或者为消费者退换货设置障碍。

第十九条　鼓励行业协会建立商业零售企业信用档案，加强自律，引导零售商开展合法、公平、诚实信用的促销活动。

第二十条　单店营业面积在3000平方米以上的零售商，以新店开业、节庆、店庆等名义开展促销活动，应当在促销活动结束后十五日内，将其明示的促销内容，向经营场所所在地的县级以上（含县级）商务主管部门备案。

第二十一条　各地商务、价格、税务、工商等部门依照法律法规及有关规定，在各自职责范围内对促销行为进行监督管理。对涉嫌犯罪的，由公安机关依法予以查处。

第二十二条　对违反本办法规定的行为任何单位和个人均可向上述单位举报，相关单位接到举报后，应当依法予以查处。

第二十三条　零售商违反本办法规定，法律法规有规定的，从其规定；没有规定的，责令改正，有违法所得的，可处违法所得三倍以下罚款，但最高不超过三万元；没有违法所得的，可处一万元以下罚款；并可予以公告。

第二十四条　各省、自治区、直辖市可结合本地实际，制定规范促销行为的有关规定。

第二十五条　本办法由商务部、发展改革委、公安部、税务总局、工商总局负责解释。

第二十六条　本办法自2006年10月15日起施行。

九、上海市工商行政管理局、上海市商业委员会关于规范超市收费的意见

近年来，本市超市业态发展迅速，成为商品进入市场的重要通道。但在超市利用连锁网络优势向供货商收费问题上，存在一些比较严重的问题，一

定程度上阻碍了有潜力的商品进入超市，也给超市带来管理隐患，造成超市和供货商双方关系的不公平。为维护商品供需双方的经营权益，营造公平、公开、公正的市场竞争环境，现就规范超市收费提出如下意见。

一、超市收费是指超市在商品定价外，向供货商直接收取或从应付货款中扣除，或以其他方式要求供货商额外负担的各种费用。

二、超市收费的原则。

超市收费是一种市场行为和经济活动。超市在向供货商收费时，必须遵守下列原则。

1. 公平合理收费。超市确定的收费项目，其用途、标准必须符合直接关连性、比例性和风险性的要求，即收费必须与用途相符；收费后提供的服务必须与收取的费用相当；收费必须与分担商品销售的市场风险相关。

2. 公开约定收费。超市收费的项目、用途、标准，必须事先向供货商公开，在协商一致的基础上，由双方订立书面合同。超市收费中采用由超市一方提供格式条款合同的，其合同条款必须遵循公平原则，确定双方当事人之间的权利和义务。超市不得滥用优势地位，作出对供货商不公平、不合理的规定，更不得随意在事后或合同以外再向供货商收费。

3. 公平规范收费。超市必须规范收费行为，保持收费项目和标准的稳定。收费项目、标准的变动须有可预见性和透明度。

三、清理不当收费。超市不得利用市场优势地位向供货商收取不当费用。超市要依据《反不正当竞争法》、《合同法》等现行法律、法规和超市收费原则，对收费情况进行清理，对违反法律、法规规定或显属不当的收费项目必须取消。下列行为属不当收费。

1. 要求供货商负担与其商品销售无直接关连性的费用；

2. 要求供货商负担的费用金额，已超过供货商可直接获得的商业利益；

3. 完全出于达到超市本身财务指标的目的，而要求供货商负担的费用；

4. 假借各种名目向供货商滥收费用，从中获取不当收费；

5. 借罚款名义，向供货商收取费用；

6. 其他不当收费行为。

在清理不当收费时，重复的收费项目应当取消或归并，经营成本中确需由供货商分担的费用应纳入商品价内交易，或在双方合同中订明。

四、加强合同监督。超市收费的有关合同必须充分体现双方权利和义务的对等。为保证超市收费中双方权利和义务的对等，市商委和上海连锁商业协会会同市工商局共同制订合同的示范文本。工商行政管理部门和其他有关行政管理部门应当依据《合同法》及相关法律、法规按照各自的职责对超市收费的格式条款合同实施监督。

五、规范收费行为。超市收费应当事先向供货商提供收费的明细资料，给付合法凭证，明示入账，并建立和落实台账制度，照章纳税。超市一方不得随意在应付供货商的货款中扣除费用，严禁借超市收费变相收受回扣。超市不得将因自身经营管理原因造成的商品库存、缺损等损失向供货商转嫁。对超市收费后有关商品退场的条件，必须公允透明。

六、严肃查处超市变相摊派。超市向供货商硬性推销商品或其他物品，或要求供货商给予各种与商品销售无关的赞助和捐赠等，属于变相摊派，必须坚决予以制止。对违反法律、法规的行为，工商行政管理部门和其他行政管理部门应当依法予以处罚。

七、发挥行业协会作用。根据市政府关于《上海市行业协会暂行办法》（沪府发〔2002〕2号）文件的精神，有关行业协会要通过发挥协会职能和承担协会职责，保护会员企业的合法权益，协助政府搞好行业管理，加强会员企业的行业自律。对超市收费，相关行业协会要加强协调和沟通，建立磋商机制。政府有关部门要采取措施，支持行业协会发挥作用。

本意见适用于在本市连锁经营的超市、大型综合超市、仓储商店、便利店。

上海市商业委员会

上海市工商行政管理局

二〇〇二年九月十九日

十、北京市商业零售企业进货交易行为规范（试行）

第一条 为维护流通领域市场经济秩序，促进首都消费品市场繁荣和稳定，规范本市商业零售企业（以下简称零售商）进货交易行为，根据《中华人民共和国合同法》、《中华人民共和国产品质量法》、《中华人民共和国反不正当竞争法》等有关法律、法规和规章，制定本规范。

第二条 凡在本市行政区域内直接面向最终消费者提供商品和服务的零售商，适用本规范。

第三条　本规范所称进货交易行为，是指零售商通过经销代销、代购、联营等形式与供货商之间的经营行为。

第四条　零售商的进货交易行为，应当遵守国家法律、法规和规章，接受政府有关部门的监督。

第五条　零售商与供货商之间的交易行为，应当遵循平等、自愿、公平、诚实信用的原则，遵守社会公德和商业职业道德。

第六条　政府鼓励、支持消费者、法人和其他组织对进货交易行为进行社会监督和舆论监督。

第七条　零售商应当取得有效、完备的营业手续，注册资本（金）真实合法，必须有固定的营业场所。

第八条　零售商作为商品销售的终端环节，要加强对供货商、购进商品的质量、进货渠道的审核，禁止商业贿赂等不正当经营行为的发生。

（一）零售商对供货商应当进行全面、细致的资质调查，注意跟踪了解、掌握供货商的信用情况。必要时应对供货商生产经营场所和生产过程、生产环境、储运条件等情况进行实地考察。

（二）零售商应当取得供货商提供的进店商品生产许可证、产品检验（检疫）合格证、食品卫生许可证等有关证件，对产品的标识、成分、质量、出厂检验证明等进行审核，以保证符合规定的标准。对属于强制性产品认证、绿色产品标志、知名品牌产品的商品，应当提供相关证明材料并备案存档。

（三）零售商应当加强内部管理，对进货渠道建立可追溯制度和责任追究制度。

第九条　零售商与供货商进行进货交易行为时，应当履行下列责任。

（一）零售商通过经销、代销、代购、联营等经营形式同供货商建立交易行为，应当与供货商签订书面合同，并可使用商务主管部门与工商行政管理部门共同推行的合同示范文本。

（二）零售商与供货商订立的合同应当明确合同各方的权利与义务，包括购进商品的品种、质量、规格、数量、时间、地点、结算方式、结账期、合同解除条件、违约责任、合同争议解决方式及各方共同约定的其他条款。对合同条款有争议的，应按照合同目的、交易习惯及诚实信用原则，确定其条款的真实意思。

（三）零售商不得利用其在市场中所处的优势地位订立显失公允的格式

条款。

第十条　零售商向供货商收取费用应当坚持公平合理、公开约定、管理规范的原则。

（一）零售商在进货交易活动中应事先明示收费的项目、标准、权利和义务，经各方协商一致后，以合同约定。

（二）遇有特殊情况或因业务经营实际出现合同外收费情形的，应当与供货商协商签订补充合同。

（三）零售商收取的各种费用必须如实入账，向供货商开具正式发票，并依法纳税。

第十一条　零售商邀请供货商参加促销活动应当坚持自愿、合作、公平原则，不得强行供货商参加。促销活动产生的费用，零售商应与供货商合理分担。

（一）直接影响供货商商业利润或利益的促销活动，应事先征求供货商的意见。

（二）零售商与供货商在协议中明确约定促销活动的参加办法、经营风险负担、回扣比例、费用分担、售后服务等。

（三）零售商不得借新店开业、店庆、节日庆典等名义向供货商强行索取赞助费用；不得重复设置或变相设置收费项目；禁止在合同以外强行收取与供货商业务无直接关联的费用；禁止在无合同约定或收费项目、金额未达成一致的情况下，擅自克扣供货商结算货款。

第十二条　零售商必须严格按照合同约定的结算方式、时间及地点与供货商进行货款结算，规范履约行为。

（一）零售商应根据商品特性和销售的实际情况，在合同中用规范明确的文字表述结账日期的起止时间，全面履行合同。

（二）零售商在货款结算过程中，遇有结算期迟延或结算金额变更等情形，应根据法律、法规的规定和合同的约定，通过法定或约定程序提前与供货商沟通并取得一致。

（三）零售商不得以占压供货商货款作为企业融资的手段，阻碍商品流通。

（四）不得人为设置障碍，故意拖延结算。

（五）禁止零售商利用合同形式欺诈骗取供货商的财物。

第十三条　零售商应当本着合作发展的原则，致力于与供货商建立长期稳定、互利互惠的合作关系，主动向供货商反馈市场需求变化和商品供求信息，加强综合分析研究，引导供货商适应市场发展趋势。

第十四条 零售商对于达到国际同类产品先进水平、取得知识产权、在国内同类产品中处于领先地位、市场占有率和知名度居行业前列、用户满意程度高、具有较强市场竞争力的产品，以及采用国际标准、ISO 9001、ISO 14001 等系列国家标准的新产品，应积极为其进入市场提供便利条件和必要的支持。

第十五条 零售商应当参照 DB11/T209—2003《商业、服务业服务质量》（北京市地方标准）规定的服务人员、服务操作、服务设施、服务环境、商品（服务）质量管理和服务管理方面的基本要求，为供货商提供优质的服务。

第十六条 支持和鼓励行业协会依据本规范制定进货交易行为行业公约，构筑覆盖本市流通领域的诚信自律体系，建立行业内部约束机制、惩戒机制，督促本规范的实施。

（一）制定本市《零售商信用等级自律分类规范》，完善企业资质信用、经营商品信用、服务规范信用、合同履行信用、内部管理信用等方面的项目标准。

（二）建立零售商信用档案，及时、准确、全面地记载和反映零售商信用状况，通过行检、行评，将零售商进货交易行为纳入信用等级的评定范围，信用等级将作为零售商融资信贷、经济往来以及申报信用企业、名牌企业、服务名牌认定的主要依据。

（三）建立信用信息网络平台，向供货商、消费者及社会各界公示零售商信用情况。

第十七条 政府商务等职能部门要发挥"北京市企业信用信息系统"作用，通过警示信息对查处的零售商违法经营行为和失信行为向社会公示。

第十八条 充分发挥新闻媒体的监督作用，借助社会舆论对进货交易活动中不规范的行为进行评论，进一步加强社会监督的力度。

第十九条 商务主管部门要加强"诚信兴商"活动的宣传教育，积极推动本规范的试行，要引导零售商参与北京市"守信企业"公示活动。

政府职能部门要依据相关法律、法规，按照各自职能，加强对零售商进货交易行为的监督管理。

第二十条 零售商与供货商在履行进货交易合同中出现争议时，可协商和解，协商不成的，依据合同约定的仲裁协议提请仲裁机构仲裁或依法向人民法院提起诉讼。

第二十一条　本规范为零售商进货交易行为的基本规范，鼓励零售商按照法律、法规和规章的规定，制订严于本规范的履约信用标准。

第二十二条　本规范自 2005 年 2 月 1 日起施行。

北京市商务局

北京市工商行政管理局

二〇〇四年十二月二十九日

附录三

一、发达国家商业网点建设的经验

商业资源是社会公共资源，大部分发达国家对商业网点建设都有法律规定。有的是专门立法，如日本、法国等；有的是在综合性法律中作专门规定，如美国、英国等。这方面的法律多数是由中央或联邦政府颁布的，也有的是中央或联邦政府授权地方立法。发达国家在商业网点建设方面的立法有较长历史，在实践中随着城市社会经济发展和商业业态的创新而不断进行修订。在管理权限上，有的集中在中央或联邦政府，有的主要由地方政府负责，无论哪种方式，均对商业网点建设进行严格管理。日本、法国和美国在商业网点建设管理方面最具代表性。日本是以项目审批为主要管理手段，美国以规划约束为主，法国是规划和审批并用。

一、日本

日本1973年出台了《关于调整大规模零售企业活动的法律》（简称《日本大店法》），2000年《日本大店法》废止的同时，又出台了《大规模零售店立地法》（简称《日本大店立地法》）。1971年，还专门颁布了《日本批发市场法》，并于1991年作出了修订。

日本地方政府对大商店建设实行审批制。1973年《日本大店法》对新建和扩建1500平方米以上的大店采用严格的审批方式进行法律限制。审批内容多而具体，审批环节也很复杂。为适应世贸组织规则的要求，1999年颁布的《日本大店立地法》对原来的法律规定作了大幅调整。在立法宗旨上，由限制性审批改成保护生活环境和促进中小企业发展。在管理范围上，大店铺的规划面积由原来的两类（3000平方米以上和500～3000平方米）统一为一类，即凡是1000平方米以上的商业设施都算大型商业设施，均在审批范围之内。

日本政府审核开店的标准：一是考虑商业布局的合理性，有利于国民经济及地区经济的健康发展与国民生活水平的提高。二是按照《城市中心商业街区活性法》的要求，开设大店必须关注生活环境和城市功能，把交通影响、环境污染（噪声、大气等）、垃圾处理等列为项目审查内容。三是能否促进中小零售业健康发展，明确提出新设大型零售店既要促进零售业的现代化，也要支持中小零售商业发展，实现政府扩大就业的目标。

按照《日本大店立地法》规定的程序，目前日本开设 1000 平方米以上的商业设施，从申请到批准要历时 1 年，经过 5 个环节：（1）由投资者按经济产业省规定的内容格式制定详细的申请报告，并向地方政府——都道府县申报。（2）都道府县接到申报后，将项目概况进行为期 4 个月的公告。（3）其间，在接到申报 2 个月内，按经济产业省规定的程序在大店开设地所属市街村召开听证会，会前一周发布会议公告。（4）都道府县依据法律规定和公告、听证的情况，对项目进行审查，审查结果在申报的 8 个月内以书面形式通知申请人。（5）大店开办者须按最终审查意见对项目方案进行修改和调整。如果申请被拒绝，投资方可以向经济产业省地方局提出申诉。

二、法国

法国早在 1810 年就颁布了《法国商法典》，180 多年来多次进行了修订，其中最著名的修正案是 1973 年的《鲁瓦耶法》和 1996 年的《拉法兰法》。这些法律要求各省必须制定商业网络设施图（即规划），商业网点建设必须符合商业规划；并对商业网点建设规定了详细的审批程序。法国大型商业网点建设由国家和省两级商业规划委员会负责。国家商业规划委员会由法国财政经济工业部（原法国商业部合并到该部）负责组建，秘书处设在该部商业、手工业及服务企业司商业设施规划处；省级商业规划委员会由省长负责组建，由有关协会及所在地区市长 6 名成员组成。由于省长是总统任命，代表总理在地方行使职权，实际上最终管理权在国家一级。

新建和改建营业面积 300 平米以上的食品商店及 1000 平方米以上的非食品商店须经政府审批。审批的标准是：一是商店稠密度。如项目所在区域的人口数量、商店数量、住宅及办公楼情况，这是最重要的决策依据。二是就业情况。如项目的实施能创造多少就业岗位、对现有商店造成的冲击会使多少就业岗位消失等。三是竞争状况。如项目实施后是否会在本区域内造成垄断，市场份额若超过 50% 则不允许。四是消费者得到的享受。如项目是否是新的业态或销售模式，其建筑风格是否协调，走廊是否宽敞，服务设施（停车场、餐厅、咖啡厅）是否完备。能够带动提高服务标准及质量的商店较易得到批准。五是商业设施建设是否会引起消费者住所、交通路线的改变，若导致交通堵塞则不允许。六是建筑设计是否吸引人，在自然保护区的商店应当与自然保护区相协调。政府鼓励并扶持在有商业需求但人口稀少或偏远的地区开设商店。法国于 2000 年出台《城市团结与更新法》，对新设商店的公共交通、接卸货场地作出了规定；2003 年出台《城市规划和住房法》，对保护环境、避免扰民也作出了专门规定。

审批主要集中在省一级，审批期限为 4 个月。程序是：（1）由申请人向省级商业规划委员会提交申请及项目研究报告（相当于我们的可行性研究）。（2）省规划委员会秘书处在 15 个工作日内通知申请人或认可受理，或提出补充材料的意见。超过 6000 平方米的商店，须由行政法庭指派调查专员，从经济、社会和国土整治的方面进行公共调查。（3）在规划委员会审查前，先由省级主管竞争、消费及反欺诈部门进行初审，并由省级劳动和规划部门分别进行就业和国土整治影响的评估。（4）初审后，省商业规划委员会按规定程序进行审议，也可应申请人的请求召开听证会。委员会投票表决超过半数获通过。（5）会议决定应在受理有效期内通知申请人，逾期未通知的，即视为批准。申请人在获准 3 年内必须开工，否则被认为批准失效。

从近年的情况来看，申请的项目中大约有 1/5 被否决。被否决后申请人或省长、省商业规划委员会成员可在两个月内向全国商业规划委员会上诉；如仍然遭否决，申请人可继续向最高行政法院上诉，由最高行政法院作出最终裁决。对上诉至最高法院的案件，全国商业规划委员会秘书处（即财政经济工业部的商业设施规划处）负责起草国家机关辩护词。对已经由省商业规划委员会批准的项目，省长、规划委员会成员若不同意该决定，也可向全国商业规划委员会上诉，程序相同。

三、美国

与日本、法国两国不同，美国没有专门的商业网点建设法律，但美国宪法第 14 条和第 15 条修订案赋予了州政府在区域规划和土地利用计划中规划使用土地的权利，其中包括商业规划。美国商业网点建设管理权限在地方，各城市一般都设有一个由职业民众组成的规划委员会和一位规划专家担任的规划总监，负责商业网点规划工作。其主要任务是：提出城市商业网点规划方案，供市长或议会决策；受理并审查商业建设项目。

美国商业规划具有很强的法律效率，是控制和引导城市商业发展的有效工具。地方政府按照规划确定辖区内允许建店的区域，商业网点只允许在符合规定用途的区域内设置。在不符合规定的区域建店是绝对不允许的，除非变更规划。各城市的商业规划一经批准，不得随意变动；若须变更，则要启动区域规划变更程序。

商业规划的原则是使商业设施对环境带来有益影响，反对杂乱无章，提倡土地及相关资源的综合利用，增强流通及服务的效能，推进新型化城市的发展。具体内容包括：减少交通堵塞；防止火灾和应对突发事件的措施；有利于改善居民的生活和保证大众健康；建筑物之间要保持一定的距离，防止对土地的过度使用；保证有充足的光线和空气；商业设施的空间应与经营面积相适应，避免人口过度拥挤；促进当地的基础设施建设等。其中，交通对商业网点分布起决定性作用。建设大型零售设施，还要考虑对现有商业的影响。有的州规划还对具体的商业设施作出了详细规定，如停车场的规模、标牌标记的大小格式、建筑物的外观甚至周围绿地等。

美国对商业建设项目的管理主要是依据规划进行审批，其审批程序是：先由项目投资者向规划委员会和规划总监提交项目计划书；由规划总监和规划委员会进行审查（其中超过一定规模的项目还要进行听证）；总监和委员会达成一致意见后，提出批准或否决的审查意见，最终决策由市长或议会作出。投资者对接到的否决意见有异议的，可通过司法程序向法庭起诉。

改革开放以来，我国商业网点建设发展得很快，但也存在一些亟待解决的问题。一方面，大多数地区商业网点总量不足的矛盾尚未解决，商业流通设施建设不足；另一方面，结构性矛盾也日趋突出，布局不合理、业态结构比例失调、大中小商店发展不均衡、商业网点建设与经济社会发展不协调等矛盾越来越尖锐，影响了经济与社会的统筹协调发展。按照加入世界贸易组织的承诺，我国最迟于2004年12月11日前取消对外商投资地域、股权和数量的限制，外商在我国商业领域的投资将急剧扩大，若不加以引导和规范，势必将进一步加剧这些矛盾。因此，我们要借鉴发达国家的经验，完善商业网点建设的管理制度，制定并完善《城市商业网点条例》，使我国商业网点建设的管理有法可依，依法管理，促进商业网点建设和经济社会的统筹协调发展。

附件：

（一）英国零售行业的规划政策（略）

（二）巴黎城市商业发展规划（略）

（三）美国的商业规划（略）

二、法国、西班牙商业网点管理及立法情况

法国商业网点立法情况

经营自由和自愿是法国商业和手工业经营的基础，这些经营活动应当在公平的竞争环境下进行。商业和手工业的职能是满足消费者的需求、参与创造就业、提高国家经济的竞争力、促进城市和乡村的繁荣并提高生活质量。国家对商业领域进行立法的目的是使商业运作得更好，避免因新销售形式的无序增长而引起小企业的垮台和商业配置资源的浪费，并进而影响就业。

法国关于商业网点建设的立法主要有 1973 年制定的《鲁瓦耶法》和 1997 年制定的《拉法兰法》，此外还有一系列配套实施的法令、通知、公告等。立法力图达到两个目标：一是避免大型商业设施之间的恶性竞争；二是保证各种业态平衡发展，避免因大型商业设施的快速发展而造成其他业态的消失。通过立法，法国对大型商业设施实行行政许可制。法国政府认为，这种做法为大中小商业创造了和谐发展的环境，既保护了传统小商业，也没有阻碍现代商业的发展。

（一）需要审批的情形

（1）销售面积大于 300 平方米的零售商店。这一定义包括一些从事旧货销售的企业（如旧货店、寄售行、二手车行及古董店等）。有例外情况，如经市镇议会批准建立的公有性质的药店和批发摊点或市场（露天的或者室内的）、火车站里面的商店、带有维修和保养车间的修车行或者汽车销售店等超过 1000 平方米的才需要审批。此外还有餐馆，尽管有一部分餐馆有外卖业务，但不属于零售商店。

（2）销售面积超过 300 平方米的商店联合体。商店联合体是指同一区域的一些商店，不管这些商店是不是处在同一建筑物里，或者是不是归同一个人所有，只要满足下列情况之一：在同一次土地开发行动中统一设计；经过共同的整修，有同一进出口；通过成立共同的服务部门等形式进行共同管理；拥有相同的法律关系，如被一个人直接或者间接控制。

（3）手工业的店铺。根据行政法院的司法解释，手工行业的店铺适用《拉法兰法》，包括洗衣业、理发和美容业、修鞋业以及修配锁及摄影业等。

（4）销售面积大于 2000 平方米的商店改变经营范围。经营范围目前分为 3 类：一是以食品为主的零售商店；二是汽车销售，汽车配件、摩托车和燃料

的销售，家庭日用品的零售以及家居设备的零售；三是其他零售商业以及由手工服务所提供的商业活动。

（二）关于商业规划和城市总体规划的关系

法国法律要求制定商业规划，商业规划和城市总体规划要相互协调。商业规划应符合城市总体规划的要求，但如果在城市总体规划制定之前已制定商业规划，城市规划应与商业规划相协调。法国政府认为，商业规划和城市规划是互补的。事实上，法国政府对大型商业设施建设的管理与其领土整治工作是密切相关的。规划部门和商业部门密切配合，共同做好商业网点建设管理工作。

（三）审批机构

按照目前的法律，商业设施的审批分为地方和中央两个层面。地方层面是省级商业设施委员会，由省长领导。该委员会由6名委员组成，其中3名是民选官员的代表（所在市镇的市镇长、省内人口最多的市镇的市镇长、市镇联合体代表），另外3名是工商会、手工业协会、消费者协会的代表。省级商业设施委员会负责具体的审批工作，实行投票表决制，4票赞成项目即获通过。2005年，全国各省级商业设施委员会共受理了3740个申请，涉及460万平方米的销售面积，其中78%的申请最后得到了批准。

中央层面是全国商业设施委员会，该委员会有8名委员组成，4名是公职人员，其中1名来自最高行政法院，担任该委员会召集人；其他4名是分别由负责商业的部长、负责就业的部长、国民议会议长和参议院议长推荐的专业人士。委员任期6年，不能连任，委员会每隔3年更换一半。该委员会不负责具体的审批，而是作为省级商业设施委员会审批决定的复议机构。委员会实行投票表决制，当出现赞成票与反对票相同时，实行主席一票决定制。2005年，全国商业设施委员会共受理了300项复议申请。

（四）申请的内容

（1）申请人的资质。具有以下资质的人可以提出许可证申请：商业资产的经营者或者未来的经营者；建筑物的拥有者或未来的拥有者；房地产开发商。

（2）申请需要提交的材料。申请人需要向审批机关提交以下材料：关于项目的基本情况，如营业面积等；商店平面图；客户来源分析及图示；预计的营业额；销售面积1000平方米以上的，还需要就该项目对周边项目可能产生的影响提供研究报告；销售面积 6000 平方米以上的，需要提交公共调查情况的报告。

（五）审查的标准

（1）商业网点密度指标。计算适当的市场范围（商圈）内同类商业网点的密度，与省平均数、全国平均数进行对比。这是最重要的指标。若低于平均数，在符合城市规划的前提下，不再考虑其他标准即予批准。否则，还要综合考虑其他各项标准才能审批。所谓密度，指的是每千人拥有商业网点（特指 300 平方米以上零售网点）的面积，单位是每千人平方米。这样规定，实际上起到了鼓励到商业网点不足的边远地区开店、限制商业设施过度密集的作用。

（2）竞争因素，分析项目实施后是否会在区域内造成垄断。如果申请项目在商圈内是一个新的商号，即使该商圈内同类商业设施密度已较高，但由于提高了竞争程度，也有利于获得批准。

（3）就业因素，是否创造了就业机会。项目实施后产生的就业机会能否超过小商店消失造成的失业。

（4）国土整治因素，是否符合城市规划，能否改善城市景观。

（5）环境因素，是否会对周边环境造成不利影响。

（6）消费者因素，是否能满足消费者的多样化需求。

（六）审批程序

省商业设施委员会的审批程序分为三个阶段：（1）申请材料送交委员会各成员；（2）委员会就提交的申请材料征求省级相关局（竞争、消费和反欺诈局以及就业局、基础设施局）的意见，相关局就此出具报告；（3）召开委员会会议，听取申请人陈述，如有需要，亦可召集相关局代表就其出具的报告进行说明。最后进行投票，6 票中 4 票同意即可批准。审批的期限是 4 个月。申请项目被拒绝后，若无重大变化，申请人不得就原项目再次提出申请。

新建商业设施除了需要得到商业设施许可外，还需要建筑许可。这两项许可是分开进行的，建筑许可由市镇长负责审批，建筑许可须以商业设施审批为前提，即未获商业设施许可的，则无法得到建筑许可。

西班牙商业网点管理及立法情况

（一）西班牙商业的总体情况

根据国家统计局最新资料，2004 年西班牙商业增加值按当年价格统计为

8119.9 万欧元，为西班牙当年经济增加值（71519.2 万欧元）的 11.35%。这个比例略低于工业部门所占比重，占服务业总量的 28.72%，服务业总增加值为 40080.8 万欧元，是西班牙经济最重要的部门。

西班牙商业企业中排名第一的是 El Corte Inglés，2004 年销售总额为 1460 万欧元，比前一年增长 7.7%。其中的百货商场是公司主业，销售额为 1019.8 万欧元，尽管在很多国家百货公司被认为是一种走下坡路的业态，但 El Corte Inglés 的百货商场占有了该公司年销售额的 69.8% 和利润的 66%。其连锁超市 Hipercor 销售额为 317.219 万欧元，增长率仅为 1.3%。排名第二的是 Carrefour 集团，2004 年销售额为 1212.2 万欧元。

（二）西班牙支持商业发展的政策措施

西班牙政府非常重视商业发展和技术进步，制订了专门的支持计划。西班牙对商业的支持计划主要包括两个方面的内容。

一个是面向全行业的，目的是促进商业现代化，目前正在实施的是"国内贸易行动计划"。该计划首先对西班牙零售业存在的问题进行了分析，指出了该行业生产力和生产效率低下的主要原因。其次，该计划提出了具体的支持措施，主要包括以下方面。

（1）市场透明措施：主要是提供市场运行信息，特别是价格信息，目的是增进经营者在价格方面的竞争；

（2）促进竞争措施：鼓励新经营者进入市场和发展新的零售渠道，例如基于新技术的零售方式；

（3）提高效率措施：鼓励商业联合，改善物流网络，推动纵向一体化，更大程度地与新科技结合，制订税收标准，降低外包服务价格，促进零售企业国际化等。

另一个方面是针对中小商业企业的，目前正在实施的是"商业品质改善计划"，主要目标是提高中小商业企业效率和竞争力，促进商业结构平衡，不同业态企业共同发展，保证竞争和消费者自由选择，形成城市商业结构的平衡和持续发展。该计划主要包括发展城市商业、改善农村销售、发展企业合作、提高商业设施质量等内容，并要求中央政府和各自治区政府对上述内容给予金融支持。

此外，中央政府对中小企业的整体支持计划中，中小商业企业也可以获得支持，比较重要的有"中小企业巩固和竞争计划"和"中小企业 Arte 方案"。"中小企业巩固和竞争计划"主要对以下两个方面提供补贴：①推动中小企业与信息社会融合的项目，如采用信息和通讯技术、实施电子商务等数字技术等；②企业技术创新，如设计和实施新的质量体系、企业间合作和中小企业的管理和组织创新等。"中小企业 Arte 方案"的目标是对实施涉及中小企业共同利益的高级通信服务项目提供补贴，便利中小企业建立协作网络，相互交流实践经验和能力，通过信息和电子方式推销产品。

（三）西班牙规范大型商业企业设立的立法

西班牙关于大型商业企业设立的立法包括中央和地方两个层面。中央立法主要是 1996 年制定的《关于零售商业的法律框架》。该法规定，大型商业设施的建立需要获得特殊商业许可，由自治区政府颁发。是否发放许可证主要衡量两个方面的因素：（1）新的商业设施影响到的地区是否存在适当的商业设施；（2）新的商业设施对商业结构产生的影响。关于是否存在适当的商业设施，应考虑是否能向现有人口乃至近期可预期的人口提供与现状、零售业发展和现代化趋势相适应的质量可靠、品种多样的商品。关于评估对现有商业结构的影响，应考虑新的商业实施对当地自由竞争带来的好处，以及对已存在的小商业可能带来的负面影响。该法还规定，大型商业设施的标准由各自治区政府自行设定；但是，不管销售何种商品，只要其向公众展示和销售的面积超过 2500 平方米，就应被认定为大型商业设施。

目前，基本上各个自治区都制定了大型商业实施设立的法律，但立法差异性较大。如，关于大型商业设施的标准，有的自治区规定超过 2500 平方米的才是大型商业设施，而有的自治区规定超过 250 平方米的即视为大型商业设施。另外，关于审批的程序、审批标准的把握，各自治区也不尽相同。

三、美国大型商业网点管理有关情况及其对我国的启示

（一）美国商业网点规划和管理情况

美国是联邦制国家，宪法规定土地私有，国家不对土地提出总体规划要求，是否制定包括商业网点规划在内的城市规划及相关政策由各州视情况自行决定。美国大多数州都严格实行规划管理，如加利福尼亚州（以下简称加州）的洛杉矶地区；极少数地区虽然没有制定城市规划，但通过规划政策进行管理，如德克萨斯州（以下简称德州）的休斯顿地区。两地规划管理方式虽然不同，但都值得借鉴。

1. 洛杉矶地区的规划情况

（1）总体规划要求。加州《公共管理法》明确要求各县（County）、市（City）对土地进行规划管理，并通过《综合规划指导》引导县市规划工作。据此，洛杉矶地区的5个县、88个市都制定了城市总体规划。按照法律，各县市的城市总体规划应当包括7个方面内容：土地、交通、住房、资源、园林、噪声及安全。总体规划期限一般为25年，也可以一事一议的方式修改总体规划。需要特别说明的是，虽然县在地理上包含市，但市拥有独立管辖权，县的总体规划对象只包含自己所辖区域，不包含市辖区域，县和市的总体规划之间不存在隶属关系。

（2）规划政策工具。为落实总体规划，洛杉矶地区各县市都制定了若干政策工具。其中，与商业网点规划关系密切的主要是土地使用分区（Zoning）、环评、旧城改造、特区计划等。

土地使用分区是实施总体规划的主要工具之一，即依据总体规划，根据交通、历史、管线支撑等条件，对具体地块属性、开发强度和容积率作出较为详细的规定，起到管制土地用途和分解总体规划目标的双重作用，对商业网点规划及总体布局起到关键作用。一是规定土地属性：一般分为住宅、商业、工业、农业等类型，大城市可以增加特殊开发区、有限开发区、集合建设区、鼓励建设区等类型，增加土地使用的灵活性。商业设施建设只能使用商业属性用地，或在包含商业属性的用地上进行。二是控制开发强度：主要包括人口密度以及地块最大或最小面积限制，目的是保证与公共设施相适应及保护环境质量。三是限制容积率：主要包括最小间距、空地宽度、建筑高度规定等，目的在于确保适当的采光、通风、日照以及建筑景观。值得注意的是，为解决上班距离过远、交通拥堵等问题，洛杉矶地区的一些市正在修改土地使用分区，规划混合用地（Mix），建设商住两用的建筑，鼓励就近工作。

依据加州《环境质量法》，建筑物开工建设前，需要对自然环境可能受到的影响进行评价，这也是落实总体规划的主要工具之一。一般地方政府还会要求大型商业设施开发商对可能造成的经济社会环境影响进行评价，这已成为政府平衡各方利益的有效手段。环评报告分为三级，越大的项目，环评等级要求越高。商业网点是否是大型由地方规划部门判断，并向政府提出建议。

旧城改造和特区计划都是对特定区域进行专项规划。其中，旧城改造的主要目的是提振相关地区的经济。加州不少县市都热衷于开展旧城改造，原因是地方政府税收收入主要是房产税、商品销售税和所得税，通过旧城改造，地方政府将会直接因房产升值而得到房产税收益；通过优化商业网点布局结构促进消费，可以间接增加商品销售税；通过带动地方经济增长，可以增加所得税收益。旧城改造的操作程序一般先由政府发行公债，出资成立企业性质的旧城改造委员会（Local Agency Formation Commission），通过该机构回购特定区域内、经第三方评估后的土地和房产，然后重新规划，再出让土地；该机构也可向符合规划的建设项目提供资助。特区计划主要是对风景区、历史保护区等进行专项规划，一般会对相关区域内的商业设施提出更为严格的要求。

（3）商业网点审批程序。开发商在建设商业网点之前，需要向规划局提交建设申请和环评报告，建设申请和环评报告一般由专业中介机构撰写，大型商业网点开发商往往需要聘请人数众多的律师团队共同撰写，以确保建设申请和环评报告能符合政府要求。根据建设申请，若需要对现有土地使用分区进行小幅调整，须由规划局在与行业主管部门基本达成一致意见的基础上提出审核意见，提交规划委员会批准；涉及重大变更，如因改变土地属性而要改变总体规划等，须提交市或县议会批准。规委会或议会批准前都须听证，然后由规委会委员或议会议员投票决定。环评程序单独进行，也要听证。政府部门在项目审核过程中有时限要求，但开发商因考虑当地居民、竞争者、相关利益团体（工会、环保团体等）、金融机构等的态度对决策者的影响，需要不断修改调整申请和报告，越大的商业项目需要越长的时间。因此，在美国不是不能改变规划，而是改变非常难。对于不同县市临近地区的商业网点建设，没有明确的规划衔接机制，若存在冲突，需要相关县市共同协商，一般以税收分成的方式达成共识，否则只有诉诸法庭。

（4）听证有关规定。听证会由三部分人员构成：一是决策者，即规委会委员或议会议员。规委会委员由市长任命，议会议员由民选产生，都是兼职。一般决策者人数要保证在 5~7 人时，方可举行听证。二是汇报者，即规划局。三是参与者，即社会公众。为保证社会各界都能参与，听证会一般都安排在工作时间以外举行，并通过报纸等进行公告。听证会不限参加者人数和资质，包括邻近县市政府若对项目建设有意见，也可参加。参加听证的多数是反对者，也有一些开发商会组织支持者参加听证。听证会首先由规划局汇报审查意见，然后由参与者表达意愿，最后由决策者综合各种因素，代表大多数民意，按照简单多数原则投票决定。听证结论只是决策者的参考依据，决策风险主要是可能会违背民意。若决策错误，可能会被诉讼，由政府法务部门承担被诉讼的相关事宜。

2. 休斯顿地区的规划情况

德州地广人稀，为推动更多的项目建设，州政府不要求制订城市总体规划及总体规划政策工具。休斯顿市规划局的主要职责有四项：制订发展计划、开展社区改造、建设地理信息系统、制订地区性规划。其中，制订发展计划主要是编制土地发展计划。开展社区改造主要是鼓励提高居住密度，加强与社区紧密相关的商业等网点配置，提高土地利用效率。建立地理信息系统主要是将城市建筑情况放入名为"My City"的地理信息系统，为公众提供服务。制订地区性规划主要是休斯敦市受委托还承担周边一些县市的规划管理工作，通过地区性规划来统筹相关地区发展。

规划局对商业网点的具体管理：首先，通过对土地转让或开发的协议进行审批来控制土地使用和建设，如对建筑外观及尺寸等都会有规定。其次，通过停车位规定、绿地规定等配套政策，规范商业网点建设。最后，通过政策措施引导商业网点建设。如，为鼓励在轻轨附近建设商业网点，可放宽对土地使用、停车位设置的限制，以增加建筑规模和停车便利性；由财政资助一部分建设费用或减免税费等。休斯敦市对商业网点建设项目的审查程序和方式与洛杉矶基本一致，都须听证，报规委会或市议会审批。

3. 商品流通管理的相关政策

美国对经营特殊商品的商业网点实行分级管理。如，涉及食品卫生的餐饮店等由县市政府颁发许可证照，酒类经营由州政府颁发许可证照，枪支经营由联邦政府颁发许可证照。

除蒙大拿州免税外，美国各州都对商品征收销售税（价外税），但各州税率及政策差异很大。如，洛杉矶、休斯敦和纽约的税率分别为9%、8.25%和8.9%，新泽西州规定商品单价不超过100美元的免征商品销售税。此外，据了解，加州是美国为数不多对电子商务征税的州。商品销售税是州政府和县市政府共享，以休斯顿市为例，8.25%的税分为州税6.25%、市税2%。

（二）美国购物中心情况

美国大型商业网点主要是购物中心，大型超市、百货店等多数都集聚在购物中心之内。因此，购物中心的规划建设实际上决定了大型商业网点的规划建设。

1. 购物中心概况

美国将产权属于同一开发商，并统一规划、建设、管理，且以零售为主的商业聚集区都统称为购物中心，购物中心一般以大型超市、百货店、大型专业店为主力店，辅以各具特色的中小专业店、专卖店、餐饮店等。按辐射范围，可以分为区域内购物中心、跨区域购物中心。按功能，可分为生活型购物中心，即以生活体验、休闲服务为特色，一般在社区内的购物中心；时尚型购物中心，即以高端品牌商品销售为主的购物中心；主题购物中心，即突出旅游、文化等特色主题的购物中心；折扣型购物中心，即以奥特莱斯店、工厂直销店为主的购物中心。按外形，可分为带状购物中心，即外形与商业街类似的购物中心，其与商业街的区别在于，商业街一般是历史形成的，不是统一规划、建设的，店铺所有权分散；盒状购物中心，即整个购物中心就是一个封闭的大型设施，也称 Mall；分散状购物中心，即由多个设施构成，各类商业网点分散在不同设施内，呈部落状、集市状。

美国前三大购物中心分别是：明尼苏达州的 Mall of America，建于 1992 年，商业出租面积 39 万平方米；加州的 Del Amo Fashion Center，建于 1961—1967 年，商业出租面积 28 万平方米；加州的 South Coast Plaza，建于 1967 年，商业出租面积 27 万平方米。美国购物中心数量增速在 1976 年达到顶峰，为 13%。1993 年以后，购物中心数量趋于稳定，年增长不到 2%，而且趋于小型化，不再建设超大型购物中心。

2. 购物中心建设经营情况

开发商建设购物中心前，一般要做好五方面的评估工作：一是当地人口情况，包括人口数量、收入水平、种族结构等。二是交通和客流量情况，包括汽车数量和档次、公共交通水平、离高速路口距离、交通拥堵状况、邻近街道情况、客流量和消费能力等。三是当地商业设施和市场情况，包括该地区零售商的数量、仓库的类型和数量、已有商业面积等。四是地块特征，包括土地性质、开发强度、现有建筑状况、停车便利程度、车流人流出入口情况等。五是法律和成本因素，包括租约期限、合同限制、当地税率、运输仓储成本、当地零售业行规、劳动力成本等。如，加州法律规定，购物中心停车场的配套面积不得低于商业面积的 2/11；建设商业设施，须缴纳学校、下水道等公用配套设施建设费；开发项目，还须配建 1% 面积的文化景观设施。

评估完成后，开发商还需要和政府不断沟通，往往越大的商业网点越需要不同领域的律师对各种规定进行梳理，针对社会公众关心的问题释疑。如，向政府提交的环评报告中不仅要说明对税收、经济、就业的贡献，也需要说明对其他零售业、当地文化、建筑风格的影响。如，洛杉矶一家大型超市提交的环评报告曾分析，开业后，当地原有零售业会减少 2% 的销售额，直至 3 年后消除影响；并对古董商、轮胎店等商业网点的影响作出详细损害分析。这些信息都会通过政府网站公开。

在美国，贷款不仅可以降低一次性投入成本，而且贷款利息可以计入成本，从而少缴所得税，比使用自有资金建设更划算，所以，美国几乎所有的购物中心建设都会使用贷款，通常情况下贷款占投资总额的 50%，多的可达 80%，期限长达 40 年。

美国购物中心建成后，内部商业设施基本以出租为主，并统一由物业管理，只有少数会出售部分房产，主要因为出售增值的房产所缴纳的税金比遗产税还高。购物中心向租户收费一般分为两部分，即在收取固定租金的基础上，再按照销售额收取一定比例的费用。对租户没有末位淘汰制，只有租户因付不起租金而自行撤店。租户装修店铺费用由其自行承担，购物中心有时会对使用的材质、颜色等提出原则性要求。购物中心开展促销活动，可与租户协商，收取一定的促销费用。促销活动如影响到交通和安全等，需要提前向警察局申请。

（三）对我国商业网点规划和管理的启示

美国是世界上经济最发达、市场化程度最高的国家之一，但也通过法规政策对商业网点的规划、建设、经营等进行了严格管理，尤其一些好的做法和经验值得我们学习和借鉴。

1. 政府管理的切入点是公共利益

美国政府对大型商业网点规划建设进行管理的核心目的是维护公共利益，即协调政府、公众、企业及相关利益团体之间的利益，并通过规划政策、环评规定等平衡各方利益。

2. 各县市根据地区特点开展规划工作

美国各州都拥有制定自身土地规划的权力，因而商业网点规划和管理各有特色。我国各地区之间差异也很大，可以继续坚持以地方为主，制定适合其自身特点的商业网点规划。对于不同地区之间大型商业网点建设衔接问题，可借鉴美国税收分成的做法。

3. 增强规划的可操作性

我国城市商业网点规划可以借鉴美国的做法，对商业网点的规划多从功能、密度、容积等方面提出要求，少对具体商业业种业态配置作详细规定。

4. 提高公众参与程度

美国政府高度重视民意，认为商业关系民生，相关政策必须充分听取公众意见。我国可以借鉴美国的公开听证制度，提高我国商业网点规划的公众参与度。大型商业网点开发商在建设前，应当与社区居民、竞争对手等相关利益方进行充分沟通，特别是针对其对当地交通、环境、污染物处理及竞争关系的影响予以详细评估、说明，使大型商业网点的建设能够符合各方利益诉求。

5. 新建与改造相结合

目前，我国城镇化快速发展，既存在大量的旧城区商业网点改造问题，也有新建城区商业网点配建问题，在规划和实施上应采取不同的政策，以实现历史传承和总体的合理布局。（商务部市场建设司）

四、日本《大规模零售商与供货商交易中的特定不公平交易方式》简介

第一部分　公告制定的过程和目的

一、公告的制定背景和修订过程

日本公平交易委员会长期以来一直致力于厘清和促进大规模零售商和供货商之间的交易关系，采取措施应对大规模零售商和供货商在进货交易过程中的不公平交易行为。由于大规模零售商相对于供货商处于优势地位，为了防止其滥用优势地位损害供货商的利益，维护竞争秩序这一层次较高的法益，在日本作为国家机构的公平交易委员会介入了私人之间的交易行为，采取特定的行政性措施维护公平的竞争秩序。

作为进货交易中的基本规则，公平交易委员会在1954年发布了《百货店业的特定不公平交易方法》（公平交易委员会1954年第7号公告，又称百货店业公告）。公告的目的是禁止大规模零售商在与供货商进行交易过程中滥用交易地位的行为。公告主要调整百货店、超级市场的交易行为。公告自1954年颁布以来，在1996年删除了有关"赠品"（Premium Offers）的规定，除此之外没有大的变动。值得注意的是，日本《百货店业的特定不公平交易方法》是以公告的方式发布的，在日本，政府公告一般是指政府机关根据有关的指定、决定，就本机关的主管事务发布的一般性通告，其大部分是为了解释法律而制定的参考性文件。

由于百货店业公告只适用于百货店和超市，近年来又出现了家居中心、服装、家电专卖店、药店、便利店总店、网上销售业等业态多样化的势头。随着其规模的不断扩大，那些目前没有被规定为百货店业公告适用对象的大规模零售业者违反《反垄断法》的情况有所增加，因此，日本就制定了以普通大规模零售业为适用对象的大规模零售业公告。日本公平交易委员会在2004年9月22日宣布对现行公告进行研究并考虑制定能够有效规范大规模零售商滥用交易优势地位行为的新公告，为此，日本公平交易委员会专门对大规模零售商和供货商之间的交易行为的实际情况进行了书面形式的调查。在相关调查的基础上，日本公平交易委员会在2005年5月发布了《大规模零售商与供货商交易中的特定不公平交易方法》（公平交易委员会2005年5月13日示第11号公告，又称大规模零售业公告），该公告在2005年11月1日已经开始实施，1954年发布的《百货店业的特定不公平交易方法》同时废止。

二、公告和相关立法以及认定的关系

日本有关百货店的特别指定和大规模零售业特别指定都是告示的一种，都属于判断具体行为是否符合日本《禁止私人垄断及确保公正交易法》（以下简称《日本禁止垄断法》）规定的"不公平交易方法"这一违法行为的标准。《日本禁止垄断法》禁止的行为主要包括私人垄断、不公平的交易行为和不公平的交易方法三个部分，其中不公平的交易方法属于不正当竞争行为，和私人垄断以及不公平的交易行为等限制竞争行为存在一定的差别。《日本禁止垄断法》第2条第9款对"不公平交易方法"进行了界定，认为不公平交易方法是指"存在妨碍公平竞争危险的，由公平交易委员会认定的"一些行为。

日本公平交易委员会的认定既包括适用于所有业种的不公平交易方法（日本公平交易委员会第15号公告，以下称为"一般认定"），也包括适用于特种行业的"特别认定"。需要特别认定的行业目前包括大规模零售业、报业、海运业、教科书业、食品罐头业五种，最高额悬赏广告也在认定的对象之内。

日本1954年根据《日本禁止垄断法》第2条第9款的规定，发布了《百货店业的特定不公平交易方法》，2005年又发布《大规模零售商与供货商交易中的特定不公平交易方法》，取代了原公告。

三、两个公告之间的区别

日本1954年百货店业公告和2005年大规模零售业公告的主要区别体现在两个方面：一是适用对象从百货店业扩大到大规模零售业；二是可以认定

为不公平交易方法的行为类型从 7 种扩大到 10 种。

百货店公告对适用对象的表述为："通过拥有一定卖场面积的同一个店铺持续为一般消费者提供多种日常用品的零售业经营者。"大规模零售业公告将适用对象修改为："为一般消费者提供多种日常用品的零售业经营者，而且上一年度的销售额超过 100 亿日元，同时要拥有一定的店铺面积。"

百货店业公告规定的行为类型主要包括：（1）不合理退货；（2）不当降价；（3）不合理委托销售；（4）压价购买特卖品；（5）拒绝收取特别定购的货物；（6）不当使用供货商的员工；（7）要求被拒绝后采取不当措施。大规模零售业公告将行为类型修改为：（1）不合理退货；（2）不当降价；（3）不合理委托销售；（4）压价购买特卖品；（5）拒绝收取特别定购的货物；（6）强行销售；（7）不当使用供货商的员工；（8）不正当收受经济利益；（9）要求被拒绝后采取不当措施；（10）对于向公平交易委员会报告的不利处理。第（6）、（8）、（10）项为新增行为类型。

第二部分　大规模零售商与供货商交易中的特定不公平交易方法

（平成十七年五月十三日公平交易委员会第 11 号公告）

根据禁止私人垄断和确保公平交易的相关法律（1947 年第 54 号法律）第 2 条第 9 款的规定，制定大规模零售商与供货商交易中的特定不公平交易方法如下。

（不合理退货）

（1）除符合以下任何一项情况之外，大规模零售商自己或者其加盟者将从供货商处购买的全部或者一部分退还给该供货商的（包括将采购合同转换成委托销售合同退货的情况，更换成其他商品的情况实质上构成已购商品退货的行为，以下同）。

①由于供货商的责任引起的事故，从该商品的接收日起相当的一段时间内，酌情考虑该事由，在认为恰当的数量范围内退货的。

②商品采购时，根据与供货商达成一致，确定退货条件，依据其条件退货的（仅限于该商品从其接收之日起在一定的时间、一定数量的范围内退货，或者相对于已接收商品的总量在一定数量的范围内的退货已经成为大规模零售商和供货商之间的交易之外的一般批发交易中的正常商业习惯，并且在该商业习惯的范围内确定退货条件的情况）。

③事先取得供货商的认可，并且由大规模零售商承担商品退货通常给该供货商带来损失的。

④供货商提出愿意接收商品的退货，且该供货商对该商品的处理将给该供货商带来直接利润的。

（不合理降价）

（2）大规模零售商自己等从供货商处购买商品后，使该供货商降低该商品供货价格的。但是，由于该供货商的责任引起的事由，从该商品的接收日起在相当的时间之内，酌情考虑该事由，在认为恰当的金额范围内要求降低供货价格的情况除外。

（不合理的委托销售交易）

（3）大规模零售商参照大规模零售商与供货商的交易之外的一般委托销售交易中的正常商业习惯，以对供货商明显不利的条件，使该供货商与自己等进行委托销售交易的。

（特卖品等的压价购买）

（4）大规模零售商自己等对供特卖用的特定商品制定的价格明显低于与该商品同种类的普通供货价格，并使供货商以该价格供货的。

（特别订货的拒绝收货）

（5）大规模零售商实现指定特别的规格、设计、型号等，使供货商与之签订特定商品的供货合同之后，在没有由该供货商责任引起的事由的情况下，拒绝接收该商品的全部或者一部分。但是，事先取得供货商的认可，并且由于拒绝接收该商品而通常给该供货商带来的损失由该大规模零售商承担的情况除外。

（强行销售）

（6）除有正当的理由之外，大规模零售商强迫供应商购买自己指定的商品，或者使用服务的。

（不当利用供货商的职员）

（7）除符合以下任何项目的情况之外，大规模零售商为了从事自己等的业务，要求供货商派遣其职员等，或者要求供货商负担自己等雇用职员等的人工费。

①事先取得供货商的认可，使其职员等仅从事该供货商的供货所涉及的商品销售业务（当其职员等常驻大规模零售商的店铺时，该商品的销售业务和盘点业务）。此仅限于由于其职员等将所拥有的销售技术相关的技术或技能有效地应用到该业务，而使该供货商获得直接利润的情况。

②被派遣的职员等的业务内容、劳动时间、派遣期等派遣条件，事先与

供货商达成一致,并且派遣其职员等一般所需的费用由大规模零售商负担的。

(不正当经济利益的收受)

(8)除前项的规定之外,大规模零售商为了自己等,使供货商提供原本不需要由该供货商提供的金钱、劳务等经济利益,或者综合考虑该供货商获取的利润等,使该供货商提供超出认为合理的范围的金钱、劳务等经济利益。

(拒绝要求时的不利处理)

(9)以供货商未响应前项各规定行为相关的要求为由,大规模零售商推迟向该供货商支付货款,减少交易的数量,停止交易,以及采取其他不利处理方式的。

(对于向公平交易委员会报告的不利处理)

(10)大规模零售商实施了前项各规定的行为或者正在实施该行为时,以供货商通知公平交易委员会其事实或者正要通知为理由,该大规模零售商推迟向该供货商支付货款,减少交易数量,停止交易,以及采取其他不利的处理方式。

备注:

1)本公告中的"大规模零售商"是指从事一般消费者日常用品零售业的商户〔包括从事特定连锁化事业——是指《中小零售商业振兴法》(1973年第101号法律)第11条第1款规定的特定化连锁事业,以下同——的商户〕符合下述各项中任一项的:

①前一事业年度的销售额(从事特定化连锁事业的商户包括加盟到该特定连锁化事业中的销售额)达到100亿日元以上的。

②拥有下述任一店铺的商户:

a. 在东京都的特别区的区域和地方自治法(1947年第67号法律)第252条第19款的第1目指定城市的区域内,店铺面积(是指供进行零售用店铺的使用面积,以下同)在3000平方米以上的店铺。

b. 在a. 所记载的城市以外的城市及镇村的区域内,店铺面积在1500平方米以上的店铺。

2)本公告中的"加盟者"是指加盟大规模零售商从事特定连锁化事业的商家。

3)本公告中的"供货商"是指向该大规模零售商或其该加盟者提供自行销售或受委托销售商品的事业者(被认为其交易上的地位并不亚于该大规模零售商的企业除外)。

附则

（1）本公告自 2005 年 11 月 1 日起实施。

（2）《百货店业的特定不公平交易方法》（公平交易委员会 1954 年第 7 号公告，即旧公告）废止。

（3）旧公告备注第 1 款规定的百货店业者在本公告实施前的行为仍按从前的惯例行事。

第三部分　其他相关立法、认定和指针

一、对"不公平交易方法"的认定

（一）《日本禁止垄断法》中的有关规定

（《日本禁止垄断法》第 2 条第 9 款）

本法所说的"不公平交易方法"，是指存在妨碍公平竞争危险的、由公平交易委员会指定的行为：

（1）不公平地区别对待其他事业者；

（2）以不当的价格进行交易；

（3）不公平地引诱或者强制竞争者的顾客同自己交易；

（4）以不当地约束对方的事业活动为条件的交易；

（5）不当地利用自己交易上的地位同对方进行交易；

（6）不当地妨碍在国内与自己或自己是股东或干部的公司有竞争关系的其他事业者与交易对方所进行的交易；或在该事业者是公司的场合，不当地引诱、唆使或者强制该公司的股东或干部进行对其本公司不利的行为。

（《日本禁止垄断法》第 19 条）

不公平交易方法的禁止：事业者不得使用不公平的交易方法。

（二）公平交易委员会对"不公平交易方法"的认定

1. 一般认定

一般认定规定于第 1 款至第 16 款，其中第 14 款规定了优势地位的滥用。

"优势地位滥用"：利用自己优越于交易对方的地位，违反正常的商业习惯，不当实施以下各项所列行为之一的：

（1）使持续进行交易的交易对方购入该商品或者服务以外的商品或服务的；

（2）使持续进行交易的交易对方向自己提供金钱、服务以及经济上的利益的；

（3）制定会对交易对方产生不利的交易条件，或者变更交易条件的；

（4）除符合前三项行为以外，交易的条件或其实施会给交易对方带来不利的；

（5）在交易对方公司针对管理人员的选拔任命上，使该公司事先听从自己的指示或让该公司接受自己的认可的。

2．特别认定

海运、报纸、教科书、大规模零售业等。

二、优势地位的滥用

《反垄断法关于流通、交易习惯的指针》（平成三年七月十一日）

（零售商滥用优势地位）

（1）零售商相对于供货商在交易中处于优势地位的情形指："对于供货商而言，如果与该零售商的交易无法维持，就会给自己的业务经营带来很大的困难，即使零售商对自己提出了显著不利于自己的要求，自己也不得不接收的情形。具体判断的时候，还需要考虑供货商对零售商的交易依存度，该零售商的市场地位、改变销售对象的可能性、商品供求关系等综合因素。"

（2）大规模零售商的特别认定与滥用优势地位的关系

大规模零售商的行为除了受大规模零售商特别指定的限制之外，一般认定关于滥用优势地位的规定（一般认定第14款）对其也有约束力。

（3）反垄断法关于流通、交易习惯的指针（平成三年七月十一日）

这是公平交易委员会就不公平的交易方法提供的指针。

其与大规模零售业的特别认定一起，对有关优势地位滥用的部分作出了修正。

（4）《日本禁止垄断法》关于不合理退货的思考（昭和六十二年四月二十一日）

（已废止）

五、《英国超级市场执业准则》简介

第一部分　准则制定的背景、目的和解决争议的程序

在英国，准则不同于法律，不需要经过立法程序，只需要相关各方的同意即可。一旦企业承诺遵守准则，准则就具有法律意义，具有约束力。英国竞争委员会根据1973年《英国公平交易法》在2000年发表了关于超市经营情况的调查报告，指出大型超市比小型零售商更有优势，其行为和做法损害

了供应商之间的竞争，损害了公共利益。针对这种情况，英国制定了《英国超级市场执业准则》来规范超市的某些行为。

一、《英国超级市场执业准则》的制定背景

（1）超市的某些不公平交易行为会对供应商之间的竞争秩序产生不利影响，供应商很可能减少投资或者减少在产品创新方面的投入，而这将导致产品质量的降低，消费者的选择权也将因此受到影响。超市的行为还可能最终导致供应商市场的潜在进入者的减少。与此同时，这些行为还会使超市获得相对于其他小型零售商的优势地位，这也很可能会导致消费者选择机会的减少。英国公平交易署在制定相关准则时，考虑了超市的优势地位可能带来的积极影响。然而英国公平交易署在综合考虑各种情况后得出结论认为，超市从事的这些行为是违反公共利益的。

（2）超市和供应商之间的某些不公平交易行为带来的不利影响可能危及供应商之间的竞争。也就是说，只要零售商在交易中存在权力，零售商的行为就有可能影响供应商之间的竞争。部分供应商在报告中认为："即使在一个竞争性的市场上，买方的市场权力只要被不当行使，从长远的角度来看就可能损害小型供应商之间的竞争，并且会损害消费者的利益。"英国公平交易署认为，处理这些问题的比较有效的办法就是制定执业准则，并且建议占市场份额 8% 以上的超市根据 1973 年《英国公平交易法》的规定遵守这一准则，公平交易署同时希望将其他超市也纳入这一准则的调整范围。

（3）在起草《英国超级市场执业规则》的过程中，一个得到普遍认同的观点是：这一准则的某些规定将在很大程度上限制超市在和特定的供应商交易过程中自由交易的权利。但是，超市与哪个供应商进行交易并不应该由公共机构来决定，供应商提供的交易条件是供应商作出决定应该考虑的主要因素。这种状况使《英国超级市场执业准则》将重点放在了交易条件的"透明度"和"合理性"方面，也就是说，对于特定交易环境中的某些行为是否合理，判断的重点将放在争议解决机制上面，即通过争议解决机制具体决定一项行为是否是"透明的"，或者是否具有"合理性"。

（4）实践中，供货商的很多投诉不愿意提及作为被投诉对象的超市，这反映了供应商对与其存在交易关系的超市存在一定的畏惧心理。相关的调查显示，英国的超市在很长一段时间内对其供应商提出了不公平的要求，由于超市作为买方在流通渠道方面具有优势地位，所以这些要求往往成为供应商必须遵守的条件。认识到供应商的恐惧心理，公平交易署试图利用贸易机构通过对《英国超级市场执业准则》执行情况的报告。然而公平交易署目前还没有收到这种报告，也没有案件进入调解程序。自从《英国超级市场执业准则》在 2002 年 5 月 17 日生效以来，公平交易署仅收到一例有关违反该准则的投诉，但是这一投诉涉及的进货合同是 2001 年 11 月 1 日之前签订的，所以不属于该准则的调整范围。

二、《英国超级市场执业准则》的目的

这一准则的目的是防止超市的特定行为给公共利益带来不利影响。制定准则的一个意图就是《英国超级市场执业准则》应该有充分的灵活性，使供货商和超市企业之间的互惠行为不致受到限制。另一个意图就是超市企业应当提供协定的书面文本，也就是说要符合"透明度"的要求。同时，超市企业也应当事先通知协议的变化，或者对供应商进行补偿。这一准则提供的争议解决程序就是保证超市执业准则的灵活性的工作机制之一。2001 年 10 月 31 日，英国贸易和工业大臣在一项采访中认为："这一准则是否成功在很大程度上取决于超市企业和供货商在交易过程中是否'通情达理'以及是否具有遵守这一准则的精神。他们这样做是为了他们共同的利益。这一准则可以对所有企业设定一个良好的标准，以便将他们之间的商业联系建立在一个良好的基础上。"

三、《英国超级市场执业准则》的适用范围

（1）英国公平交易署在 2000 年的垄断报告中认为，只要符合 8% 杂货销售市场份额的超市就应该对遵守这项准则作出承诺。最终，四家大型超市符合这一标准，作出了遵守这一准则的承诺。公平交易署的报告认为另外一家超市企业也符合 8% 的标准，但是在报告公布时，这家超市企业的市场份额已经降低到 8% 以下，所以当时并没有要求这家超市作出承诺，从那时起，这家超市企业的市场份额一直低于 8%。公平交易署同时希望其他超市和其他食品供应链中的超市企业也自愿遵守《英国超级市场执业准则》。

（2）必须指出的是，任何机构都没有权力要求这一准则扩展到杂货销售范围之外或者在杂货零售市场所占份额低于 8% 的超市。这一准则的适用范围只在一种情况下存在扩展的可能性，即符合 2002 年《企业法案》第 131 条规定的标准。

（3）这一准则只适用于超市和供货商在 2001 年 11 月 1 日或者此后签订的协议。当然，超市企业也可以将该准则适用于 2001 年 11 月 1 日之前签订的合同，但是供货商并没有权力强迫他们这样做。也就是说，对于在 2001 年 11

月 1 日之前签订的协议，供货商不能以违反《英国超级市场执业准则》为由对其提出投诉。

四、准则规定的调解程序

《英国超级市场执业准则》规定的争议解决程序比较特殊，按照有关规定，如果争议双方不能通过协商在 90 天内解决问题，超市企业就必须邀请调解人进行调解并承担相关费用。调解人必须为供应商所接受，超市企业不得强迫供应商接受调解。如果一个供货商希望案件得到调解，则超市企业不得拒绝。超市企业要保证供货商能够从调解人或者中介组织处获得与调解过程相关的信息。超市企业必须在调解开始之后 30 天之内告知调解的进展情况，使公平交易署有可能在调解结束之后有充分的时间解决争议。如果调解过程失败而供货商继续追究，公平交易署将接手这一问题。

五、公平交易署对于相关投诉的处理

供货商有权在案件的任何阶段就违反该准则的行为，或者这一准则没有规定但是影响竞争的任何问题向英国公平交易署投诉。为了获得一个全面的认识，公平交易署需要决定准则规定的调解过程是否得到遵守，同时，公平交易署也比较有兴趣听取供货商对于调解过程有效性的意见，以及其是否想到过适用调解程序或者为什么其认为不应该适用这一程序。公平交易署将十分热衷于对违反超级市场执业准则案件进行追踪。

第二部分　《英国超级市场执业准则》

一、标准的交易条件

（以书面形式提供交易条件）

1. 超市在与供货商交易过程中应当按照供货商的要求以书面形式提供交易条件。

（1）提供给所有供货商或者一定范围内的供货商的标准交易条件应当按照任何供货商或者一定范围内的供货商的要求提供。

（2）提供给某些供货商的特定交易条件应当按照特定供货商的要求提供。

2. 超市应当向受到交易条件变化影响的供货商发出合理通知。

（不得不合理地拖欠货款）

3. 对于供货商按照要求交付的货物，超市应当在供货商发货单上注明的日期之后的合理期限内向供货商支付货款。

二、价格和支付

（没有向供货商发出合理的通知不得要求降低已协定的价格）

4. 超市企业不得直接或者间接要求供货商降低已经协定的价格或者提高已经协定的折扣，除非在供货之前超市已经就这样的要求向供货商以书面形式发出合理的通知。

（不得要求供货商支付营业费用）

5. 超市无正当理由不得直接或者间接要求供货商支付超市企业的下列费用：

（1）到新的供货商处做采购调查的费用；

（2）艺术设计或者包装设计的费用；

（3）消费者调查或者市场调研费用；

（4）新店铺开展或者其他店铺重新装修的费用；

（5）超市职员待遇的改善费用。

（除非事先约定，超市不得要求供货商对利润低于预期的情况给予补偿）

6. 在超市的利润低于预期的情况下，超市不得直接或者间接要求供货商给予补偿，除非在供货前超市企业和供货商已经就这种补偿达成书面协议。

（没有事先的协议、供货商的过错或者违约行为，不得要求供货商支付仓储损耗）

7. 超市不得直接或者间接要求供货商支付在超市库房内发生的仓储损耗，但是下列情况除外：

（1）损耗是由于供货商的过错或者违约行为造成的；或者

（2）在供货前超市企业和供货商已经就这种支付达成书面协议。

8. 超市应当尽最大努力和供货商达成书面协议确定供货商的哪些行为存在过失或者构成违约。

（可以要求供货商支付费用的几种情况）

9. 超市企业不得直接或者间接以储存或者将商品列入目录为条件要求供货商支付费用，但是下列情况除外：

（1）这种支付和推销商品有关；或者

（2）这种支付是出于以下两个原因。

①这种支付是针对在此前365天内超市没有在其25%或者更多的店铺储存、展示过或者列入过商品目录的商品；或者

②这种支付反映了超市对储存、展示这种新产品或者将这种产品列入商品目录所产生的风险的合理估计。

（除了促销之外，不得因为将商品摆放在更好的位置而要求供货商支

付费用）

10. 超市企业不得以将供货商的商品摆放在更好的位置或者分配更多的货架空间为条件，直接或者间接要求供货商支付相关的费用，但是与促销有关的费用除外。

三、促销行为

（没有合理的通知不得从事促销行为）

11. 超市只有在给予供货商合理的书面通知之后，才可促销该供货商的商品并直接或者间接地要求供货商支付相关费用。

（按照促销价格发放促销货物订单时应该尽合理的注意义务）

12. 超市在按促销的批发价格从供货商处定购商品时，应该尽到合理的注意义务以免定购数量过多，超市如果没有尽到合理的注意义务，就应该对过多定购的，最终以非促销的较高价格卖出的商品给予供货商赔偿。

13. 超市应该确保制定促销订单的基础是透明的。

（促销费用主要不应由供货商承担）

14. 超市无正当理由不得直接或者间接要求促销费用主要由供货商承担。

四、赔偿

（没有合理的通知或者赔偿，不得要求供应商改变正常供应链程序的任何环节）

15. 超市不得直接或者间接要求供货商显著改变正常供应链程序的任何环节，但是下列情况除外：

（1）以书面的形式对这一改变给出合理的通知；或者

（2）对于任何因为没有给出合理通知直接导致的净损失向供货商作出全面的赔偿。

（没有合理的通知或者赔偿不得对产品说明作出变更）

16. 超市不得直接或者间接要求供货商改变双方议定的订单中对产品的说明（包括不可缺少的商品的数量），但是下列情况除外：

（1）对这些变化向供货商作出书面的合理说明；或者

（2）对于任何因为没有给出合理通知直接导致的净损失向供货商作出全面的赔偿。

（对错误预测作出赔偿的一些情况）

17. 除了按照第15条和第16条的规定，超市应当全部赔偿因为自身预测错误而给供货商造成的损失，但是下列情况除外：

（1）超市在作预测的过程中出于善意而且尽了合理的注意义务；或者

（2）在供货商供货之前，超市和供货商之间签订了书面协议认为赔偿是不适当的。

18. 超市企业应该保证作出预测的依据是透明的。

五、消费者投诉

（未被证实的与消费者投诉有关的支出）

19. 按照下文第21条的规定，如果消费者的投诉可以由超市通过退还货款或者更换商品的方式解决，超市不得直接或者间接要求供货商为解决这一投诉支付任何费用，但是下列情况除外：

（1）支付的费用不超过超市收取的商品的零售价格；

（2）超市有合理的理由相信，消费者的投诉是有理由的并且可以归因于供货商的过失；并且

（3）超市将投诉通知了供货商。

20. 按照下文第21条的规定，如果消费者的投诉不能由超市通过退还货款或者更换商品的方式解决，超市不能直接或者间接要求供货商对解决这一投诉支付任何费用，但是下列情况除外：

（1）费用和超市因为争议而支出的费用存在合理的联系；

（2）超市已经证实消费者的投诉是有理由的并且可以归因于供货商的过失；并且

（3）超市已经将有关投诉的完整情况（包括主要原因）报告给了供货商。

21. 超市可以与供货商协商确定解决这类投诉的费用的平均数额，作为逐一解决这类投诉的替代办法。

六、第三方交易

（不得搭售第三方的货物和服务并收取费用）

22. 超市不得为了从第三方处获得相关费用而直接或者间接要求供货商从任何第三方处接受货物、服务或者财产，除非供货商可供选择的货物、服务和财产的来源出现了以下情况：

（1）不符合超市为了采购合格的货物、服务和财产而对供货商提出的客观质量标准。

（2）供货商的货物、服务和财产的来源比超市推荐的第三方来源收取更高的费用。

七、店员培训

（对采购员的义务培训）

23．超市应向所有采购员提供本准则。

24．超市应当根据本准则要求对超市采购员进行培训。

25．超市应当应公平交易署总干事要求向其提交这一规则要求的年度培训报告。

第八部分　一般条款

（准则的遵守和争议解决机制）

26．超市应当持有善意并与供货商按照准则的相应条款解决争议。

27．如果按照第 26 条规定的协商机制不能解决争议，超市则应当请调解人进行调解并承担相关费用。

28．如果按照第 27 条的规定不能解决争议，超市应通知公平交易署总干事。

29．超市应当向公平交易署总干事告知调解人的联系方式。

30．超市应当将调解人的情况提供给公平交易署总干事：

（1）将其按照这一准则所做的工作以年度为单位按照公平交易署总干事确定的形式和时间进行报告。

（2）按照公平交易署总干事的要求提供个别案件的其他信息，公平交易署总干事将根据这些信息采取相应的措施。

（相关术语的解释）

31．为了免除疑问，需要明确的是遵守这一准则并不影响任何人遵守 1998 年竞争规则。

32．这一准则中：

"the Director" 是指公平交易署总干事。

"Groceries"（杂货）是指英国任何零售店出售的商品，具体包括食品、宠物食品、酒精和非酒精饮料（但是不包括在购买这些商品的零售店内消费的食品、酒精和非酒精饮料）、清洁产品、洗漱用品（牙齿保护商品、肥皂、头发护理、卫生防护、尿布和类似商品）、家居用品（如薄的纱织品、厨具、食品容器、箱柜、衬垫、灯泡和类似商品）、汽油、服装、DIY 产品、金融服务、药物、报纸、杂志、贺卡、压缩光盘、录像录音磁带、玩具、植物、花卉、香水、化妆品、电器、厨具、园艺用具、书籍、烟草和烟草产品以及任何一种商品的杂货形式。

"Group of Interconnected Bodies Corporate"（关联企业集团）与《英国1973 年公平交易法》第 137（5）条规定的意思相同。

"the Mediator"（调解人）是指按照准则第 27 条的规定由超市企业随时指定的提供调解服务的独立的个人或者数人。

"Payment or Payments"（报酬、费用）包括任何形式的诱惑（包括金钱以及其他形式），也包括更有利的合同条款。

"Person"（人）包括法人和非法人团体。

"Promotion"（促销）是指以介绍性的价格或者减让的价格提供销售价格，或者在一个特定的时期内向消费者提供额外利益。

在第 2、4、11、15、16 条提到的"Reasonable Notice"（合理的注意）的内涵要根据案件的具体情况决定，例如：

（1）通知期限是否客观真实并且存在正当理由，这将取决于具体案件的情况，例如：

①相关合同的存续时间或者超市定购相关杂货的次数；

②相关杂货的特点和品质，包括保质期限和对外部因素（如天气）的依赖程度；

③与有关供货商的销售量有关的相关订单的价值；以及

④通知中的信息对供货商的交易的总体影响；

（2）确定通知期限的原因是否是透明的；并且

（3）相似的案件是否受到同等对待。

"Reference Stores"（标准店）是指英国境内的营业面积在 600 平方米以上的连锁商店，而且这些连锁商店用来销售食品和非酒精饮料的空间超过 300 平方米，此外，连锁商店的控制者还必须同时拥有 10 家以上这样的商店。

"The Supermarkets Report"（超市报告）是指竞争委员会在 2000 年 10 月提交给议会的有关英国范围内的连锁商店杂货供应的报告（Cm 4842）。

"Supermarkets"（超市）是指英国范围内所有以转售为目的的购买额的杂货占相关市场 8% 或者以上的份额的杂货零售商。"Supermarket"（某个超市）是指杂货零售商中的任何一个。

"Supplier"（供货商）是指任何实际上或者有可能向超市供应杂货的人，这些人可以分布在世界各地，除了和那些超市同属于 Group of Interconnected Bodies Corporate 一员的人。

第 5 条和第 14 条中的"Unreasonably Require"（不合理要求）不包括供

货商在正常的商业压力下自愿支付的费用，假如那些压力部分或者全部来自超市企业，只要是客观真实的、透明的并且同等情况同等对待，就应当被视为普通的商业压力。

"in writing"（书面形式）包括 E-mail.

参考文献

著作类

[1]杨海丽.中国零售企业经营与发展战略研究[M].成都:西南交通大学出版社,2011.

[2]谢志华,冯中越,等.中国商业发展报告(2007)[M].北京:中国商业出版社,2008.

[3]理查德·科克·帕累托.80/20效率法则[M].北京:海潮出版社,2005.

[4]罗伯特·卡普兰,大卫·诺顿.平衡记分卡[M].广州:广东经济出版社,2004.

[5]魏炜,朱武祥.发现商业模式[M].北京:机械工业出版社,2009.

[6]郭金龙,林文龙.中国市场十种盈利模式[M].北京:清华大学出版社,2005.

[7]王涛.供零战略——供应商如何冲出零售商的货架包围[M].北京:中国社会科学出版社,2007.

[8]王全弟.民法总论[M].上海:复旦大学出版社,2004.

[9]韩世远.合同法学[M].北京:高等教育出版社,2010.

[10]张国健.商事法论[M].台北:三民书局,1980.

[11]江平.民法学[M].北京:中国政法大学出版社,2000.

[12]国家工商行政管理局条法司.反不正当竞争法释义[M].石家庄:河北人民出版社,1994.

[13]徐士英.相对市场优势地位理论研究[A]//经济法研究.6卷.北京:北京大学出版社,2008.

[14]曹士兵.反垄断法研究[M].北京:法律出版社,1996.

[15]刘建民.商品流通法律规制研究[M].上海:复旦大学出版社,2009.

[16]余晖.谁来管制管制者[M].广州:广东经济出版社,2004.

期刊类

[1]朱亚萍.我国零供关系与通道费问题分析[J].中共宁波市委党校学报,2012(2).

[2]王广华.从"进场费"现象看对"相对优势地位的滥用"的规制[J].中山大学学报论丛,2006(12).

[3]黄先军.零供关系的演进及其发展趋势[J].商业时代,2007(7).

[4]董丽丽.从家乐福现象看我国零供关系[J].北京工商大学学报(社会科学版,2011(5).

[5]尚珂.流通领域零供交易关系的平等性研究[J].中国流通经济,2010(2).

[6]刘建民.超市通道费法律规制环境研究[J].上海商学院学报,2011(2).

[7]陈立平.零售业:食利型经营模式难以承担扩大内需的重任[J].上海商业,2009(9).

[8]顾国建.中国零售业须从保利型向价值型经营方式转变[J].商贸观点,2009(12).

[9]朱荣坡,张洁.现代零售企业盈利模式[J].合作经济与科技,2006(12).

[10]吴红光.我国本土零售商的盈利模式与规模扩张[J].社会科学家,2010(4).

[11]王晗,陈文兵.沃尔玛模式VS家乐福模式——基于成本领先战略的分析[J].企业导报,2010(1).

[12]李云飞.中国家电连锁企业盈利模式分析[J].科技资讯,2008(30).

[13]孙明.巩固领先优势缔造卓越地位——联华超市持续做大做强[J].商业企业,2008(2).

[14]何振红.连锁商企正在向"大而强"迈进[J].经济日报,2006(7).

[15]李飞,汪旭晖.中国零售业盈利模式的演进与发展趋势[J].改革,2006(8).

[16]刘建民.超市通道费法律规制环境研究——五论"零供"关系法律调整[J].上海商学院学报,2011(2).

[17]孙明.巩固领先优势缔造卓越地位——联华超市持续做大做强[J].商业企业,2008(2).

[18]上海理工大学.苏果超市——连锁超市电子商务的探索[J].电子商务,2006(5).

[19]洪峰,姚晓宁.企业多业态经营模式及其发展趋势[J].中国零售研究,2009(2).

[20]上海连锁经营研究所.中国连锁超市通道费研究报告之二:性本善还是性本恶——建立在通道费用基础上的超市盈利模式的合理性[J].中国商贸,

2003（2）.

［21］周勇.超市行业的采购体系与进场费［J］.商场现代化,2001（11）.

［22］李剑.家乐福超市收费的法律分析［J］.人大报刊复印资料·劳动法经济法学,2005（1）.

［23］李娟.超市通道费合理性分析及对策研究［J］.中国集体经济,2011（15）.

［24］刘建民.超市进货交易关系法律调整的若干问题探讨［J］.上海商学院学报,2008（6）.

［25］马梅凤,李继霞.市场支配地位滥用行为法律规制问题研究［J］.法制论坛,2006（4）.

［26］孟雁北.滥用相对经济优势地位行为的反垄断法研究［J］.法学家,2004（6）.

［27］李骏阳.《零售商供应商公平交易管理办法》有效性分析与经济学反思［J］.商业经济与管理,2008（11）.

［28］孙艺军.大型零售商滥用市场优势地位及应对策略［J］.北京工商大学学报:社会科学版,2008（5）.

［29］牛全保.中国工商关系的演变历程与特点［J］.商业经济与管理,2006（4）.

［30］汪旭晖.中外大型零售企业中国市场商业模式的对比分析［J］.现代经济探讨,2008（8）.

［31］黄海.用科学发展观指导城市商业网点规划工作——黄海部长助理在地级城市商业网点规划工作座谈会上的讲话［A］.城市商业网点规划资料汇编,2008.

［32］余晖.日本的大店法及对中国零售业规制的启示［J］.开放导报,2006（4）.

［33］王海鹰,郝胜宇.城市商业网点规划问题研究［J］.经济纵横,2008（9）.

［34］谢涤湘.市场经济体制下城市商业网点规划研究［J］.现代城市研究,2008（3）.

［35］Morris, M., Allen, J. The Entrepreneur's Business Model：Toward a United Persperctive［J］. Journal of Business Research, 2003（58）.

学位论文

［1］孙亚楠.基于零售商逆向控制的零供关系研究［D］.郑州:河南财经政法大学,2012.

［2］王乐萌.大型零售商滥用相对优势地位的法律规制［D］.济南:山东大学,2010.

网站类

[1] 焦海涛. 反垄断法规制相对优势地位的基础与限度[EB/OL]. 中国民商法网, http://www. civillaw. com. cn/article/default. asp? id = 41969, 2009 - 03 - 15.

[2] 徐伟敏, 纪金洁. 通道费的法律思考[EB/OL]. 哈工大法学院网站, http://law. hit. edu. cn/article/2009/07 - 08/07081146. htm, 2009 - 12 - 18.

[3] 合肥市供货商协会合肥市供货商协会. 关于商业零售企业逾期结款、拖欠货款的三级预警办法[EB/OL]. 商务部网站, http://scjss. mofcom. gov. cn/aarticle/a/cz/i/200606/20060602496094. html, 2009 - 10 - 18.

[4] 国务院法制办公室就《城市商业网点条例(征求意见稿)》公开征求意见的通知[EB/OL]. 国务院法制办网站, http://www. gov. cn/gzdt/2008 - 04/02/content_935148. htm, 2010 - 10 - 29.

[5] 袁勇. 关于《城市商业网点条例(征求意见稿)》的十点个人意见[EB/OL]. 北大法律信息网, http://vip. chinalawinfo. com/newlaw2002/SLC/slc. asp? db = art&gid = 335586789, 2011 - 01 - 26.